北京文物与考古系列丛书

北京市考古研究院田野考古报告（第 46 号）

顺义临河清代墓地考古发掘报告

北京市考古研究院　编著

科学出版社

北　京

内 容 简 介

2014年7月16日至8月22日，北京市文物研究所（现北京市考古研究院）对顺义区疾病预防控制中心迁建项目地块进行了考古发掘，共发掘清代遗迹64处，其中墓葬63座、窑址1座，发掘总面积834平方米，出土各类文物151件（套）（不计铜钱、铜币）。临河墓地墓葬布局规整，排列有序，极少有叠压打破关系，大部分墓葬保存状况较差。墓葬可分为单人葬墓、双人合葬墓、三人合葬墓、四人合葬墓，出土随葬品全部为小件器物，如银簪、银耳环、铜簪等。这批墓葬时代特征鲜明，具有典型的清代中晚期特点。

本书可供考古学、历史学等学科研究者，以及高等院校相关专业师生和广大文物考古爱好者阅读、参考。

图书在版编目（CIP）数据

顺义临河清代墓地考古发掘报告 / 北京市考古研究院编著. —北京：科学出版社，2023.8
（北京文物与考古系列丛书. 北京市考古研究院田野考古报告；第46号）
ISBN 978-7-03-076188-0

Ⅰ.①顺… Ⅱ.①北… Ⅲ.①墓葬（考古）-发掘报告-顺义区-清代
Ⅳ.①K878.85

中国国家版本馆CIP数据核字（2023）第153702号

责任编辑：王光明 / 责任校对：邹慧卿
责任印制：肖 兴 / 封面设计：张 放

科学出版社 出版
北京东黄城根北街 16 号
邮政编码：100717
http://www.sciencep.com

北京中科印刷有限公司 印刷
科学出版社发行 各地新华书店经销
*
2023年8月第 一 版 开本：889×1194 1/16
2023年8月第一次印刷 印张：13 插页：36
字数：504 000
定价：268.00元
（如有印装质量问题，我社负责调换）

目　　录

插 图 目 录

图 版 目 录

第一章　绪　言

一、地理环境与建置沿革

顺义区位于北京市东北部，东邻平谷区，北与怀柔区、密云区相接，西连昌平区、朝阳区，南与通州区、河北省廊坊市三河市接壤，区域范围为北纬40°00′～40°18′，东经116°28′～116°58′，东西长45千米，南北宽30千米，面积1021平方千米。

顺义区属温带大陆性半湿润季风气候，四季分明。年平均气温11.5℃，年日照时数2746小时，年相对湿度58%，无霜期195天，年均降雨量610毫米。风向以东北风和西南风为主，自然灾害主要有水灾、旱灾、雹灾、风灾及蝗灾等。

境内地势北高南低，东北边界屏障燕山，平原为河流洪水携带沉积物质造成，表面堆积物主要是砂、亚砂土，面积占95.7%。北部山地最高点海拔为637米，境内最低点海拔为24米，平均海拔35米。境内有大小河流20余条，潮白河等河流分流其间，均呈南北走向，分属北运河、潮白河、蓟运河3个水系。河道总长232千米，径流总量1.7亿立方米。地下水源丰富，年均可开采量4亿立方米，部分地区蕴藏有地热资源。主要矿产资源有煤、泥炭、水泥灰岩、大理石、砂石料及黏土等，其中煤、水泥灰岩储量分别为2.3亿吨和800多万吨，泥炭、大理石、砂石料储量分别是100万、900万和1亿立方米。

顺义区水丰土沃，物产丰富。早在新石器时代就有了原始农业，夏商时期，农业邑落增多，已能按四时节气种植五谷。东汉建武十五年（39年），渔阳太守张堪在狐奴县屯兵开稻田8000顷，开创了中国北方地区种植水稻的历史。境内曾经是北京地区重要的农业、畜牧业生产基地之一，被誉为"京郊粮仓"①。

顺义区历史悠久，文化底蕴深厚。战国时期属燕国，燕昭王二十九年（前283年）置渔阳郡，顺义隶属渔阳郡。秦始皇统一中国（前221年）后，全国划分为36郡，燕国辖地仍袭旧

---

① 顺义县地方志编纂委员会：《顺义县志》，北京出版社，2009年。

制，仍属渔阳郡。

西汉高祖十二年（前195年），刘建被封为燕王。在县境东部置狐奴县，西部置安乐县。狐奴县、安乐县属渔阳郡。王莽新朝（9～23年）时，狐奴县改为举符县，渔阳郡改为通路郡。王莽新朝亡后，东汉复称渔阳郡、狐奴县。东汉建安十八年（213年），安乐、狐奴二县属广阳郡。

三国时期安乐、狐奴二县属魏之幽州燕郡、燕国。西晋、十六国、北朝、隋各朝，安乐、狐奴二县相继隶属燕国、幽州、渔阳郡、潞县、涿郡等。唐开元四年（716年），将弹汗州移置今县境，改名为归顺州。天宝元年（742年）改称归化郡，领怀柔县，为州治所所在地。乾元元年（758年）改名为顺州。辽太宗会同元年（938年），顺州隶属幽都府。辽开泰元年（1012年），改幽都府为析津府，顺州隶属析津府。宋宣和五年至七年（1123～1125年），顺州归宋，隶属燕山府广阳郡。金天会七年（1129年），顺州隶属河北东路。天德三年（1151年），南京改名中都，顺州隶属中都路。元太祖十年（1215年），蒙古军攻占金中都，改名燕京，顺州隶属燕京路。元至元九年（1272年），中都改为大都，顺州先后隶属大都大兴府、大都路。

明洪武元年（1368年），改大都为北平府，顺州改名顺义县，隶属北平府，顺义之名由此始。明永乐元年（1403年），北平府改为顺天府，顺义属之。明永乐十九年（1421年），明迁都北京，顺义为依郭京县。明正德九年（1514年），顺义改隶属昌平州。有清一代，顺义隶属顺天府。

1914年10月，顺天府改为京兆特别区，顺义属之。1928年6月，顺义县划归河北省。1948年12月8日，顺义县城解放。1949年8月，顺义县隶属河北省通州专署。1958年4月，顺义县划归北京市，改为区建制。1960年1月，恢复县建制[①]。1998年3月3日，撤销顺义县，设立顺义区。

顺义区为附京重地，山川形胜，人杰地灵，物产富饶，尤其是到了清代，是清朝皇帝巡幸塞外之要道，为统治者所重。正如康熙五十八年（1719年）《重修顺义县志》序中所载"顺义，《禹贡》：冀州之域，旧属燕地。邑置自秦，汉为渔阳郡。迄今始置州，合怀、密为一。明改为县，直隶神京。今为圣天子巡幸塞外要道，视他邑为加谨。邑虽褊小，而山川形势之杰出，乡贤杰义之挺生，与夫风俗土产之纯谨而精良"。

顺义区文化遗产资源丰富，现有不可移动文物登记项目37项，已公布为各级文物保护单位的9项[②]，其中全国重点文物保护单位1项，为第七批公布的焦庄户地道战遗址。北京市级文物保护单位2项，为第五批公布的元圣宫和第六批公布的无梁阁。区级文物保护单位6项，有汉

① 顺义县地方志编纂委员会：《顺义县志》，北京出版社，2009年。
② 北京市顺义区统计局等：《北京顺义统计年鉴（2022）》，内部资料，2022年。

代狐奴县遗址、汉代安乐故城、元代曹宣徽善行记碑、明代顺州古城垣遗址、清和勤亲王墓碑和潮白烈士陵园①。另有田各庄汉墓群、临河汉墓群；辽代净光舍利塔基、大悲心陀罗经幢；元代白云观碑、孔庙神门碑、大广济寺开山祖师塔幢、顺义官吏士庶衔名碑；明代普济寺重修碑；清代三家店行宫遗址、南石槽行宫遗址、开元寺、杨镇关帝庙、武各庄关帝庙、南郎中村关帝庙、回民营清真寺、高丽营清真寺、顺州衙门、顺州孔庙、牛栏山镇药王庙等其他古遗址、古墓葬、古建筑与石刻类遗存。地下文物埋藏区有8处，临河、田各庄、城关、牛栏山、荆卷、北府、后沙峪、天竺。在20世纪60年代和80年代，还发现6处重要钱币窖藏，分别为北河村汉代五铢钱窖藏、大段村南宋钱币窖藏、北府村南宋钱币窖藏、尹家府村辽金时期钱币窖藏、大故现村辽宋金钱币窖藏和南郎中村明代钱币窖藏，总重量约1.36吨，数量超过40万枚。

顺义区非物质文化遗产具有数量众多、形式多样、特色鲜明的显著特点，目前保留下来的项目多达225项，其中有158项入选《非物质文化遗产普查报告顺义卷》。截止到2021年底，被列入非物质文化遗产保护名录的有35项。其中国家级1项，牛栏山二锅头酒传统酿造技艺；北京市级7项，火绘葫芦技艺、马卷村五虎棍、曾庄大鼓、杨镇龙灯会、张镇灶王爷传说、大胡营高跷秧歌、孙氏糕点模具；区级27项，有玉雕技艺、押花葫芦、薛大人庄中幡、张镇民歌、张家务柳编、杨各庄药王节庙会、后沙峪白辛庄高跷会等。

二、遗址概况与发掘经过

顺义临河遗址位于顺义区仁和镇临河村西南部（图一）。

2009年11～12月，为了配合顺义区疾病预防控制中心迁建项目，北京市文物研究所（现北京市考古研究院）对该项目用地开展了考古勘探，勘探总面积13万平方米，发现地下有数十座古代墓葬。勘探结束后，2014年7月16日至8月22日进行了考古发掘，发掘者有北京市文物研究所申红宝，技工马洋、海超、李向凯。共发掘清代遗迹64处，其中墓葬63座、窑址1座，发掘总面积834平方米，出土各类文物151件（套）（不计铜钱、铜币）。

---

① 北京市文物局：《北京文物地图集》（上下册），科学出版社，2009年。

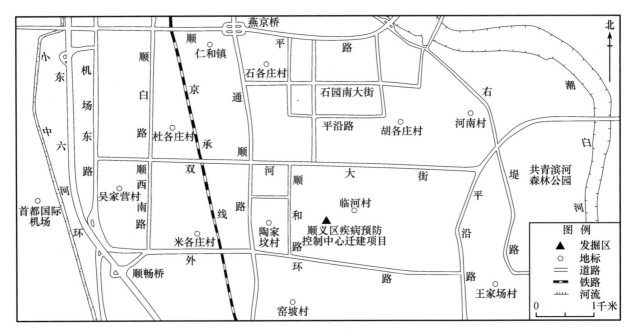

图一 发掘地点位置示意图

三、资料整理与报告编写

项目发掘结束后，原计划马上开展资料整理和报告的编写工作。由于项目负责人申红宝工作岗位的变动，承担了新的工作任务。2017年3月起，又参与北京市文物研究所通州北京城市副中心临时考古工作站的工程建设工作，故资料整理和报告的编写工作进展缓慢。直到2023年3月，才开始系统整理。

2023年3～5月，对出土文物开展了整理工作，整理者有申红宝、罗娇、姜钰莹、李曦曦、张荣添、苟少维、王玉心、肖宇昂，器物摄影由何新雨、艾小力完成。2023年5～7月，由申红宝整合资料，编写报告。整理过程中，还得到了闫博君、李伟伦、刘红艳、张隽等的协助，在此一并致谢。

第二章　发掘概况及地层

一、概　　况

　　顺义区疾病预防控制中心迁建项目位于顺义区临河村的西南部，东邻临月路，南接外环路，西邻顺康路，北邻林河南大街（图二）。北京市文物研究所于2014年7月16日至8月22日对该项目范围内的古代墓葬和窑址进行了考古发掘（图版一，1）。共发掘清代窑址1座、清代墓葬63座（图三；图版一，2；附表一）。发掘总面积834平方米，出土各类文物151件（套）（不计铜钱、铜币）。

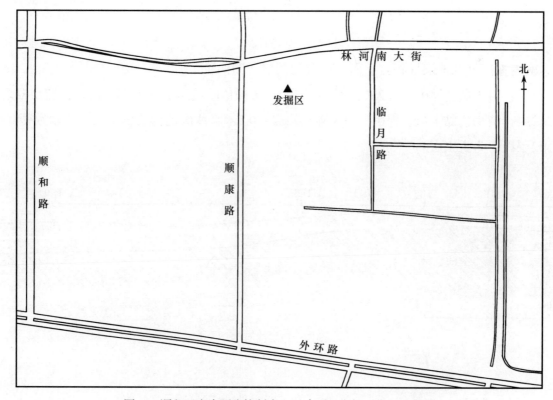

图二　顺义区疾病预防控制中心迁建项目发掘区位置示意图

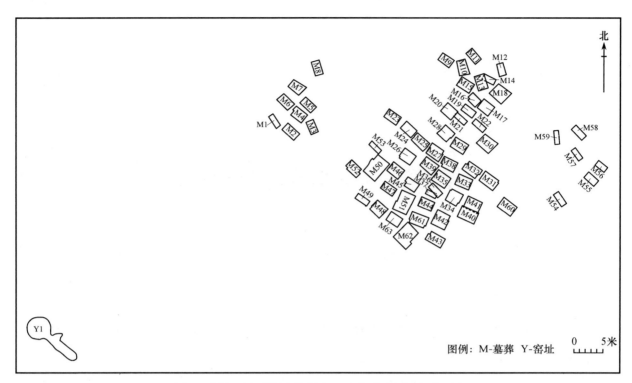

图三 顺义区疾病预防控制中心迁建项目发掘总平面图

二、地　层

本次发掘区域的地层堆积自上而下可分为两层（图四）。

第1层：耕土层。厚0.1～0.2米，深0～0.2米。灰褐色砂质黏土，土质疏松，含植物根系。

第2层：黄褐色黏土层。厚0.1～0.3米，深0.2～0.5米。黄褐色粉质黏上，土质较致密。

第2层以下为生土层。

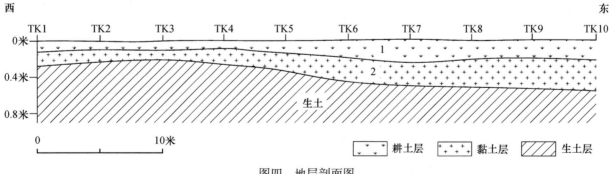

图四 地层剖面图

第三章　遗迹及遗物

一、清代窑址

Y1　位于发掘区的西南部，开口于第2层下，西北—东南向，方向135°。窑口距地表深2.7米，窑底距地表深4.54米。窑址总长9.77米，宽4.86米，残深1.84米。由操作间、窑门、火膛和窑室组成（图五；图版二，1、2）。

操作间：位于窑址的东南部，平面近椭圆形。长5.06米，宽0.8～2.54米，深1.28米，呈东南高西北低缓坡状。北部靠窑门处有一近半圆形平台。内填花土，土质较致密，包含大量的砖块、瓦片、铁块、红烧土及烧结块等。

窑门：位于操作间的西北部，火膛的上部，平面呈长方形。残宽0.8米，进深0.4米，残高0.32～0.78米，窑门口由立砖砌成，整砖规格为38厘米×18厘米×7厘米，素面青砖。窑门底距火膛底0.54米。

火膛：位于窑室内的东南部，平面呈半圆形，长3.72米，宽1.56米。东南部用砖逐层平砌而成，残高0.86米；西北部用砖由底向上一层立砖一层平砖、两层后一层平砖一层立砖逐层砌制而成，残高0.58～1.17米，整砖规格为38厘米×18厘米×7厘米，素面青砖。底部残存青灰。

窑室：位于窑门的西北部，平面近长方形，窑壁清晰，东西长4.34米，南北宽4.86米，残深0.72～1.84米。西北部被现代坑扰动。窑室的西北部呈东北—西南向用青砖错缝平砌一道墙砖，并留有烟道和排烟口4个，由东北向西南排列，编号分别为1、2、3、4。1号烟道宽0.18米，进深0.86米，排烟口直径0.19米；2号烟道宽0.16米，进深0.85米，排烟口直径0.17米；3号烟道宽0.19米，进深0.87米，排烟口直径0.16米，4号烟道宽0.21米，进深0.86米，排烟口直径0.17米。窑床底部残存0.04米的烧结面，窑壁有红烧土，厚0.2米。窑室内整砖规格为38厘米×18厘米×6厘米，素面青砖。

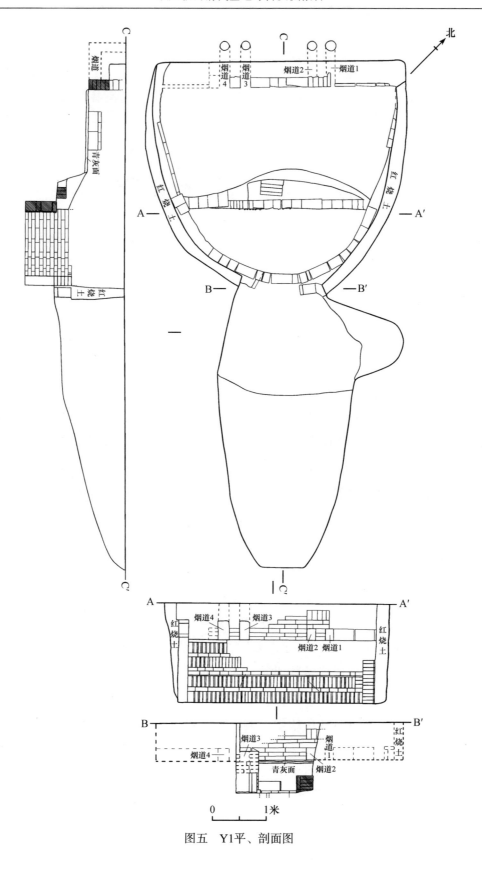

图五　Y1平、剖面图

二、清代墓葬

（一）M1

1. 墓葬形制

位于发掘区西部，东南邻M2。开口于第2层下，东西向，方向135°。

墓平面呈梯形，竖穴土圹单人葬墓。墓口距地表深0.2米，墓底距地表深0.92米。墓圹东西长2.54米，南北宽0.86～1米，深0.72米。内填花土，土质较致密。内置单棺，棺木已朽。棺长1.8米，宽0.55～0.81米，残高0.32米，棺板厚0.08米。骨架保存较好，头向东，面向东，仰身直肢葬，为女性（图六；图版三，1）。

2. 随葬品

未发现随葬品。

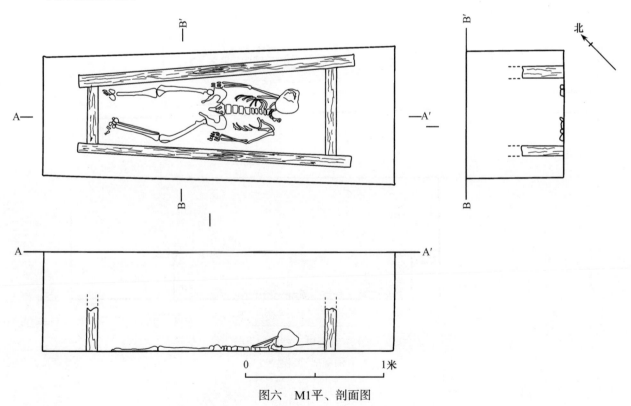

图六　M1平、剖面图

（二）M2

1. 墓葬形制

位于发掘区西部，西北邻M1，开口于第2层下，东西向，方向125°。

墓平面呈梯形，竖穴土圹双人合葬墓。墓口距地表深0.4米，墓底距地表深1.26～1.36米。墓圹东西长2.9米，南北宽1.64～1.85米，深0.86～0.96米。内填花土，土质较疏松。内置双棺，棺木已朽。北棺长1.9米，宽0.5～0.66米，残高0.3米。骨架保存较好，头向东，面向北，仰身直肢葬，为女性。南棺长2米，宽0.51～0.71米，残高0.28米。骨架保存较好，头向东，面向下，仰身直肢葬，为男性（图七；图版三，2）。

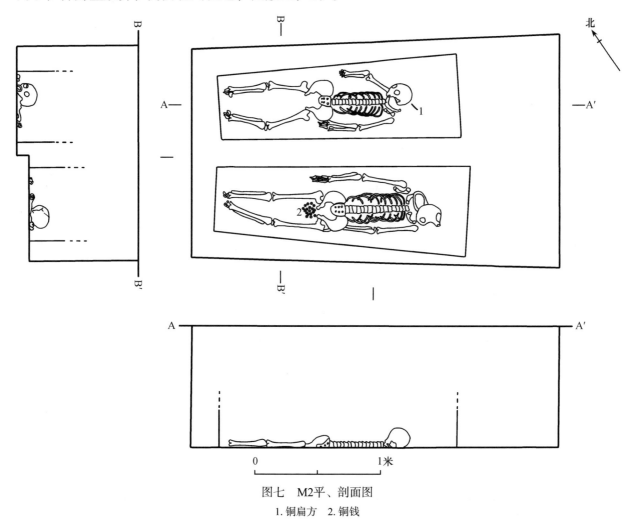

图七　M2平、剖面图

1. 铜扁方　2. 铜钱

2. 随葬品

北棺出土铜扁方1件，南棺出土铜钱19枚。

铜扁方 1件。M2∶1，残。首部卷曲，体呈扁条形，尾部残。锈蚀严重，图案模糊不可辨认。残长14厘米，宽1.3厘米，厚0.1厘米，重6.21克（图八，1；图版三二，1）。

铜钱 19枚。乾隆通宝7枚、嘉庆通宝4枚、道光通宝6枚、咸丰通宝1枚、光绪通宝1枚。

乾隆通宝 7枚。M2∶2-1，小平钱。方穿，正背面郭缘较宽，正面楷书"乾隆通寶"四

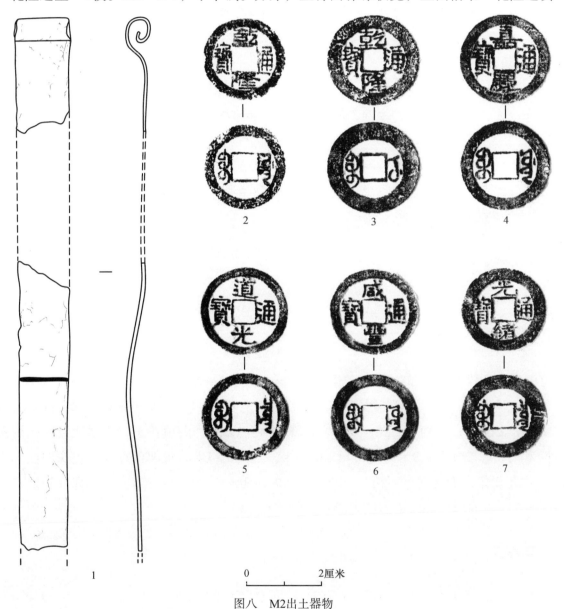

图八 M2出土器物

1.铜扁方（M2∶1） 2、3.乾隆通宝（M2∶2-1、M2∶2-2） 4.嘉庆通宝（M2∶2-3） 5.道光通宝（M2∶2-4）

6.咸丰通宝（M2∶2-5） 7.光绪通宝（M2∶2-6）

字，直读，背穿左右为满文"宝源"局名。钱径2.2厘米，穿径0.65厘米，郭宽0.28厘米，郭厚0.15厘米，重3.28克（图八，2）。M2：2-2，平钱。方穿，正背面郭缘较宽，正面楷书"乾隆通寶"四字，直读，背穿左右为满文"宝武"局名。钱径2.46厘米，穿径0.6厘米，郭宽0.39厘米，郭厚0.12厘米，重3.06克（图八，3）。

嘉庆通宝　4枚。M2：2-3，平钱。方穿，正背面郭缘较宽，正面楷书"嘉慶通寶"四字，直读，背穿左右为满文"宝源"局名。钱径2.43厘米，穿径0.55厘米，郭宽0.32厘米，郭厚0.14厘米，重3.82克（图八，4）。

道光通宝　6枚。M2：2-4，平钱。方穿，正背面郭缘较宽，正面楷书"道光通寶"四字，直读，背穿左右为满文"宝泉"局名。钱径2.4厘米，穿径0.6厘米，郭宽0.28厘米，郭厚0.16厘米，重4克（图八，5）。

咸丰通宝　1枚。M2：2-5，小平钱。方穿，正背面郭缘较宽，正面楷书"咸豐通寶"四字，直读，背穿左右为满文"宝源"局名。钱径2.36厘米，穿径0.6厘米，郭宽0.29厘米，郭厚0.14厘米，重3.11克（图八，6）。

光绪通宝　1枚。M2：2-6，小平钱。方穿，正背面郭缘较宽，正面楷书"光绪通寶"四字，直读，背穿左右为满文"宝泉"局名。钱径2.3厘米，穿径0.55厘米，郭宽0.42厘米，郭厚0.16厘米，重4克（图八，7）。

（三）M3

1. 墓葬形制

位于发掘区西部，西邻M2，开口于第2层下，南北向，方向144°。

墓平面呈梯形，竖穴土圹双人合葬墓。墓口距地表深0.4米，墓底距地表深1.54～1.6米。墓圹南北长2.64米，东西宽2.28～2.44米，深1.14～1.2米。内填花土，土质较致密。内置双棺，棺木已朽。东棺长1.9米，宽0.48～0.66米，残高0.24米。骨架保存较好，头向南，面向上，仰身直肢葬，为女性。西棺长1.92米，宽0.4～0.6米，残高0.3米。骨架保存较好，头向南，面向东，仰身直肢葬，为男性（图九；图版三，3）。

2. 随葬品

东棺出土银扁方1件、银簪3件、铜钱2枚；西棺出土铜钱2枚。

银扁方　1件。M3：2，首为扁平圆帽形；体呈扁条形，末端呈圆弧状；背戳印"慶順"字样。通长13.1厘米，宽1.3厘米，厚0.1厘米，重6.82克（图一〇，1；图版三二，2、3）。

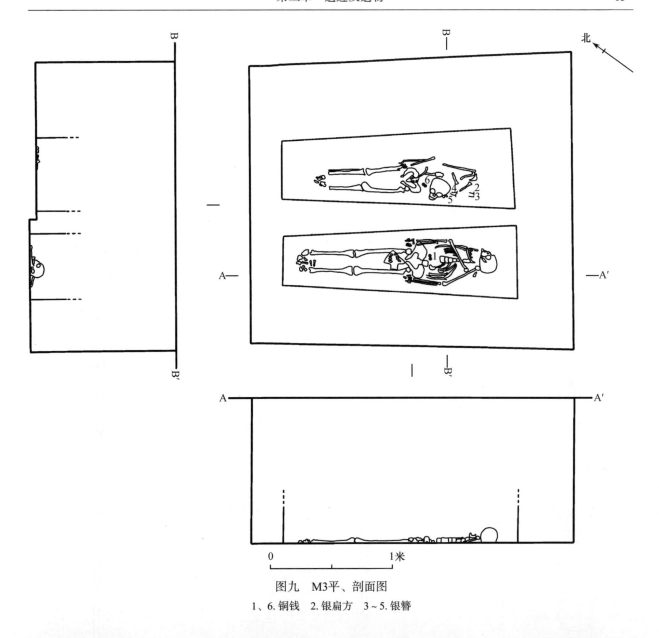

图九　M3平、剖面图

1、6.铜钱　2.银扁方　3～5.银簪

　　银簪　3件。M3：3，簪首镂铸呈圆球状，绞丝环成数个圆形面，内铸花瓣和小圆珠，顶铸菊瓣纹，底托为俯菊状；体呈细长圆锥形。簪首高2厘米，簪首宽1.9厘米，通长12.8厘米，重5.95克（图一〇，2；图版三二，4）。M3：4，残。簪首、簪体分离，簪首为十五瓣扁平花瓣状，中部凸起呈圆环形，环内铸"福"字纹；体呈细长圆锥形。簪首高0.2厘米，簪首宽2.3厘米，残长9.9厘米，重3.95克（图一〇，3；图版三二，5）。M3：5，残。簪首、簪体分离，簪首为十六瓣扁平花瓣状，中部凸起呈圆环形，环内铸"福"字纹；体呈细长圆锥形。簪首高0.2厘米，簪首宽2.4厘米，残长10.4厘米，重3.64克（图一〇，4；图版三二，6）。

　　铜钱　4枚。乾隆通宝3枚、道光通宝1枚。

　　乾隆通宝　3枚。M3：1-1，大平钱。方穿，正背面郭缘较宽，正面楷书"乾隆通寶"四字，直读，背穿左右为满文"宝云"局名。钱径2.6厘米，穿径0.59厘米，郭宽0.39厘米，郭厚0.13厘米，重2.77克（图一〇，5）。M3：6-1，平钱。方穿，正背面郭缘较宽，正面楷书"乾隆通寶"四字，直读，背穿左右为满文"宝泉"局名。钱径2.51厘米，穿径0.65厘米，郭宽0.37厘米，郭厚0.12厘米，重3.27克（图一〇，6）。

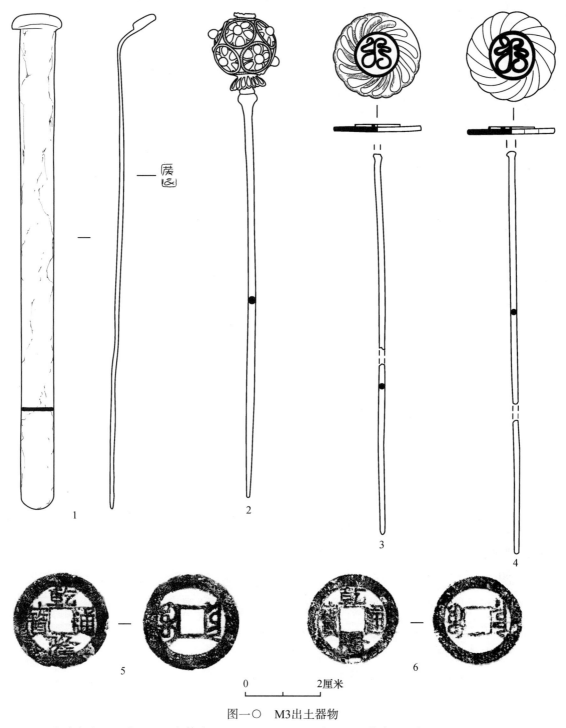

图一〇　M3出土器物

1. 银扁方（M3：2）　2～4. 银簪（M3：3、M3：4、M3：5）　5、6. 乾隆通宝（M3：1-1、M3：6-1）

（四）M4

1. 墓葬形制

位于发掘区西部，东南邻M3，开口于第2层下，东西向，方向131°。

墓平面呈不规则形，竖穴土圹双人合葬墓。墓口距地表深0.4米，墓底距地表深1.36米。墓圹东西长2.56~2.8米，南北宽1.9米，深0.96米。内填花土，土质较致密。内置双棺，棺木已朽。北棺长1.77米，宽0.5~0.7米，残高0.4米。骨架保存较好，头向东，面向下，仰身直肢葬，为女性。南棺长1.97米，宽0.5~0.52米，残高0.4米。骨架保存较好，头向东，面向北，仰身直肢葬，为男性（图一一；图版四，1）。

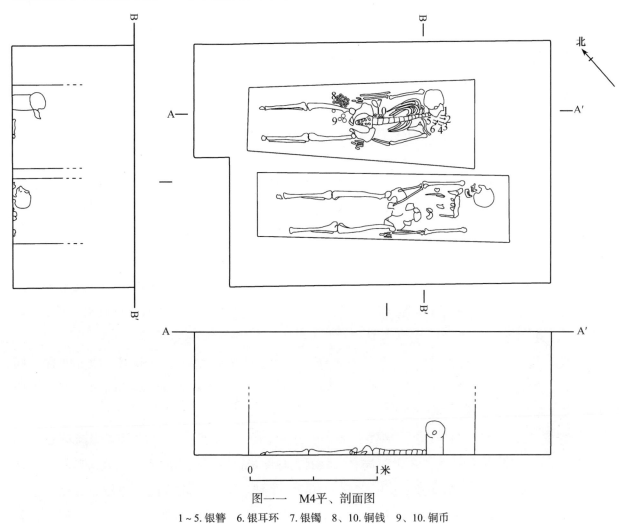

图一一　M4平、剖面图

1~5.银簪　6.银耳环　7.银镯　8、10.铜钱　9、10.铜币

2. 随葬品

北棺出土银簪5件、银耳环1件、银镯1件、铜钱20枚、铜币4枚。

银簪　5件。M4：1，簪首镂铸呈圆球状，绞丝环成数个圆形面，内铸花瓣和小圆珠，顶铸菊瓣纹，底托为俯菊状；体呈细长圆锥形。簪首高1.7厘米，簪首宽1.6厘米，通长10.3厘米，重5.65克（图一二，1；图版三三，1）。M4：2，簪首为二十四瓣扁平花瓣状，中部凸起呈圆环形，环内铸"福"字纹；首背戳印"□□"字样；体呈细长圆锥形。簪首高0.4厘米，簪首宽2.1厘米，通长9.8厘米，重9.69克（图一二，2；图版三三，2、3）。M4：4，簪首为二十四瓣扁平花瓣状，中部凸起呈圆环形，环内铸"寿"字纹；首背戳印"□□"字样；体呈细长圆锥形。簪首高0.4厘米，簪首宽2.2厘米，长10.3厘米，重9.72克（图一二，3；图版三四，1、2）。M4：3，残。簪首、簪体分离，簪首一部分为锡杖手，手指圆而细长，拇指与食指合拢；另一部分残，可见呈花篮状；体呈细长圆锥形。簪首残高2厘米，簪首残宽1.2厘米，残长15.2厘米，重5.05克（图一二，4；图版三三，4、5）。M4：5，簪首为扁平圆帽形；体为扁平锥形，背戳印"聚華"字样。通长8.9厘米，宽1.2厘米，厚0.1厘米，重4.02克（图一二，5；图版三四，3、4）。

银耳环　1件。M4：6，环面呈圆饼状；环体近似钩形，尾部尖。长3.6厘米，宽1.9厘米，环面直径1.3厘米，重1.62克（图一二，7；图版三四，5）。

银镯　1件。M4：7，整体呈"C"形，切面为椭圆形。素面。长径7.4厘米，短径6.8厘米，厚0.7厘米，重5.1克（图一二，6；图版三五，1、2）。

铜钱　20枚。宽永通宝2枚、康熙通宝1枚、乾隆通宝5枚、嘉庆通宝2枚、道光通宝2枚、咸丰通宝1枚、光绪通宝2枚、光绪重宝1枚、宣统通宝4枚（图版七一，1、2）。

宽永通宝　2枚。M4：8-1，平钱。方穿，正背面郭缘略窄，正面楷书"寬永通寶"四字，直读，背面素面。钱径2.48厘米，穿径0.59厘米，郭宽0.26厘米，郭厚0.11厘米，重2.78克（图一三，1）。

康熙通宝　1枚。M4：10-1，平钱。方穿，正背面郭缘较宽，正面楷书"康熙通寶"四字，直读，背穿左右为满文"宝泉"局名。钱径2.5厘米，穿径0.61厘米，郭宽0.28厘米，郭厚0.11厘米，重2.94克（图一三，2）。

乾隆通宝　5枚。M4：8-2，平钱。方穿，正背面郭缘较宽，正面楷书"乾隆通寶"四字，直读，背穿左右为满文"宝泉"局名。钱径2.43厘米，穿径0.55厘米，郭宽0.33厘米，郭厚0.14厘米，重3.84克（图一三，3）。M4：10-2，平钱。方穿，正背面郭缘较宽，正面楷书"乾隆通寶"四字，直读，背穿左右为满文"宝泉"局名。钱径2.47厘米，穿径0.55厘米，郭宽0.33厘米，郭厚0.14厘米，重3.8克（图一三，4）。

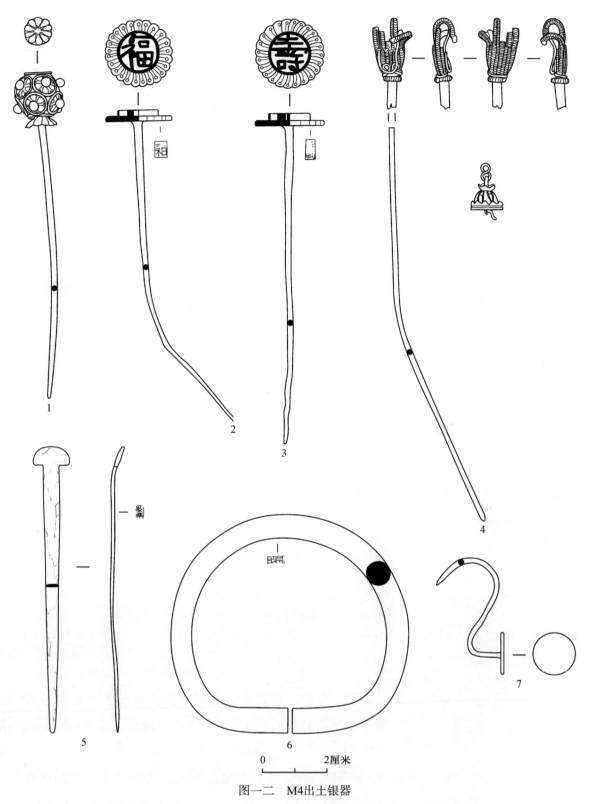

图一二 M4出土银器

1~5.簪（M4：1、M4：2、M4：4、M4：3、M4：5） 6.镯（M4：7） 7.耳环（M4：6）

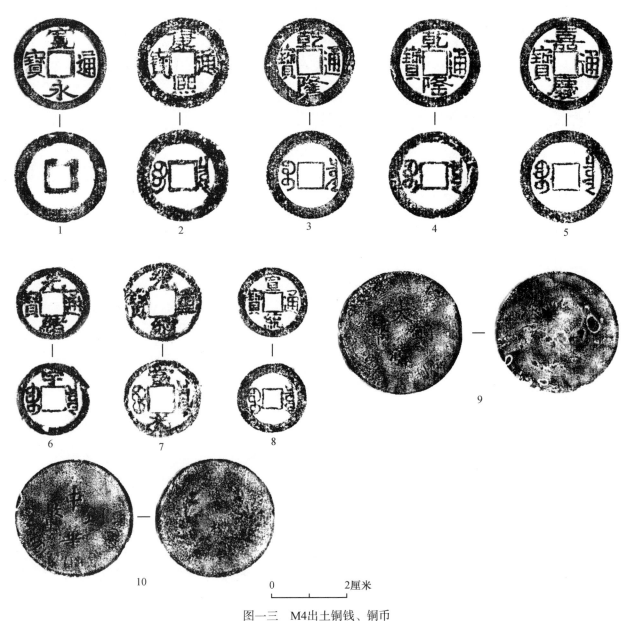

图一三　M4出土铜钱、铜币

1. 宽永通宝（M4：8-1）　2. 康熙通宝（M4：10-1）　3、4. 乾隆通宝（M4：8-2、M4：10-2）　5. 嘉庆通宝（M4：8-3）
6. 光绪通宝（M4：8-4）　7. 光绪重宝（M4：10-3）　8. 宣统通宝（M4：8-5）　9. 大清铜币（M4：9-1）　10. 中华铜币（M4：10-4）

　　嘉庆通宝　2枚。M4：8-3，平钱。方穿，正背面郭缘较宽，正面楷书"嘉慶通寶"四字，直读，背穿左右为满文"宝泉"局名。钱径2.54厘米，穿径0.55厘米，郭宽0.28厘米，郭厚0.11厘米，重3.52克（图一三，5）。

　　光绪通宝　2枚。M4：8-4，小平钱。方穿，正背面郭缘较宽，正面楷书"光緒通寶"四字，直读，背穿左右为满文"宝泉"局名、上楷书"宇"字。钱径2.04厘米，穿径0.56厘米，郭宽0.24厘米，郭厚0.13厘米，重2.31克（图一三，6）。

光绪重宝　1枚。M4：10-3，小平钱。方穿，正背面郭缘略窄，正面楷书"光緒重寶"四字，直读，背穿左右为满文"宝泉"局名、上下楷书"當拾"二字。钱径2.1厘米，穿径0.66厘米，郭宽0.2厘米，郭厚0.11厘米，重2.28克（图一三，7）。

宣统通宝　4枚。M4：8-5，小平钱。方穿，正背面郭缘略宽，正面楷书"宣統通寶"四字，直读，背穿左右为满文"宝泉"局名。钱径1.9厘米，穿径0.44厘米，郭宽0.23厘米，郭厚0.12厘米，重1.92克（图一三，8）。

铜币　4枚。可辨认者2枚，大清铜币1枚、中华铜币1枚（图版七〇，1）。

大清铜币　1枚。M4：9-1，圆形。正面楷书"大清銅幣"，其余锈蚀不清无法辨认。背面中央为蟠龙纹，其余部分锈蚀不清无法辨认。钱径3.34厘米，厚0.15厘米，重10.34克（图一三，9）。

中华铜币　1枚。M4：10-4，圆形。正面珠圈内楷书"中華銅幣"四字，直读，下缘镌"THE REPUBLIC OF CHINA"字样。背面正中楷书"雙枚"，左右分立嘉禾，其余部分锈蚀不清。钱径3.22厘米，厚0.18厘米，重9.41克（图一三，10）。

（五）M5

1. 墓葬形制

位于发掘区西部，南邻M4，开口于第2层下，东西向，方向133°。

墓平面呈长方形，竖穴土圹单人葬墓。墓口距地表深0.5米，墓底距地表深1.2米。墓圹东西长2.9米，南北宽1.6米，深0.7米。内填花土，土质较疏松。内置单棺，棺木已朽。棺长1.9米，宽0.56～0.68米，残高0.2米。骨架保存较差，散乱分布，头向、面向、葬式、性别均不详（图一四；图版四，2）。

2. 随葬品

铜币　4枚。大清铜币1枚，其余3枚锈蚀不清，无法辨认。

大清铜币　1枚。M5：1-1，圆形。正面楷书"大清銅幣"，左右外缘镌"己酉"二字，其余锈蚀不清无法辨认。背面中央为蟠龙纹，其余部分锈蚀不清无法辨认。钱径3.34厘米，厚0.16厘米，重10.38克（图一五）。

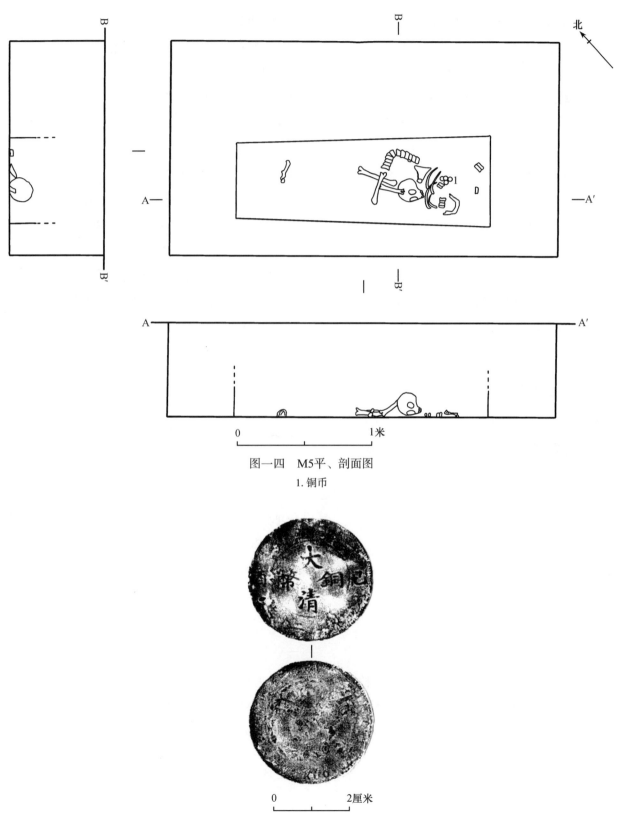

图一四　M5平、剖面图
1. 铜币

图一五　M5出土大清铜币（M5：1-1）

（六）M6

1. 墓葬形制

位于发掘区西部，东邻M5，开口于第2层下，东西向，方向125°。

墓平面呈长方形，竖穴土圹双人合葬墓。墓口距地表深0.4米，墓底距地表深1.2～1.3米。墓圹东西长2.5米，南北宽1.8米，深0.8～0.9米。内填花土，土质较疏松。内置双棺，棺木已朽。北棺长1.88米，宽0.5～0.62米，残高0.3米。骨架保存较差，头向东，面向东，仰身直肢葬，为女性。南棺长1.82米，宽0.48～0.64米，残高0.28米。骨架保存较差，头向东，面向北，仰身直肢葬，为男性（图一六；图版四，3）。

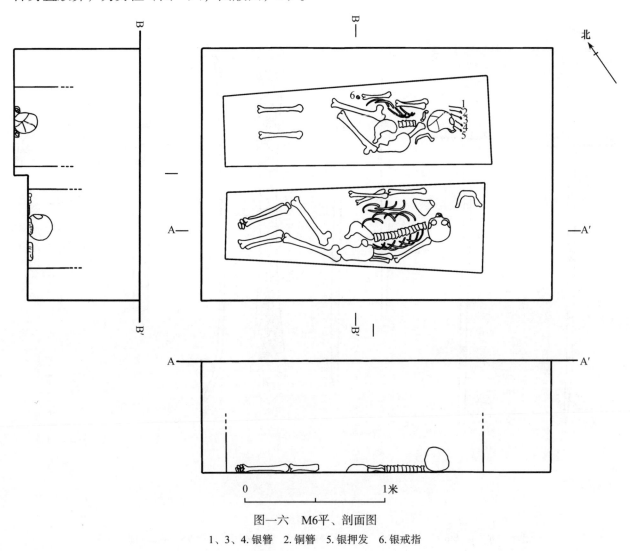

图一六 M6平、剖面图

1、3、4.银簪 2.铜簪 5.银押发 6.银戒指

2. 随葬品

北棺出土银簪3件、铜簪1件、银押发1件、银戒指1件。

银簪　3件。M6：1，簪首为双层花卉状，四周饰草叶纹；首背戳印"同聚"字样；体呈细长圆锥形。簪首高0.5厘米，簪首宽2.2厘米，通长7.6厘米，重3.25克（图一七，1；图版三五，3、4）。M6：3，簪首为二十三瓣尖圆形花瓣状，中部凸起呈圆环形，环内铸"福"字纹；体呈细长圆锥形。簪首高0.2厘米，簪首宽2厘米，通长8.6厘米，重3.42克（图一七，2；图版三五，6）。M6：4，残。首仅存部分叶托；体呈细长圆锥形。残长7厘米，重1.41克（图一七，3；图版三六，1）。

铜簪　1件。M6：2，残，仅存细长圆锥形簪体。残长8.9厘米，重1.09克（图一七，4；图版三五，5）。

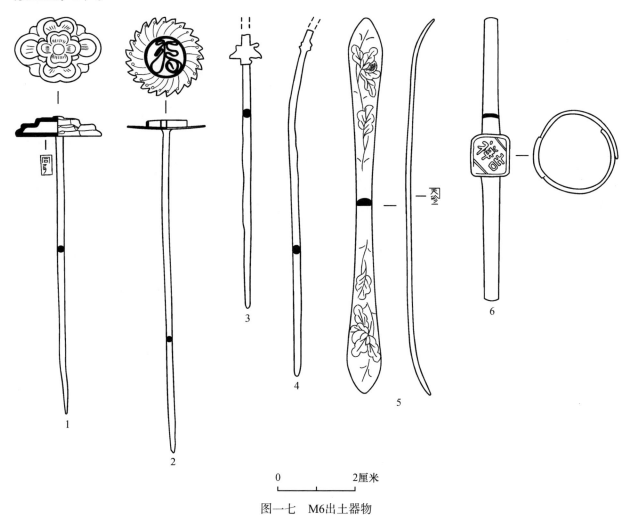

0　　　　　　2厘米

图一七　M6出土器物

1～3.银簪（M6：1、M6：3、M6：4）　4.铜簪（M6：2）　5.银押发（M6：5）　6.银戒指（M6：6）

银押发　1件。M6：5，体呈弓形，两端较宽呈柳叶状，中部收束；两端錾刻对称缠枝花草纹，背戳印"天珍"字样。通长9.7厘米，宽0.42～0.88厘米，厚0.2厘米，重6.27克（图一七，5；图版三六，2、3）。

银戒指　1件。M6：6，圆环形，环体扁平；中部宽，为方形，铸"吉祥"字样；两端尖。直径2.1厘米，厚0.1厘米，重2.47克（图一七，6；图版三六，4、5）。

（七）M7

1. 墓葬形制

位于发掘区西部，西南邻M6，开口于第2层下，东西向，方向126°。

墓平面呈梯形，竖穴土圹双人合葬墓。墓口距地表深0.3米，墓底距地表深1米。墓圹东西长2.6米，南北宽1.56～2.16米，深0.7米。内填花土，土质较致密。内置双棺，棺木已朽。北棺长1.65米，宽0.44～0.6米，残高0.32米。骨架保存较差，头向东，面向不详，仰身直肢葬，为女性。南棺长1.88米，宽0.58～0.78米，残高0.32米。骨架保存较好，头向东，面向上，仰身直肢葬，为男性（图一八；图版五，1）。

2. 随葬品

未发现随葬品。

（八）M8

1. 墓葬形制

位于发掘区西部，西南邻M7，开口于第2层下，南北向，方向170°。

墓平面呈长方形，竖穴土圹双人合葬墓。墓口距地表深0.5米，墓底距地表深1.5米。墓圹南北长2.7米，东西宽1.68～1.72米，深1米。内填花土，土质较疏松。内置双棺，棺木已朽。东棺长1.8米，宽0.5～0.68米，残高0.3米。骨架保存较好，头向南，面向东，仰身直肢葬，为女性。西棺长1.92米，宽0.5～0.68米，残高0.3米。骨架保存较差，头向南，面向不详，仰身直肢葬，为男性（图一九；图版五，2）。

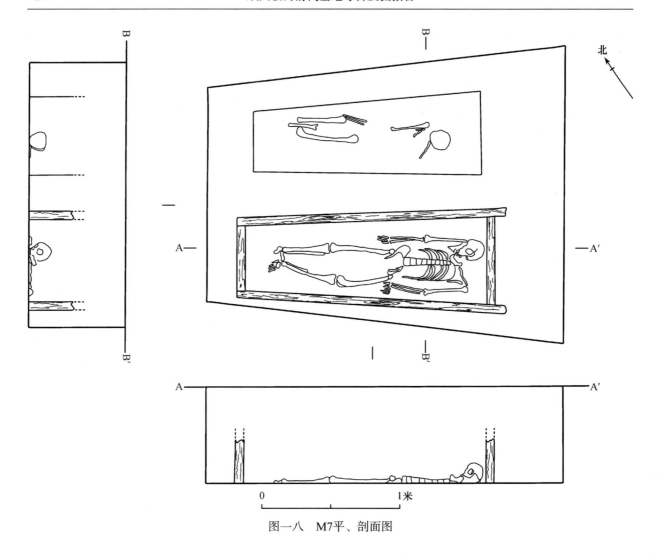

图一八　M7平、剖面图

2. 随葬品

东棺出土鎏金铜簪2件、银簪2件、银押发1件，西棺出土铜币1枚。

鎏金铜簪　2件。M8：1，残，簪首、簪体分离。簪首为镂空圆球状，绞丝环成数个花瓣，内铸小圆珠，底托为叶状；体呈细长圆锥形。簪首高2厘米，簪首宽1.8厘米，重3.64克（图二〇，1；图版三六，6）。M8：2，残，可见簪首为六面形禅杖，顶呈葫芦形；体呈细长圆锥形，末端残。残长5.7厘米，重1.07克（图二〇，2；图版三七，1）。

银簪　2件。簪首均为双层六瓣花形，四周饰草叶纹；体呈细长圆锥形。M8：3，首背戳印"永華""足紋"字样。簪首高0.4厘米，簪首宽2.2厘米，通长厘8.4米，重4.4克（图二〇，3；图版三七，2、3）。M8：4，首背戳印"永華""利華"字样。簪首高0.6厘米，簪首宽2厘米，通长6.6厘米，重3.05克（图二〇，4；图版三七，4、5）。

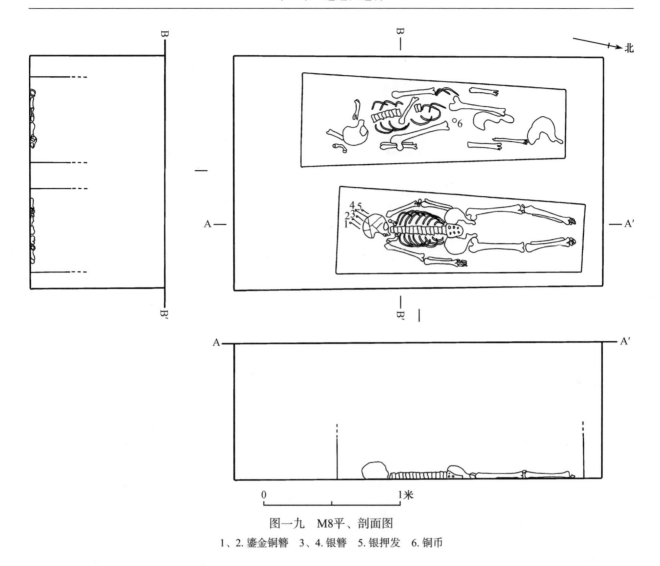

图一九 M8平、剖面图
1、2.鎏金铜簪 3、4.银簪 5.银押发 6.铜币

银押发 1件。M8：5，体呈弓形，两端较宽呈柳叶状，中部收束；体刻花草纹，背戳印"文元""足纹"字样。通长8.2厘米，宽0.7厘米，厚0.1厘米，重5.13克（图二〇，5；图版三八，1、2）。

铜币 1枚。M8：6，锈蚀不清，无法辨认。

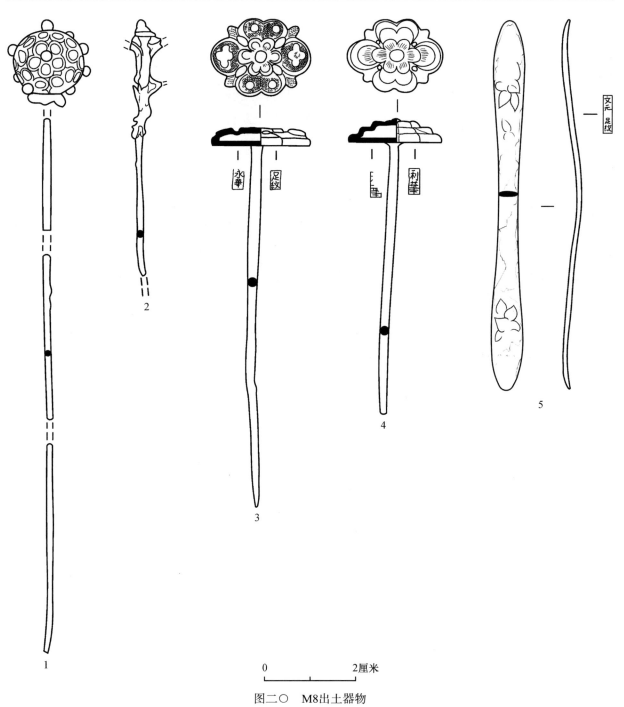

图二〇　M8出土器物

1、2.鎏金铜簪（M8：1、M8：2）　3、4.银簪（M8：3、M8：4）　5.银押发（M8：5）

（九）M9

1. 墓葬形制

位于发掘区中北部，东邻M10，开口于第2层下，东西向，方向125°。

墓平面呈不规则形，竖穴土圹双人合葬墓。墓口距地表深0.3米，墓底距地表深0.9~1.1米。墓圹东西长2.44~2.5米，南北宽1.52~1.7米，深0.6~0.8米。内填花土，土质较致密。内置双棺，棺木已朽。北棺长1.86米，宽0.6~0.65米，残高0.2米。骨架保存较好，头向东，面向下，仰身直肢葬，为女性。南棺长2.16米，宽0.58~0.8米，残高0.3~0.46米。骨架保存较好，头向东，面向下，仰身直肢葬，为男性（图二一；图版六，1）。

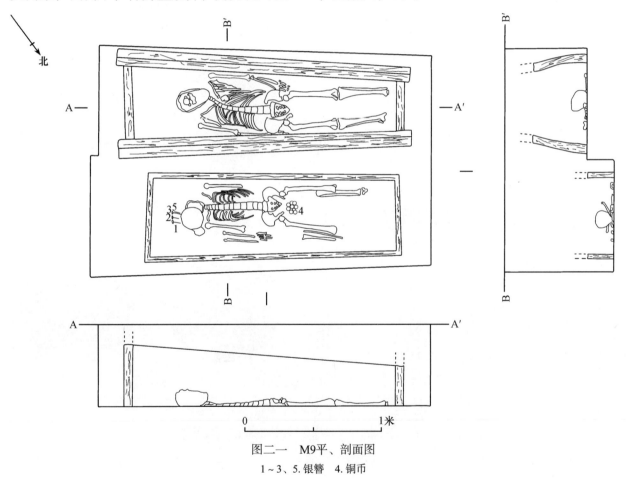

图二一　M9平、剖面图
1~3、5.银簪　4.铜币

2. 随葬品

北棺出土银簪4件、铜币10枚。

银簪　4件。M9：1，残，仅存细长圆锥形簪体。残长9.35厘米，重1.17克（图二二，1；图版三八，3）。M9：2、M9：3，簪首均为双层六瓣花形，四周饰草叶纹，首背戳印"玉珍""足银"字样；体呈细长圆锥形。M9：2，簪首高0.41厘米，簪首宽2.3厘米，通长7.65厘米，重3.81克（图二二，2；图版三八，4、5）。M9：3，簪首高0.42厘米，簪首宽2.26厘米，通长7.95厘米，重3.68克（图二二，3；图版三九，1、2）。M9：5，残，仅存细长圆锥形簪体。残长9.35厘米，重1.64克（图二二，4；图版三九，3）。

铜币　10枚。大清铜币6枚、铜币3枚、1枚锈蚀不清无法辨认（图版七〇，2）。

大清铜币　6枚。M9：4-2，圆形。正面上缘由左至右镌四个满文"宣统年造"，两侧干支"己酉"纪年。珠圈中间"大清铜币"，下缘镌面值"当制钱二十文"。背面镌大清龙纹，

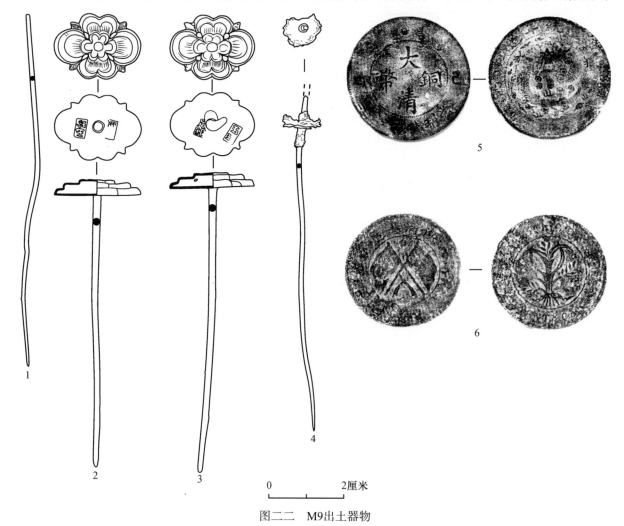

图二二　M9出土器物

1~4.银簪（M9：1、M9：2、M9：3、M9：5）　5.大清铜币（M9：4-2）　6.铜币（M9：4-1）

上缘镌"宣统年造"，下缘锈蚀不清无法辨认。钱径3.33厘米，厚0.16厘米，重10.15克（图二二，5）。

铜币　3枚。M9：4-1，民国时期湖南省造双旗嘉禾铜币，圆形。正面上缘镌"湖南省造"，其余锈蚀不清无法辨认，中间五色旗与十八星旗交叉。背面中间可见一束稻穗，边缘锈蚀不清无法辨认。钱径3.2厘米，厚0.15厘米，重9.27克（图二二，6）。

（十）M10

1. 墓葬形制

位于发掘区中北部，西邻M9，开口于第2层下，南北向，方向175°。

墓平面呈梯形，竖穴土圹双人合葬墓。墓口距地表深0.5米，墓底距地表深1.4米。墓圹南北长2.8米，东西宽1.6～1.94米，深0.9米。内填花土，土质较致密。内置双棺，棺木已朽。东棺长1.76米，宽0.54～0.7米，残高0.3米。骨架保存较好，头向南，面向北，仰身直肢葬，为女性。西棺长2.08米，宽0.5～0.68米，残高0.3米。骨架保存较好，头向南，面向东，仰身直肢葬，为男性（图二三；图版六，2）。

2. 随葬品

东棺出土银簪3件、银耳环2件、铜钱47枚；西棺出土铜钱18枚。

银簪　3件。M10：1、M10：2，簪首均为二十瓣扁平花瓣状，中部凸起呈圆环形，首背戳印"慶華"字样；体呈细长圆锥形。M10：1，环内铸"福"字纹。簪首高0.35厘米，簪首宽2.55厘米，通长10.1厘米，重8.72克（图二四，1；图版三九，4、5）。M10：2，环内铸"寿"字纹。簪首高0.32厘米，簪首宽2.55厘米，通长10.1厘米，重8.44克（图二四，2；图版四〇，1、2）。M10：3，残，簪首、簪体分离，残可见簪首为银丝缠绕而成的六面形禅杖，顶呈葫芦形；体呈细长圆锥形。簪首高3.6厘米，簪首宽1.86厘米，通长15.65厘米，重6.21克（图二四，3；图版四〇，3）。

银耳环　2件。M10：4，环面呈莲花状；环体近似钩形，尾部尖。M10：4-1，长2.35厘米，环面宽2.25厘米，厚0.18厘米，重3.41克（图二四，4；图版四〇，4右）；M10：4-2，长2.22厘米，环面宽2.18厘米，厚0.19厘米，重3.36克（图二四，5；图版四〇，4左）。

铜钱　65枚。康熙通宝1枚、乾隆通宝4枚、嘉庆通宝3枚、道光通宝5枚、咸丰通宝4枚、同治重宝1枚、光绪通宝37枚、宣统通宝10枚。

康熙通宝　1枚。M10：6-1，平钱。方穿，正背面郭缘较宽，正面楷书"康熙通寶"四

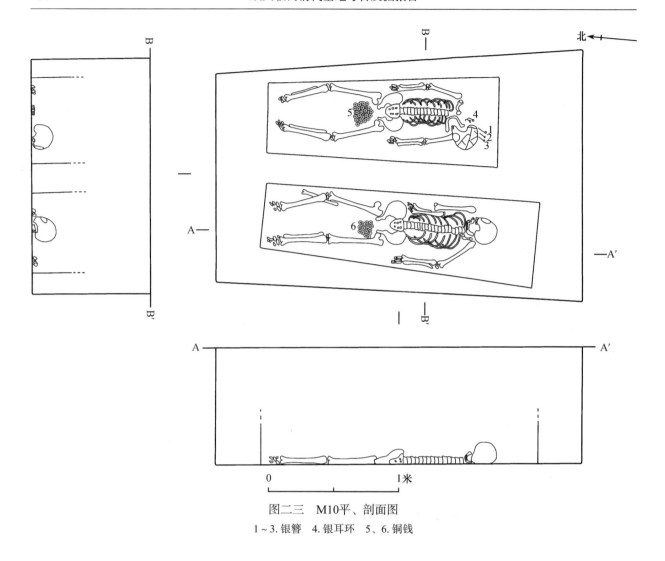

图二三　M10平、剖面图

1~3. 银簪　4. 银耳环　5、6. 铜钱

字，直读，背穿左右为满文"宝泉"局名。钱径2.45厘米，穿径0.59厘米，郭宽0.36厘米，郭厚0.09厘米，重2.7克（图二四，6）。

乾隆通宝　4枚。M10：5-1，小平钱。方穿，正背面郭缘较宽，正面楷书"乾隆通寶"四字，直读，背穿左右为满文"宝泉"局名。钱径2.19厘米，穿径0.64厘米，郭宽0.29厘米，郭厚0.17厘米，重3.91克（图二四，7）。M10：6-2，平钱。方穿，正背面郭缘较宽，正面楷书"乾隆通寶"四字，直读，背穿左右为满文"宝苏"局名。钱径2.47厘米，穿径0.6厘米，郭宽0.36厘米，郭厚0.16厘米，重3.76克（图二四，8）。

道光通宝　5枚。M10：5-2，小平钱。方穿，正背面郭缘略宽，正面楷书"道光通寶"四字，直读，背穿左右为满文"宝泉"局名。钱径2.23厘米，穿径0.56厘米，郭宽0.27厘米，郭厚0.15厘米，重3.49克（图二四，9）。

咸丰通宝　4枚。M10：5-3，小平钱。方穿，正背面郭缘较窄，正面楷书"咸豐通寶"四字，直读，背穿左右为满文"宝泉"局名。钱径2.12厘米，穿径0.62厘米，郭宽0.23厘米，郭厚0.19厘米，重3.55克（图二四，10）。

光绪通宝　37枚。M10：5-4，小平钱。方穿，正背面郭缘略宽，正面楷书"光緒通寳"四字，直读，背穿左右为满文"宝津"局名。钱径2.09厘米，穿径0.55厘米，郭宽0.25厘米，郭厚0.19厘米，重3.55克（图二四，11）。

宣统通宝　10枚。M10：5-5，小平钱。方穿，正背面郭缘较窄，正面楷书"宣統通寳"四字，直读，背穿左右为满文"宝泉"局名。钱径1.9厘米，穿径0.41厘米，郭宽0.24厘米，郭厚0.13厘米，重2克（图二四，12）。

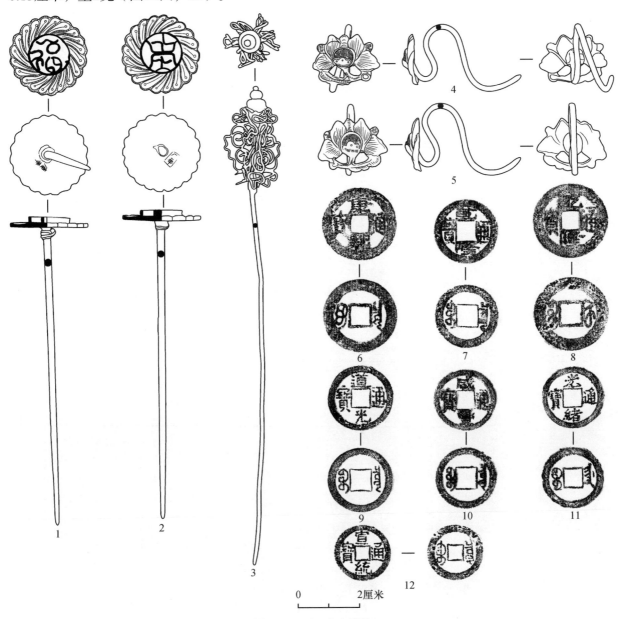

0　　　　　2厘米

图二四　M10出土器物

1~3.银簪（M10：1、M10：2、M10：3）　4、5.银耳环（M10：4-1、M10：4-2）　6.康熙通宝（M10：6-1）　7、8.乾隆通宝（M10：5-1、M10：6-2）　9.道光通宝（M10：5-2）　10.咸丰通宝（M10：5-3）　11.光绪通宝（M10：5-4）　12.宣统通宝（M10：5-5）

（十一）M11

1. 墓葬形制

位于发掘区中北部，西南邻M10，开口于第2层下，南北向，方向150°。

墓平面呈长方形，竖穴土圹双人合葬墓。墓口距地表深0.5米，墓底距地表深1.3米。墓圹南北长2.54米，东西宽1.4米，深0.8米。内填花土，土质较致密。内置双棺，棺木已朽。东棺长1.77米，宽0.4～0.65米，残高0.3米。骨架保存较好，头向南，面向北，仰身直肢葬，为女性。西棺长1.52米，宽0.36～0.4米，残高0.3米。骨架保存较差，为二次葬，头向南，面向上，仰身直肢葬，为男性（图二五；图版七，1）。

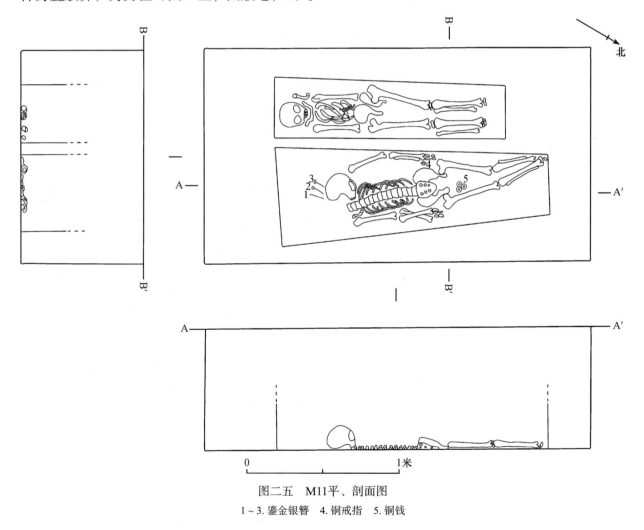

图二五　M11平、剖面图

1～3.鎏金银簪　4.铜戒指　5.铜钱

2. 随葬品

东棺出土鎏金银簪3件、铜戒指1件、铜钱3枚。

鎏金银簪 3件。M11：1，残。首为柳叶形，两端尖，略弯曲，中部为四瓣花形，花瓣以圆珠纹为地纹，两侧镂铸缠枝花草纹；簪首残，可见棉线缝合痕迹；体呈细长圆锥形。簪首高0.74厘米，簪首宽6.28厘米，通长5.17厘米，重5.78克（图二六，1；图版四○，5）。M11：2，簪首为二十六瓣扁平花瓣状，中部凸起呈圆环形，环内铸"福"字纹；体呈细长圆锥形。簪首高0.34厘米，簪首宽2.22厘米，通长7.5厘米，重4.01克（图二六，4；图版四○，6）。M11：3，簪首为二十七瓣扁平花瓣状，中部凸起呈圆环形，环内铸"宁"字纹；体呈细长圆锥形。簪首高0.26厘米，簪首宽2.25厘米，通长7.83厘米，重5.22克（图二六，3；图版四一，1）。

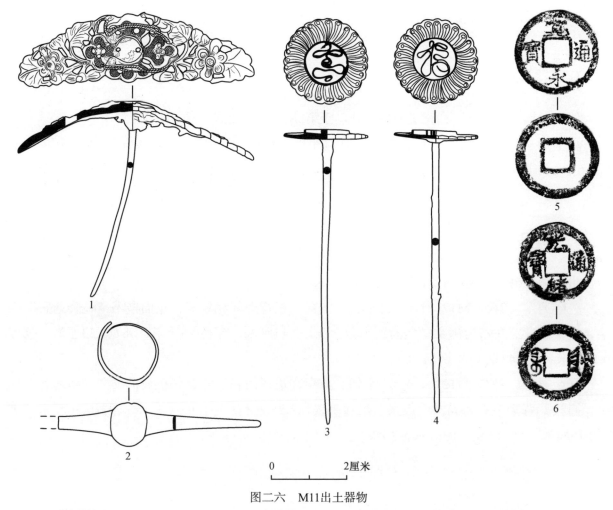

0   2厘米

图二六 M11出土器物

1、3、4.鎏金银簪（M11：1、M11：3、M11：2） 2.铜戒指（M11：4） 5.宽永通宝（M11：5-1） 6.光绪通宝（M11：5-2）

铜戒指　1件。M11：4，圆环形，环体扁平；中部为圆形，锈蚀严重，纹饰模糊不可辨认；两端尖。直径1.6厘米，残周长5.38厘米，宽1.16厘米，厚0.09厘米，重1.6克（图二六，2；图版四一，2）。

铜钱　3枚。宽永通宝1枚、光绪通宝2枚。

宽永通宝　1枚。M11：5-1，小平钱。方穿，正背面郭缘较宽，正面楷书"寬永通寶"四字，直读，背面素面。钱径2.26厘米，穿径0.68厘米，郭宽0.2厘米，郭厚0.1厘米，重2.09克（图二六，5）。

光绪通宝　2枚。M11：5-2，小平钱。方穿，正背面郭缘略宽，正面楷书"光绪通寶"四字，直读，背穿左右为满文"宝津"局名。钱径2.12厘米，穿径0.58厘米，郭宽0.3厘米，郭厚0.1厘米，重1.79克（图二六，6）。

（十二）M12

1. 墓葬形制

位于发掘区中北部，西南邻M14，开口于第2层下，南北向，方向172°。

墓平面呈梯形，竖穴土圹迁葬墓。墓口距地表深0.3米，墓底距地表深1.1米。墓圹南北长2.6米，东西宽1.2～1.48米，深0.8米。内填花土，土质较致密。墓内未发现葬具和骨架（图二七）。

2. 随葬品

出土铜钱6枚。乾隆通宝2枚、光绪通宝4枚。

乾隆通宝　2枚。M12：1-1，小平钱。方穿，正背面郭缘较宽，正面楷书"乾隆通寶"四字，直读，背穿左右为满文"宝浙"局名。钱径2.44厘米，穿径0.6厘米，郭宽0.33厘米，郭厚0.11厘米，重3.47克（图二八，1）。

光绪通宝　4枚。M12：1-2，小平钱。方穿，正背面郭缘略宽，正面楷书"光绪通寶"四字，直读，背穿左右为满文"宝泉"局名。钱径2.28厘米，穿径0.53厘米，郭宽0.36厘米，郭厚0.15厘米，重3.68克（图二八，2）。

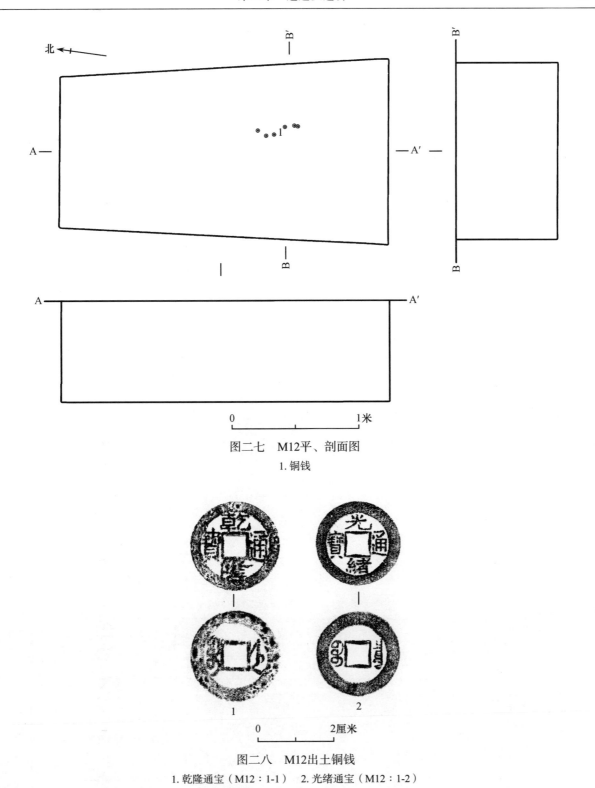

图二七　M12平、剖面图
1.铜钱

图二八　M12出土铜钱
1.乾隆通宝（M12：1-1）　2.光绪通宝（M12：1-2）

（十三）M13

1. 墓葬形制

位于发掘区中北部，西邻M15，东北部打破M14，开口于第2层下，南北向，方向175°。

墓平面呈长方形，竖穴土圹双人合葬墓。墓口距地表深0.5米，墓底距地表深1.2米。墓圹南北长2.8米，东西宽1.94～1.96米，深0.7米。内填花土，土质较疏松。内置双棺，棺木已朽。东棺长1.6米，宽0.44～0.54米，残高0.3米。骨架保存较好，头向南，面向上，仰身直肢葬，为女性。西棺长2.26米，宽0.46～0.6米，残高0.3米。骨架保存较好，头向南，面向东，仰身直肢葬，为男性（图二九；图版七，2）。

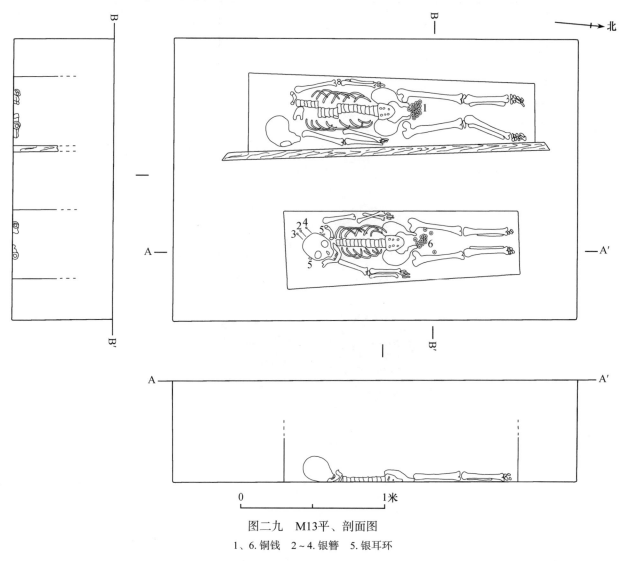

图二九　M13平、剖面图

1、6. 铜钱　2～4. 银簪　5. 银耳环

2. 随葬品

东棺出土银簪3件、银耳环2件、铜钱15枚，西棺出土铜钱16枚。

银簪　3件。M13：2，簪首镂铸呈圆球状，绞丝环成数个圆形面，内铸花瓣和小圆珠，底托为俯菊状；体呈细长圆锥形。簪首高1.6厘米，簪首宽1.53厘米，通长10.9厘米，重4.61克（图三〇，1；图版四一，3）。M13：3，簪首为二十一瓣尖圆形花瓣状，中部凸起呈圆环形，环内铸"宁"字纹；首背戳印"顺興"字样；体呈细长圆锥形。簪首高0.31厘米，簪首宽2.16厘米，通长9.06厘米，重4.11克（图三〇，2；图版四一，4、5）。M13：4，簪首为双层六瓣花形，四周饰草叶纹，首背戳印"同聚"字样；体呈细长圆锥形。簪首高0.55厘米，簪首宽

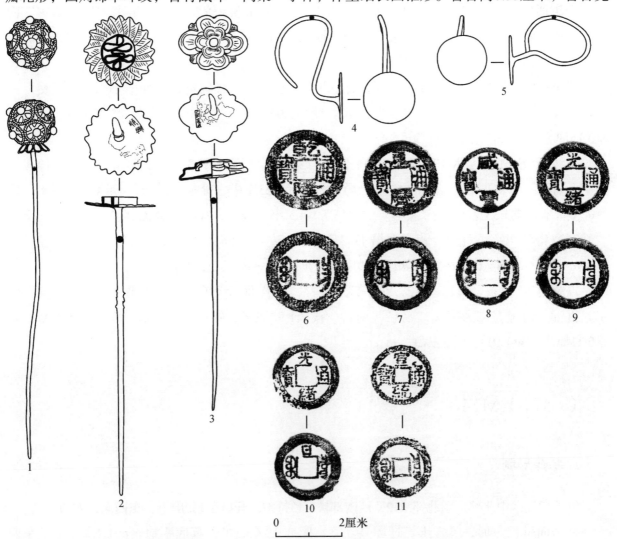

图三〇　M13出土器物

1~3.银簪（M13：2、M13：3、M13：4）　4、5.银耳环（M13：5-1、M13：5-2）　6.乾隆通宝（M13：6-1）　7.嘉庆通宝（M13：1-1）　8.咸丰通宝（M13：1-2）　9、10.光绪通宝（M13：1-3、M13：1-4）　11.宣统通宝（M13：6-2）

2.08厘米，通长7.63厘米，重3.25克（图三〇，3；图版四二，1、2）。

银耳环　2件。M13：5，环面呈圆饼状；环体近似钩形，尾部尖。M13：5-1，长3.29厘米，宽1.51厘米，环面直径1.4厘米，重1.89克（图三〇，4；图版四二，3左）。M13：5-2，长2.48厘米，宽1.52厘米，环面直径1.3厘米，重1.69克（图三〇，5；图版四二，3右）。

铜钱　31枚。宽永通宝2枚、乾隆通宝5枚、嘉庆通宝3枚、道光通宝5枚、咸丰通宝2枚、同治通宝1枚、光绪通宝12枚、宣统通宝1枚。

乾隆通宝　5枚。M13：6-1，平钱。方穿，正背面郭缘较宽，正面楷书"乾隆通寶"四字，直读，背穿左右为满文"宝昌"局名。钱径2.53厘米，穿径0.58厘米，郭宽0.28厘米，郭厚0.14厘米，重4.12克（图三〇，6）。

嘉庆通宝　3枚。M13：1-1，平钱。方穿，正背面郭缘较宽，正面楷书"嘉慶通寶"四字，直读，背穿左右为满文"宝泉"局名。钱径2.3厘米，穿径0.61厘米，郭宽0.33厘米，郭厚0.15厘米，重4.07克（图三〇，7）。

咸丰通宝　2枚。M13：1-2，小平钱。方穿，正背面郭缘较宽，正面楷书"咸豐通寶"四字，直读，背穿左右为满文"宝泉"局名。钱径2.05厘米，穿径0.62厘米，郭宽0.21厘米，郭厚0.15厘米，重2.93克（图三〇，8）。

光绪通宝　12枚。M13：1-3，小平钱。方穿，正背面郭缘略宽，正面楷书"光緒通寶"四字，直读，背穿左右为满文"宝泉"局名。钱径2.23厘米，穿径0.6厘米，郭宽0.34厘米，郭厚0.16厘米，重3.33克（图三〇，9）。M13：1-4，小平钱。方穿，正背面郭缘略宽，正面楷书"光緒通寶"四字，直读，背穿上楷书"日"字，左右为满文"宝泉"局名。钱径2.1厘米，穿径0.58厘米，郭宽0.28厘米，郭厚0.09厘米，重1.4克（图三〇，10）。

宣统通宝　1枚。M13：6-2，小平钱。方穿，正背面郭缘较窄，正面楷书"宣統通寶"四字，直读，背穿左右为满文"宝泉"局名。钱径1.92厘米，穿径0.41厘米，郭宽0.25厘米，郭厚0.11厘米，重1.91克（图三〇，11）。

（十四）M14

1. 墓葬形制

位于发掘区中北部，东北邻M12，西南部被M13打破，开口于第2层下，东西向，方向115°。

墓平面呈长方形，竖穴土圹迁葬墓。墓口距地表深0.5米，墓底距地表深1.4米。墓圹东西长2.4米，南北宽1.2米，深0.9米。内填花土，土质疏松。墓内未发现葬具和骨架（图三一；图版八，1）。

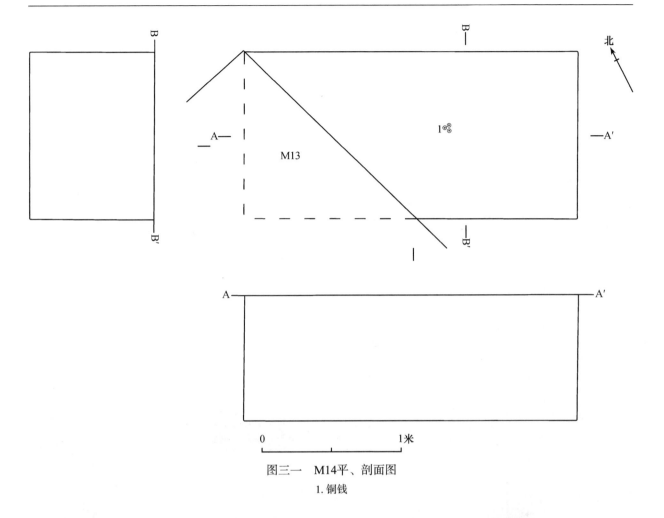

图三一　M14平、剖面图
1. 铜钱

2. 随葬品

出土铜钱3枚，有乾隆通宝2枚、光绪通宝1枚。

光绪通宝　1枚。M14：1-1，小平钱。方穿，正背面郭缘略宽，正面楷书"光緒通寶"四字，直读，背穿左右为满文"宝津"局名。钱径2.11厘米，穿径0.54厘米，郭宽0.22厘米，郭厚0.11厘米，重1.89克（图三二）。

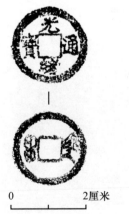

图三二　M14出土光绪通宝（M14：1-1）

（十五）M15

1. 墓葬形制

位于发掘区中北部，北邻M10，开口于第2层下，东西向，方向133°。

墓平面呈梯形，竖穴土圹双人合葬墓。墓口距地表深0.3米，墓底距地表深1.24米。墓圹东西长2.6～2.8米，南北宽1.9米，深0.94米。内填花土，土质较致密。内置双棺，棺木已朽。北棺长1.96米，宽0.46～0.65米，残高0.32米。骨架保存较好，头向东，面向南，仰身直肢葬，为女性。南棺长1.88米，宽0.5～0.67米，残高0.32米。骨架保存较差，头向东，面向北，仰身直肢葬，为男性（图三三；图版八，2）。

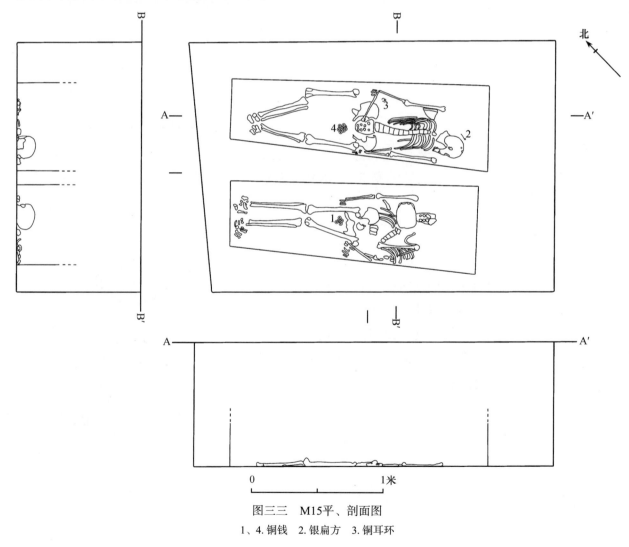

图三三　M15平、剖面图

1、4. 铜钱　2. 银扁方　3. 铜耳环

2. 随葬品

北棺出土银扁方1件、铜耳环1件、铜钱9枚，南棺出土铜钱5枚。

银扁方　1件。M15 : 2，簪首为扁平圆帽形；体呈扁条形，末端呈圆弧形，正面錾刻花草纹，背戳印"金兴"字样。通长12.1厘米，宽0.5~1.12厘米，厚0.06厘米，重4.01克（图三四，1；图版四二，4、5）。

铜耳环　1件。M15 : 3，半圆环形，两端皆残，一端为细长圆锥体，一端为扁条形，中部铸蝙蝠图案。残长3.15厘米，宽2.07厘米，厚0.13厘米，重2.21克（图三四，2；图版四二，6）。

铜钱　14枚。乾隆通宝1枚、嘉庆通宝1枚、咸丰通宝1枚、光绪通宝11枚。

嘉庆通宝　1枚。M15 : 4-1，平钱。方穿，正背面郭缘较宽，正面楷书"嘉慶通寶"四

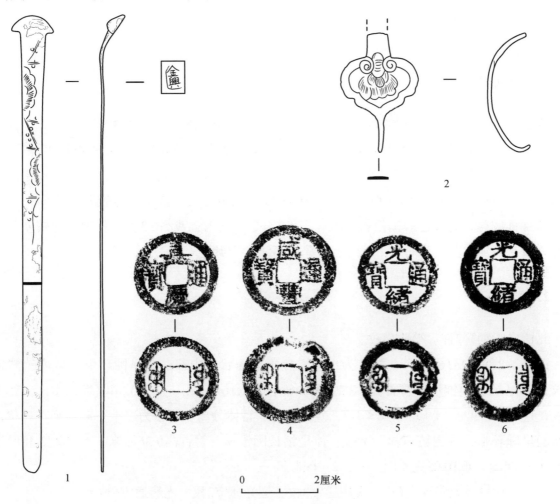

图三四　M15出土器物

1. 银扁方（M15 : 2）　2. 铜耳环（M15 : 3）　3. 嘉庆通宝（M15 : 4-1）　4. 咸丰通宝（M15 : 4-2）

5、6. 光绪通宝（M15 : 1-1、M15 : 4-3）

字，直读，背穿左右为满文"宝源"局名。钱径2.3厘米，穿径0.6厘米，郭宽0.3厘米，郭厚0.16厘米，重3.62克（图三四，3）。

咸丰通宝 1枚。M15：4-2，平钱。方穿，正背面郭缘较宽，正面楷书"咸豐通寶"四字，直读，背穿左右为满文"宝云"局名。钱径2.5厘米，穿径0.6厘米，郭宽0.35厘米，郭厚0.15厘米，重4克（图三四，4）。

光绪通宝 11枚。M15：1-1，小平钱。方穿，正背面郭缘略宽，正面楷书"光緒通寶"四字，直读，背穿左右为满文"宝源"局名。钱径2.19厘米，穿径0.59厘米，郭宽0.26厘米，郭厚0.14厘米，重3.31克（图三四，5）。M15：4-3，小平钱。方穿，正背面郭缘略宽，正面楷书"光緒通寶"四字，直读，背穿左右为满文"宝泉"局名。钱径2.23厘米，穿径0.6厘米，郭宽0.37厘米，郭厚0.14厘米，重2.56克（图三四，6）。

（十六）M16

1. 墓葬形制

位于发掘区中北部，东南邻M17，开口于第2层下，东西向，方向133°。

墓平面呈不规则形，竖穴土圹双人合葬墓。墓口距地表深0.3米，墓底距地表深1～1.08米。墓圹东西长1.98～2.36米，南北宽1.56米，深0.7～0.78米。内填花土，土质较致密。内置双棺，棺木已朽。北棺长1.42米，宽0.5～0.53米，残高0.3米。骨架保存较差，头向东，面向西，仰身直肢葬，为女性。南棺长1.18米，宽0.46～0.48米，残高0.3米。骨架保存较差，肢骨错乱分布，为二次葬，头向东，面向上，葬式不详，为男性（图三五；图版九，1）。

2. 随葬品

北棺出土铜簪2件、铜钱14枚。

铜簪 2件。M16：1-1，簪首为十六瓣扁平花瓣状，中部凸起呈圆环形，环内铸"福"字纹；体呈细长圆锥形。簪首高0.35厘米，簪首宽2.16厘米，通长10.36厘米，重6.56克（图三六，1；图版四三，1）。M16：1-2，残，簪首、簪体分离。簪首为二十三瓣扁平花瓣状，中部凸起呈圆环形，环内铸"福"字纹；体呈细长圆锥形。簪首高0.36厘米，簪首宽2.48厘米，通长10.86厘米，重10.03克（图三六，2；图版四三，2）。

铜钱 14枚。乾隆通宝3枚、嘉庆通宝3枚、道光通宝2枚、光绪通宝6枚。

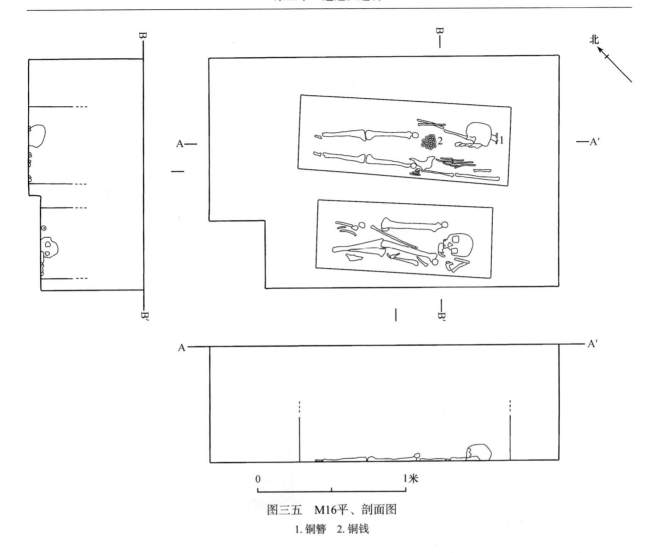

图三五 M16平、剖面图
1. 铜簪 2. 铜钱

　　嘉庆通宝　3枚。M16：2-1，平钱。方穿，正背面郭缘较宽，正面楷书"嘉慶通寶"四字，直读，背穿左右为满文"宝浙"局名。钱径2.49厘米，穿径0.55厘米，郭宽0.29厘米，郭厚0.14厘米，重3.79克（图三六，3）。

　　光绪通宝　6枚。M16：2-2，小平钱。方穿，正背面郭缘略宽，正面楷书"光緒通寶"四字，直读，背穿左右为满文"宝泉"局名。钱径2.26厘米，穿径0.54厘米，郭宽0.35厘米，郭厚0.14厘米，重3.4克（图三六，4）。M16：2-3，小平钱。方穿，正背面郭缘略宽，正面楷书"光緒通寶"四字，直读，背穿左右为满文"宝津"局名。钱径2.19厘米，穿径0.55厘米，郭宽0.31厘米，郭厚0.12厘米，重2.54克（图三六，5）。

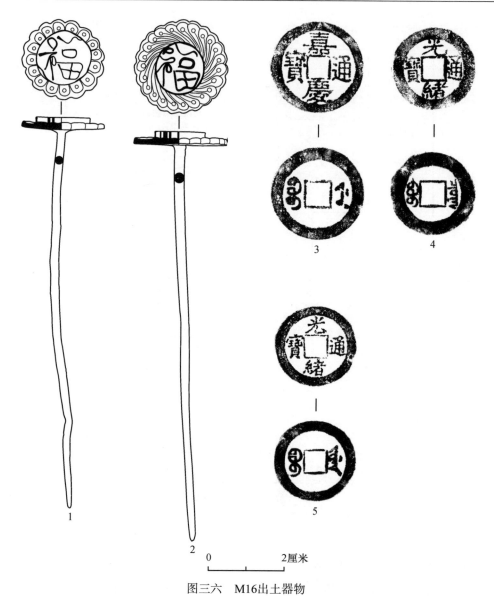

图三六　M16出土器物

1、2.铜簪（M16：1-1、M16：1-2）　3.嘉庆通宝（M16：2-1）　4、5.光绪通宝（M16：2-2、M16：2-3）

（十七）M17

1. 墓葬形制

位于发掘区中北部，西北邻M16，开口于第2层下，东西向，方向120°。

墓平面呈长方形，竖穴土圹双人合葬墓。墓口距地表深0.4米，墓底距地表深1.4米。墓圹东西长2.6米，南北宽2.05～2.1米，深1米。内填花土，土质较疏松。内置双棺，棺木已朽。北棺长1.76米，宽0.47～0.65米，残高0.3米。骨架保存较好，头向东，面向下，仰身直肢葬，为女性。南棺长1.76米，宽0.47～0.6米，残高0.3米。骨架保存较好，头向东，面向北，仰身直肢葬，为男性（图三七；图版九，2）。

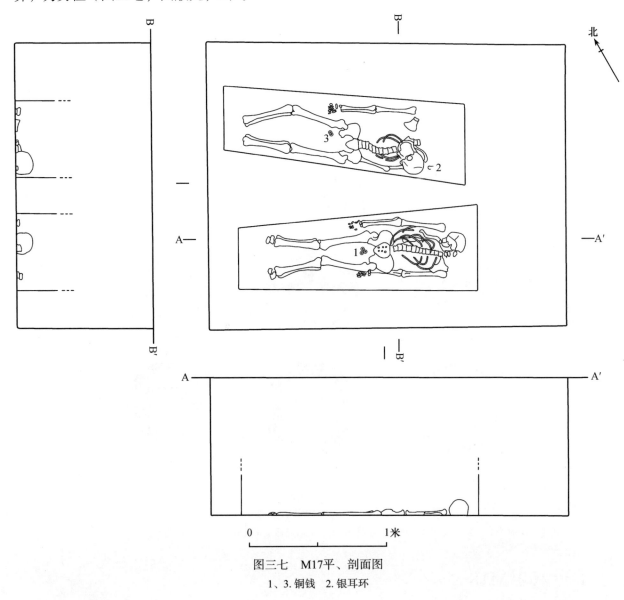

图三七　M17平、剖面图
1、3.铜钱　2.银耳环

2. 随葬品

北棺出土银耳环1件、铜钱2枚，南棺出土铜钱3枚。

银耳环　1件。M17：2，环面呈蝙蝠形；环体近似钩形，尾部尖。长2.08厘米，环面宽1.91厘米，环面长1.54厘米，重1.37克（图三八，1；图版四三，3）。

铜钱　5枚。大观通宝1枚、康熙通宝2枚、嘉庆通宝1枚、道光通宝1枚。

大观通宝　1枚。M17：1-1，平钱。方穿，正背面郭缘较窄，正面楷书"大觀通寶"四字，直读，背面素面。钱径2.47厘米，穿径0.59厘米，郭宽0.2厘米，郭厚0.14厘米，重2.44克

（图三八，2）。

康熙通宝　2枚。M17：1-2，平钱。方穿，正背面郭缘较宽，正面楷书"康熙通寶"四字，直读，背穿左为满文"临"，右为楷书"臨"字。钱径2.57厘米，穿径0.59厘米，郭宽0.4厘米，郭厚0.09厘米，重2.1克（图三八，3）。

道光通宝　1枚。M17：3，小平钱。方穿，正背面郭缘略宽，正面楷书"道光通寶"四字，直读，背穿左右为满文"宝泉"局名。钱径2.25厘米，穿径0.6厘米，郭宽0.32厘米，郭厚0.18厘米，重3.37克（图三八，4）。

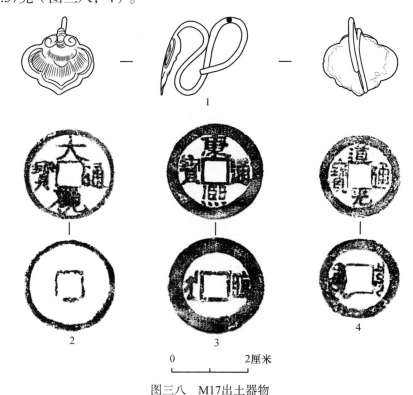

图三八　M17出土器物

1.银耳环（M17：2）　2.大观通宝（M17：1-1）　3.康熙通宝（M17：1-2）　4.道光通宝（M17：3）

（十八）M18

1. 墓葬形制

位于发掘区中北部，西南邻M17，开口于第2层下，东西向，方向135°。

墓平面呈梯形，竖穴土圹双人合葬墓。墓口距地表深0.4米，墓底距地表深1.54米。墓圹东西长3米，南北宽2.4～2.7米，深1.14米。内填花土，土质较致密。内置双棺，棺木已朽。北棺长1.82米，宽0.44～0.54米，残高0.3米。骨架保存较差，头向东，面向上，仰身直肢葬，为女性。南棺长2.24米，宽0.56～0.7米，残高0.3米。骨架保存较好，头向东，面向上，仰身直肢葬，为男性（图三九；图版一○，1）。

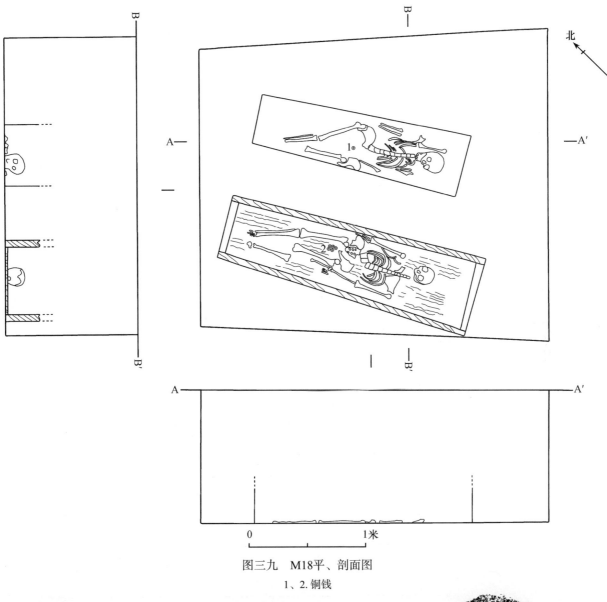

图三九　M18平、剖面图
1、2.铜钱

2. 随葬品

北棺出土铜钱11枚，南棺出土铜钱5枚。

铜钱　16枚。乾隆通宝6枚、嘉庆通宝2枚、道光通宝4枚、咸丰通宝4枚。

嘉庆通宝　2枚。M18：1-1，平钱。方穿，正背面郭缘较宽，正面楷书"嘉慶通寳"四字，直读，背穿左右为满文"宝泉"局名。钱径2.43厘米，穿径0.54厘米，郭宽0.33厘米，郭厚0.13厘米，重3.86克（图四〇）。

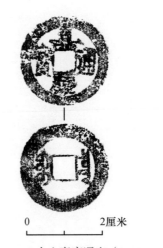

图四〇　M18出土嘉庆通宝（M18：1-1）

（十九）M19

1. 墓葬形制

位于发掘区中北部，北邻M16，开口于第2层下，东西向，方向135°。

墓平面呈梯形，竖穴土圹单人葬墓。墓口距地表深0.3米，墓底距地表深1.34米。墓圹东西长2.8米，南北宽1.3~1.4米，深1.04米。内填花土，土质较致密。内置单棺，棺木已朽。棺长1.94米，宽0.5~0.66米，残高0.28米。骨架保存较好，头向东，面向下，仰身直肢葬，为男性（图四一；图版一〇，2）。

2. 随葬品

未发现随葬品。

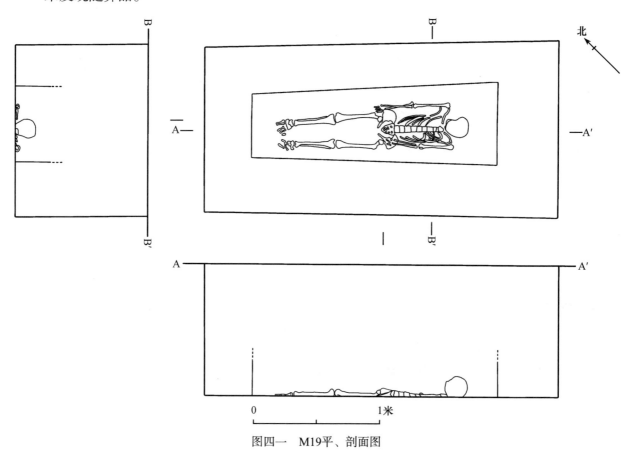

图四一　M19平、剖面图

（二十）M20

1. 墓葬形制

位于发掘区中北部，东南邻M21，东南部打破M21，开口于第2层下，东西向，方向130°。

墓平面呈长方形，竖穴土圹双人合葬墓。墓口距地表深0.5米，墓底距地表深1.16~1.2米。墓圹东西长2.5米，南北宽2米，深0.66~0.7米。内填花土，土质较疏松。内置双棺，棺木已朽。北棺长1.6米，宽0.58~0.62米，残高0.3米。骨架保存较好，头向东，面向北，仰身直肢葬，为女性。南棺长1.7米，宽0.5~0.56米，残高0.3米。骨架保存较差，头向东，面向不详，仰身直肢葬，为男性（图四二；图版一一，1）。

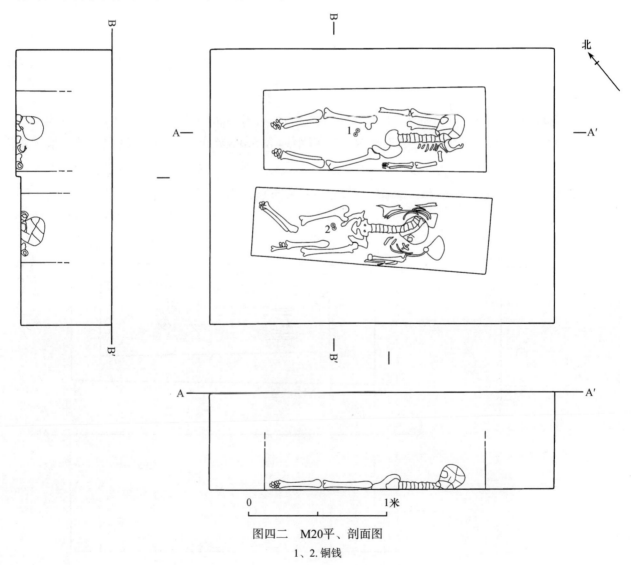

图四二　M20平、剖面图

1、2.铜钱

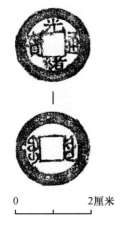

0　　　　　2厘米

图四三　M20出土光绪通宝
（M20：2-1）

2. 随葬品

北棺出土铜钱2枚，南棺出土铜钱2枚。

铜钱　4枚。道光通宝1枚、咸丰通宝1枚、光绪通宝2枚。

光绪通宝　2枚。M20：2-1，小平钱。方穿，正背面郭缘略宽，正面楷书"光绪通寶"四字，直读，背穿左右为满文"宝源"局名。钱径2.05厘米，穿径0.55厘米，郭宽0.3厘米，郭厚0.08厘米，重1.33克（图四三）。

（二十一）M21

1. 墓葬形制

位于发掘区中北部，西北邻M20，西北部被M20打破，开口于第2层下，东西向，方向110°。

墓平面呈长方形，竖穴土圹单人葬墓。墓口距地表深0.5米，墓底距地表深1.4米。墓圹东西长2.5米，南北宽0.9米，深0.9米。内填花土，土质较致密。内置单棺，棺木已朽。棺长1.76米，宽0.4~0.56米，残高0.3米。骨架保存较好，头向东，面向上，仰身直肢葬，为女性（图四四；图版一一，2）。

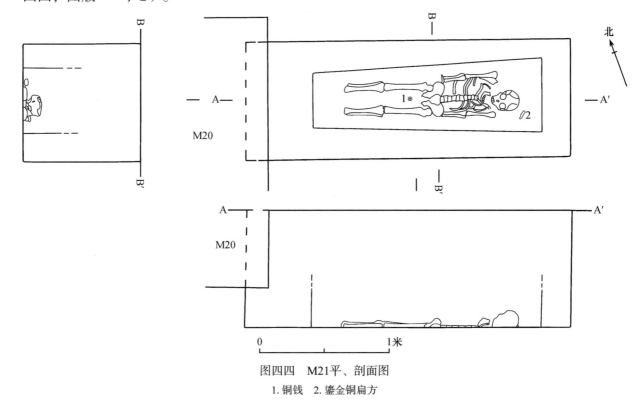

图四四　M21平、剖面图

1. 铜钱　2. 鎏金铜扁方

2. 随葬品

出土铜钱1枚、鎏金铜扁方1件。

鎏金铜扁方　1件。M21：2，首卷曲，两侧镶嵌梅花；体呈扁条形，内饰两道弦纹，锈蚀严重，其余图案模糊不可辨认；末端呈圆弧状。通长12.7厘米，宽2.1厘米，厚0.1厘米，重14.14克（图四五，1；图版四三，4）。

铜钱　1枚。道光通宝。

道光通宝　1枚。M21：1，平钱。方穿，正背面郭缘略宽，正面楷书"道光通寶"四字，直读，背穿左右为满文"宝泉"局名。钱径2.5厘米，穿径0.55厘米，郭宽0.36厘米，郭厚0.17厘米，重4.7克（图四五，2）。

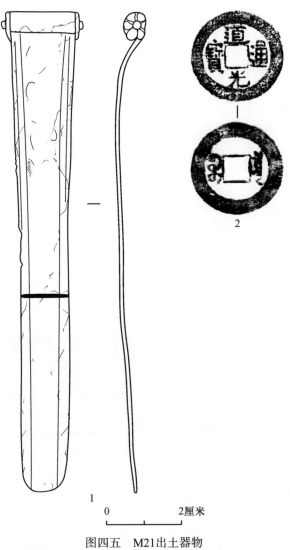

0　　　　2厘米

图四五　M21出土器物

1. 鎏金铜扁方（M21：2）　2. 道光通宝（M21：1）

（二十二）M22

1. 墓葬形制

位于发掘区中北部，西北邻M19，开口于第2层下，东西向，方向130°。

墓平面呈长方形，竖穴土圹单人葬墓。墓口距地表深0.5米，墓底距地表深1.6米。墓圹东西长2.7米，南北宽1.12~1.2米，深1.1米。内填花土，土质较疏松。内置单棺，棺木已朽。棺长1.88米，宽0.48~0.7米，残高0.4米。骨架保存较好，头向东，面向上，仰身直肢葬，为女性（图四六；图版一二，1）。

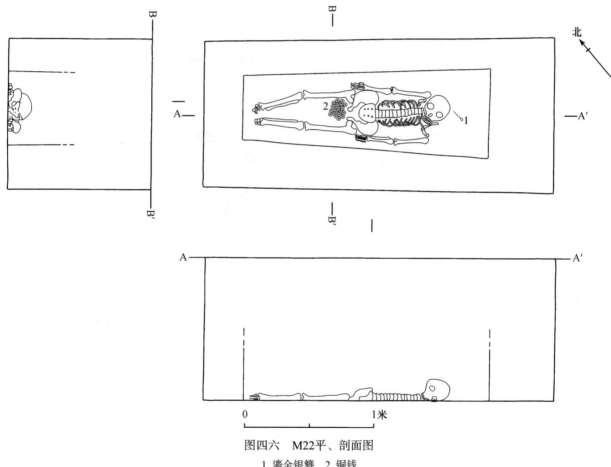

图四六　M22平、剖面图

1. 鎏金银簪　2. 铜钱

2. 随葬品

出土鎏金银簪1件、铜钱34枚。

鎏金银簪　1件。M22：1，簪首为银丝缠绕而成的六面形禅杖，顶呈葫芦形；簪首下有细颈，饰数周凸弦纹；体呈细长圆锥形。簪首高3.3厘米，簪首宽2.2厘米，通长14.5厘米，重6.24克（图四七，1；图版四三，5）。

铜钱　34枚。乾隆通宝2枚、道光通宝32枚。

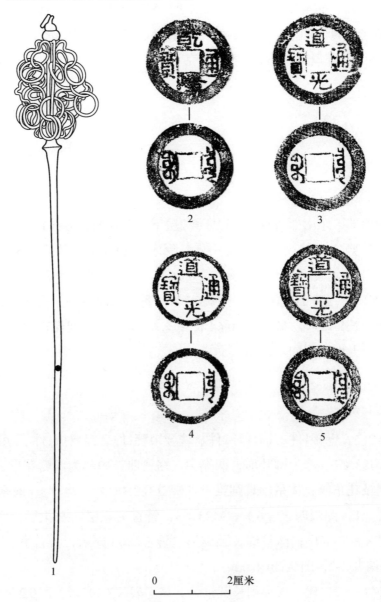

图四七　M22出土器物

1. 鎏金银簪（M22：1）　2. 乾隆通宝（M22：2-1）　3~5. 道光通宝（M22：2-2、M22：2-3、M22：2-4）

乾隆通宝　2枚。M22：2-1，平钱。方穿，正背面郭缘较宽，正面楷书"乾隆通寶"四字，直读，背穿左右为满文"宝泉"局名。钱径2.35厘米，穿径0.6厘米，郭宽0.37厘米，郭厚0.13厘米，重3.75克（图四七，2）。

道光通宝　32枚。M22：2-2，平钱。方穿，正背面郭缘较宽，正面楷书"道光通寶"四字，直读，背穿左右为满文"宝泉"局名。钱径2.52厘米，穿径0.7厘米，郭宽0.38厘米，郭厚0.14厘米，重3.86克（图四七，3）。M22：2-3，平钱。方穿，正背面郭缘较宽，正面楷书"道光通寶"四字，直读，背穿左右为满文"宝泉"局名。钱径2.19厘米，穿径0.66厘米，郭宽0.26厘米，郭厚0.2厘米，重4.32克（图四七，4）。M22：2-4，小平钱。方穿，正背面郭缘较宽，正面楷书"道光通寶"四字，直读，背穿左右为满文"宝源"局名。钱径2.24厘米，穿径0.6厘米，郭宽0.3厘米，郭厚0.17厘米，重4.09克（图四七，5）。

（二十三）M23

1. 墓葬形制

位于发掘区中西部，东南邻M24，开口于第2层下，东西向，方向133°。

墓平面呈梯形，竖穴土圹双人合葬墓。墓口距地表深0.4米，墓底距地表深0.9～1.04米。墓圹东西长2.7米，南北宽1.7～1.8米，深0.5～0.64米。内填花土，土质较致密。内置双棺，棺木已朽。北棺长1.82米，宽0.42～0.7米，残高0.3米。骨架保存较差，头向东，面向北，仰身直肢葬，为女性。南棺长1.76米，宽0.52～0.64米，残高0.44米。骨架保存较差，头向东，面向不详，仰身直肢葬，为男性（图四八；图版一二，2）。

2. 随葬品

北棺出土银簪2件、铜簪1件、铜耳环2件、鎏金银簪1件、银戒指1件、铜钱2枚。

银簪　2件。M23：1，首为柳叶形，两端尖，略弯曲，中部为四瓣花形，花瓣以圆珠纹为地纹，两侧镂铸缠枝花草纹；体呈细长圆锥形。簪首高2.3厘米，簪首宽6厘米，通长6.9厘米，重5.62克（图四九，1；图版四三，6）。M23：3，簪首为双层六瓣花形，四周饰草叶纹；首背戳印"寶和""R和"字样；体呈细长圆锥形。簪首高0.6厘米，簪首宽2.2厘米，通长8.2厘米，重3.93克（图四九，2；图版四四，2、3）。

铜簪　1件。M23：2，残，仅存细长圆锥状簪体。残长7.4厘米，厚0.2厘米，重1.81克（图四九，3；图版四四，1）。

铜耳环　2件。M23：4，形制相同、大小相近。环面呈扁平细长形；环体近似钩形，尾部

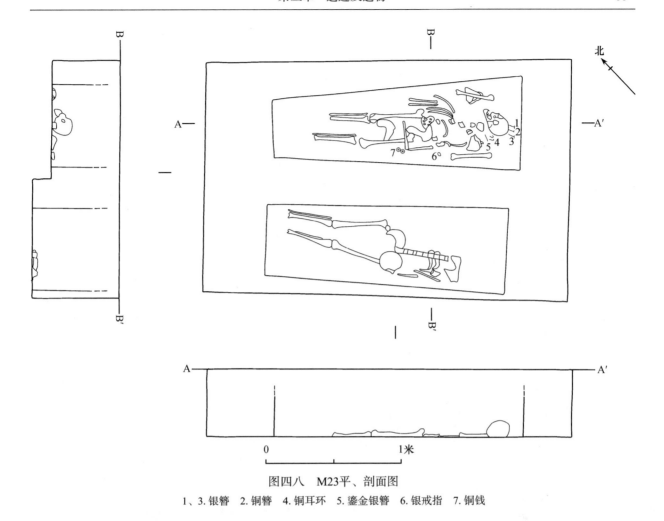

图四八　M23平、剖面图

1、3. 银簪　2. 铜簪　4. 铜耳环　5. 鎏金银簪　6. 银戒指　7. 铜钱

尖。M23：4-1，长1.7厘米，厚0.1厘米，重0.81克（图四九，5；图版四四，4左）；M23：4-2，长1.6厘米，厚0.1厘米，重1克（图四九，6；图版四四，4右）。

鎏金银簪　1件。M23：5，簪首为耳挖形；细颈，饰两周弦纹；中部呈菱形，錾刻花草纹，背戳印"德□"字样；体呈扁平锥状。通长13.7厘米，宽0.2～0.62厘米，厚0.15厘米，重4.92克（图四九，4；图版四四，5、6）。

银戒指　1件。M23：6，圆环形，环体扁平；中部近方形，刻莲花图案，背戳印"寶珍"字样；两端尖。直径1.87厘米，周长7.04厘米，宽0.33～0.9厘米，重3.63克（图四九，7；图版四五，1、2）。

铜钱　2枚。乾隆通宝1枚、光绪通宝1枚。

乾隆通宝　1枚。M23：7-1，平钱。方穿，正背面郭缘较宽，正面楷书"乾隆通寳"四字，直读，背穿左右为满文"宝昌"局名。钱径2.49厘米，穿径0.57厘米，郭宽0.35厘米，郭厚0.13厘米，重4克（图四九，8）。

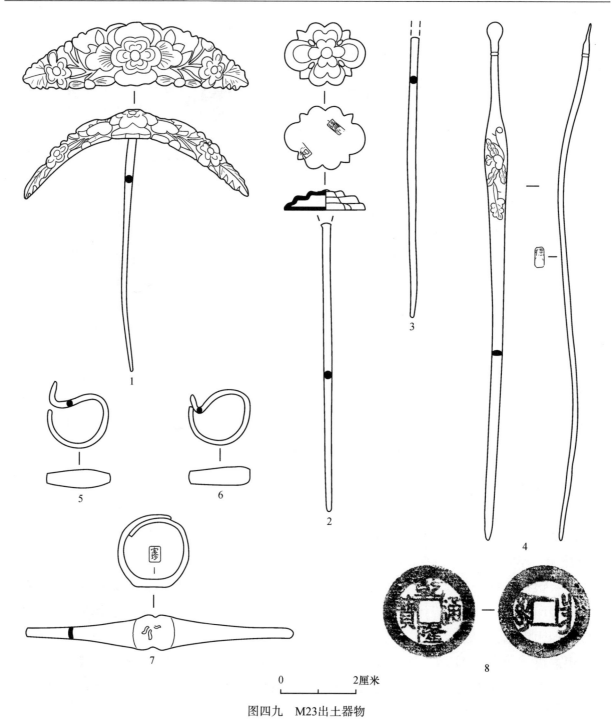

图四九　M23出土器物

1、2. 银簪（M23：1、M23：3）　3. 铜簪（M23：2）　4. 鎏金银簪（M23：5）　5、6. 铜耳环（M23：4-1、M23：4-2）

7. 银戒指（M23：6）　8. 乾隆通宝（M23：7-1）

（二十四）M24

1. 墓葬形制

位于发掘区中西部，西北邻M23，开口于第2层下，东西向，方向110°。

墓平面呈梯形，竖穴土圹迁葬墓。墓口距地表深0.5米，墓底距地表深1.1米。墓圹东西长2.6米，南北宽1.8～2米，深0.6米。内填花土，土质疏松。墓内未发现葬具和骨架（图五〇）。

2. 随葬品

未发现随葬品。

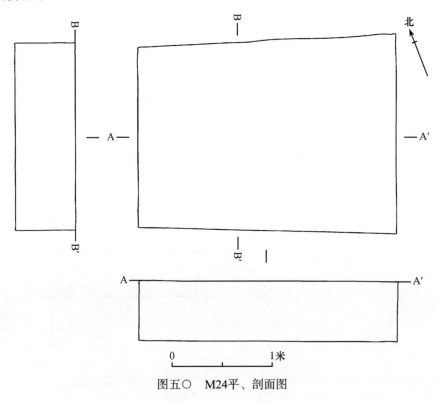

图五〇　M24平、剖面图

（二十五）M25

1. 墓葬形制

位于发掘区中西部，西北邻M24，开口于第2层下，东西向，方向110°。

墓平面呈不规则形，竖穴土圹迁葬墓。墓口距地表深0.5米，墓底距地表深1.34～1.36米。墓圹东西长2.6～2.66米，南北宽1.14～2.16米，深0.84～0.86米。内填花土，土质较疏松。墓内未发现葬具和骨架（图五一；图版一三，1）。

2. 随葬品

未发现随葬品。

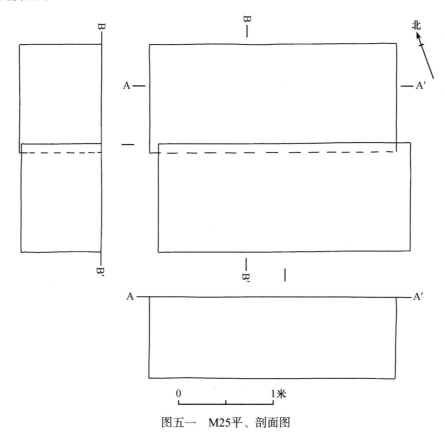

图五一　M25平、剖面图

（二十六）M26

1. 墓葬形制

位于发掘区中西部，东北邻M25，开口于第2层下，东西向，方向130°。

墓平面呈不规则形，竖穴土圹双人合葬墓。墓口距地表深0.5米，墓底距地表深1.38～1.5米。墓圹东西长2.6米，南北宽1.7～2米，深0.88～1米。内填花土，土质较疏松。内置双棺，棺木已朽。北棺长1.95米，宽0.46～0.7米，残高0.4米。骨架保存较差，头向东，面向不详，仰身直肢葬，为女性。南棺长1.9米，宽0.5～0.65米，残高0.3米，骨架底部残存青灰面，棺板厚约0.01米。骨架保存较好，头向东，面向上，仰身直肢葬，为男性（图五二；图版一三，2）。

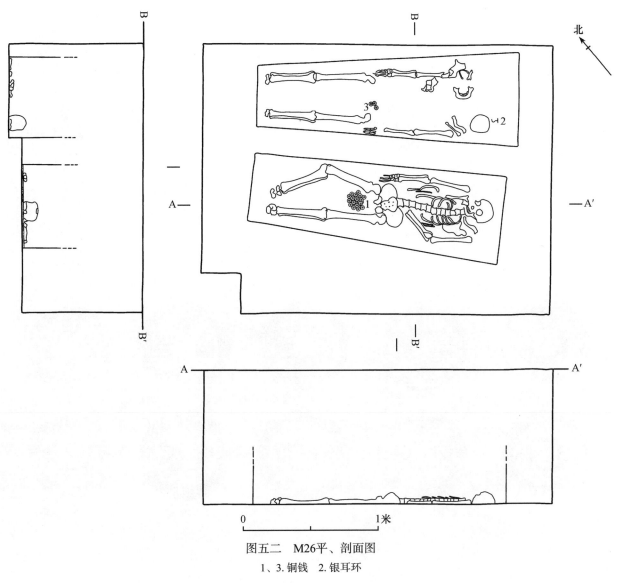

图五二　M26平、剖面图

1、3. 铜钱　2. 银耳环

2. 随葬品

北棺出土银耳环2件、铜钱3枚，南棺出土铜钱20枚。

银耳环 2件。M26：2，形制相似，大小相近。均体呈圆环形，首、体皆锤揲花纹，中部铸蝙蝠纹，一端为圆锥状，一端呈细长扁平状，铸有八宝纹。M26：2-1，周长10.3厘米，宽3.4厘米，厚0.15厘米，重4.24克（图五三，1；图版四五，3右）。M26：2-2，周长9.9厘米，宽2.7

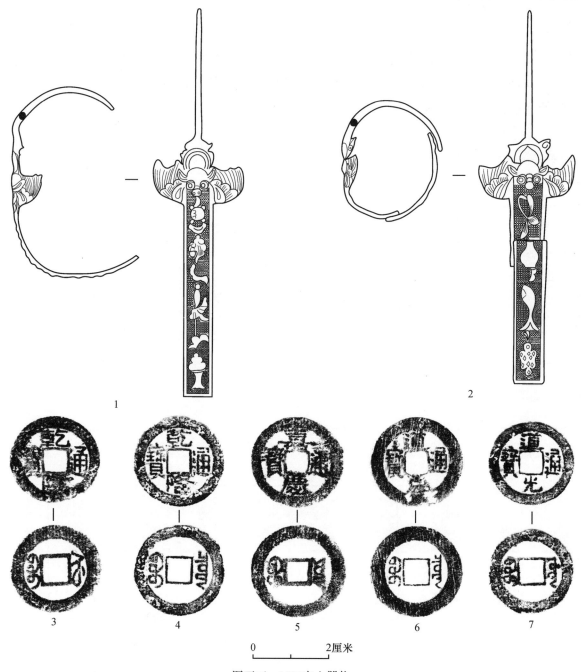

图五三　M26出土器物

1、2. 银耳环（M26：2-1、M26：2-2）　3、4. 乾隆通宝（M26：1-1、M26：3-1）　5. 嘉庆通宝（M26：1-2）

6、7. 道光通宝（M26：1-3、M26：3-2）

厘米，厚0.18厘米，重4.41克（图五三，2；图版四五，3左）。

铜钱　23枚。康熙通宝1枚、乾隆通宝3枚、嘉庆通宝6枚、道光通宝9枚，另有4枚锈蚀不清，无法辨认。

乾隆通宝　3枚。M26：1-1，平钱。方穿，正背面郭缘较宽，正面楷书"乾隆通寶"四字，直读，背穿左右为满文"宝苏"局名。钱径2.43厘米，穿径0.63厘米，郭宽0.33厘米，郭厚0.15厘米，重4.13克（图五三，3）。M26：3-1，平钱。方穿，正背面郭缘较宽，正面楷书"乾隆通寶"四字，直读，背穿左右为满文"宝泉"局名。钱径2.49厘米，穿径0.59厘米，郭宽0.34厘米，郭厚0.13厘米，重3.37克（图五三，4）。

嘉庆通宝　6枚。M26：1-2，平钱。方穿，正背面郭缘较宽，正面楷书"嘉慶通寶"四字，直读，背穿左右为满文"宝云"局名。钱径2.5厘米，穿径0.55厘米，郭宽0.35厘米，郭厚0.11厘米，重3.16克（图五三，5）。

道光通宝　9枚。M26：1-3，平钱。方穿，正背面郭缘较宽，正面楷书"道光通寶"四字，直读，背穿左右为满文"宝泉"局名。钱径2.49厘米，穿径0.6厘米，郭宽0.43厘米，郭厚0.15厘米，重4.49克（图五三，6）。M26：3-2，平钱。方穿，正背面郭缘较宽，正面楷书"道光通寶"四字，直读，背穿左右为满文"宝源"局名。钱径2.3厘米，穿径0.59厘米，郭宽0.29厘米，郭厚0.19厘米，重4.16克（图五三，7）。

（二十七）M27

1. 墓葬形制

位于发掘区中部，南邻M39，开口于第2层下，东西向，方向132°。

墓平面呈不规则形，竖穴土圹双人合葬墓。墓口距地表深0.3米，墓底距地表深0.94～1.14米。墓圹东西长2.6～2.94米，南北宽1.92～2.1米，深0.64～0.84米。内填花土，土质较疏松。内置双棺，棺木已朽。北棺长2米，宽0.56～0.74米，残高0.2米。骨架保存较差，头向东，面向下，仰身直肢葬，为女性。南棺长2.06米，宽0.42～0.76米，残高0.4米。骨架保存较好，头向东，面向下，仰身直肢葬，为男性（图五四；图版一四，1）。

2. 随葬品

北棺出土银簪3件、银耳环2件，南棺出土铜钱2枚。

银簪　3件。M27：1，残，簪首、簪体分离。簪首镂铸呈圆球状，绞丝环成数个圆形面，内铸花瓣和小圆珠，顶铸菊瓣纹，底托为俯菊状；体呈细长圆锥形。簪首高1.9厘米，簪首宽

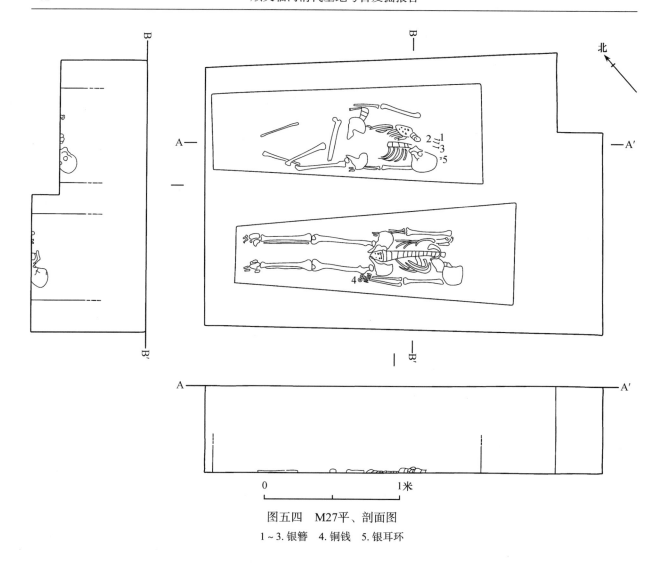

图五四　M27平、剖面图

1~3.银簪　4.铜钱　5.银耳环

1.6厘米，重5.72克（图五五，1；图版四五，4）。M27：2，簪首为十八瓣扁花瓣状，中部凸起呈圆环形，环内铸"寿"字纹；首背戳印"庆顺"字样；体呈细长圆锥形。簪首高0.4厘米，簪首宽2.3厘米，通长11.3厘米，重8.22克（图五五，2；图版四五，5、6）。M27：3，残，簪首、簪体分离。簪首为十八瓣扁花瓣状，中部凸起呈圆环形，环内铸"福"字纹；体呈细长圆锥形。簪首高0.4厘米，簪首宽2.3厘米，残长12.1厘米，重8.45克（图五五，3；图版四六，1）。

银耳环　2件。M27：5，形制相同、大小相近。环面呈圆饼状；环体近似钩形，尾部尖。M27：5-1，长4厘米，环面直径1.5厘米，重3.32克（图五五，4；图版四六，2右）；M27：5-2，长3.9厘米，环面直径1.5厘米，重3.23克（图五五，5；图版四六，2左）。

铜钱　2枚。同治重宝2枚。

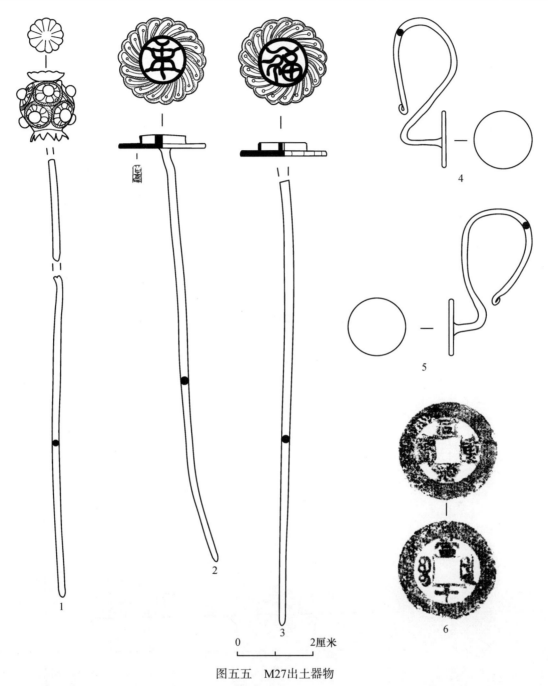

图五五　M27出土器物

1~3.银簪（M27∶1、M27∶2、M27∶3）　4、5.银耳环（M27∶5-1、M27∶5-2）　6.同治重宝（M27∶4-1）

同治重宝　2枚。M27∶4-1，大平钱。方穿，正背面郭缘宽，正面楷书"同治重寶"四字，直读，背穿左右为满文"宝泉"局名，上下楷书"當十"。钱径2.68厘米，穿径0.64厘米，郭宽0.5厘米，郭厚0.14厘米，重5.09克（图五五，6）。

（二十八）M28

1. 墓葬形制

位于发掘区中部，东北邻M21，开口于第2层下，东西向，方向130°。

墓平面呈不规则形，竖穴土圹双人合葬墓。墓口距地表深0.5米，墓底距地表深1.46米。墓圹东西长2.7米，南北宽2.22～2.28米，深0.96米。内填花土，土质较疏松。内置双棺，棺木已朽。北棺长1.86米，宽0.5～0.74米，残高0.26米。骨架保存差，仅存部分下肢骨，头向、面向、葬式、性别均不详。南棺长1.86米，宽0.52～0.7米，残高0.26米。骨架保存差，仅存部分下肢骨，头向、面向、葬式、性别均不详（图五六；图版一四，2）。

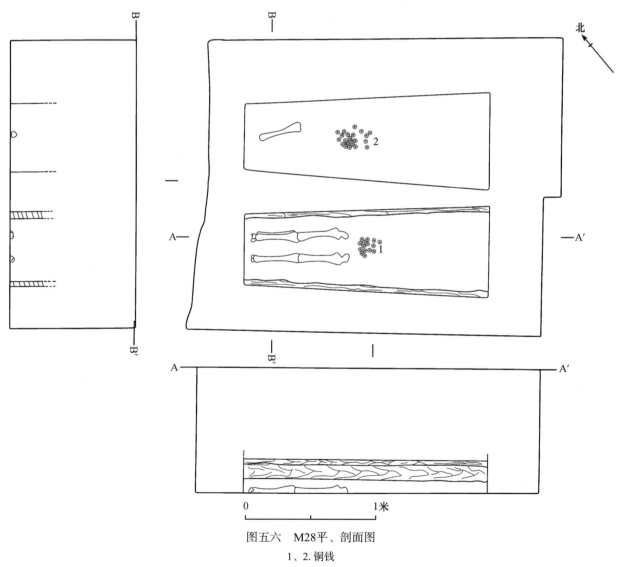

图五六　M28平、剖面图

1、2. 铜钱

2. 随葬品

北棺出土铜钱28枚，南棺出土铜钱19枚。

铜钱 47枚。宽永通宝1枚、康熙通宝3枚、乾隆通宝13枚、嘉庆通宝10枚、道光通宝13枚、咸丰通宝2枚、光绪通宝5枚。

康熙通宝 3枚。M28：2-1，平钱。方穿，正背面郭缘较宽，正面楷书"康熙通寶"四字，直读，背穿左右为满文"宝泉"局名。钱径2.64厘米，穿径0.59厘米，郭宽0.33厘米，郭厚0.1厘米，重2.85克（图五七，1）。

乾隆通宝 13枚。M28：1-1，平钱。方穿，正背面郭缘较宽，正面楷书"乾隆通寶"四字，直读，背穿左右为满文"宝源"局名。钱径2.49厘米，穿径0.61厘米，郭宽0.36厘米，郭

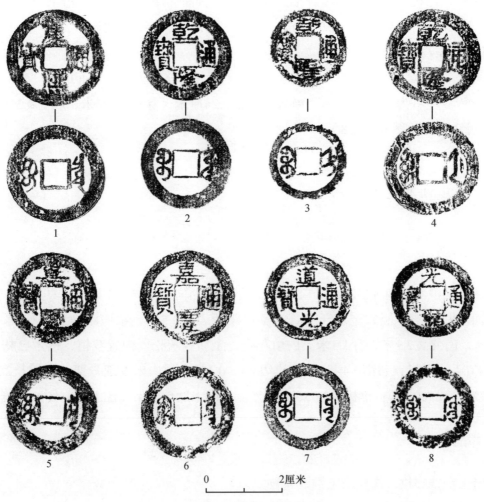

图五七　M28出土铜钱

1.康熙通宝（M28：2-1）　2～4.乾隆通宝（M28：1-1、M28：1-2、M28：2-2）　5、6.嘉庆通宝（M28：1-3、M28：2-3）

7.道光通宝（M28：1-4）　8.光绪通宝（M28：2-4）

厚0.12厘米，重3.68克（图五七，2）。M28：1-2，小平钱。方穿，正背面郭缘略宽，正面楷书"乾隆通寶"四字，直读，背穿左右，为满文"宝直"局名。钱径2.17厘米，穿径0.61厘米，郭宽0.27厘米，郭厚0.17厘米，重3.67克（图五七，3）。M28：2-2，平钱。方穿，正背面郭缘略宽，正面楷书"乾隆通寶"四字，直读，背穿左右为满文"宝浙"局名。钱径2.58厘米，穿径0.63厘米，郭宽0.36厘米，郭厚0.13厘米，重3.32克（图五七，4）。

嘉庆通宝　10枚。M28：1-3，平钱。方穿，正背面郭缘较宽，正面楷书"嘉慶通寶"四字，直读，背穿左右为满文"宝泉"局名。钱径2.48厘米，穿径0.58厘米，郭宽0.36厘米，郭厚0.16厘米，重4.55克（图五七，5）。M28：2-3，平钱。方穿，正背面郭缘较宽，正面楷书"嘉慶通寶"四字，直读，背穿左右为满文"宝泉"局名。钱径2.58厘米，穿径0.61厘米，郭宽0.34厘米，郭厚0.14厘米，重4.09克（图五七，6）。

道光通宝　13枚。M28：1-4，平钱。方穿，正背面郭缘较宽，正面楷书"道光通寶"四字，直读，背穿左右为满文"宝源"局名。钱径2.39厘米，穿径0.62厘米，郭宽0.32厘米，郭厚0.15厘米，重3.74克（图五七，7）。

光绪通宝　5枚。M28：2-4，小平钱。方穿，正背面郭缘较宽，正面楷书"光緒通寶"四字，直读，背穿左右为满文"宝源"局名。钱径2.24厘米，穿径0.6厘米，郭宽0.3厘米，郭厚0.15厘米，重3.74克（图五七，8）。

（二十九）M29

1. 墓葬形制

位于发掘区中部，南邻M38，开口于第2层下，东西向，方向120°。

墓平面呈长方形，竖穴土圹迁葬墓。墓口距地表深0.5米，墓底距地表深1.8米。墓圹东西长2.76米，南北宽2.1米，深1.3米。内填花土，土质较疏松。内置双棺，棺木已朽。北棺长2.04米，宽0.4～0.7米，残高0.4米，棺板厚0.06～0.1米。棺内未发现骨架。南棺长2.24米，宽0.56～0.75米，残高0.4米，棺板厚0.05～0.08米。棺内未发现骨架（图五八；图版一五，1）。

2. 随葬品

北棺出土铜钱15枚，南棺出土铜钱48枚。

铜钱　63枚。乾隆通宝11枚、嘉庆通宝10枚、道光通宝42枚。

乾隆通宝　11枚。M29：2-1，平钱。方穿，正背面郭缘较宽，正面楷书"乾隆通寶"四字，直读，背穿左右为满文"宝泉"局名。钱径2.44厘米，穿径0.57厘米，郭宽0.32厘米，郭

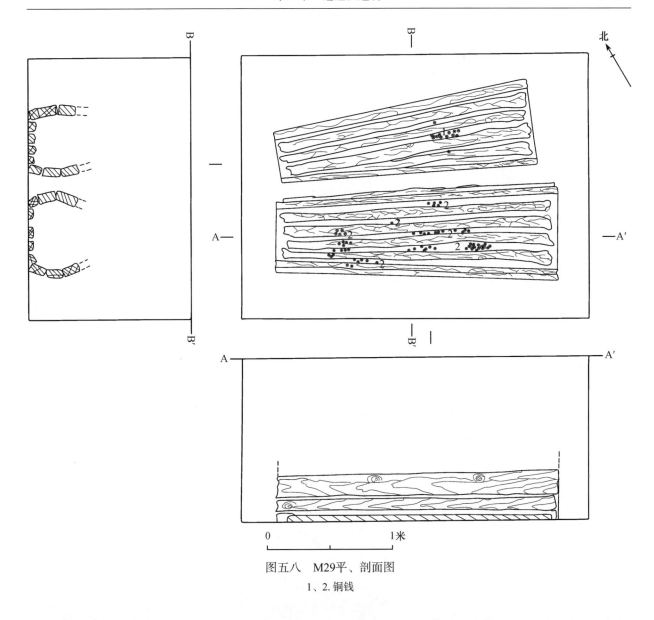

图五八　M29平、剖面图

1、2.铜钱

厚0.14厘米，重4.28克（图五九，1）。

嘉庆通宝　10枚。M29：1-1，平钱。方穿，正背面郭缘较宽，正面楷书"嘉慶通寶"四字，直读，背穿左右为满文"宝泉"局名。钱径2.48厘米，穿径0.55厘米，郭宽0.24厘米，郭厚0.17厘米，重4.37克（图五九，2）。M29：2-2，平钱。方穿，正背面郭缘较宽，正面楷书"嘉慶通寶"四字，直读，背穿左右为满文"宝源"局名。钱径2.35厘米，穿径0.58厘米，郭宽0.26厘米，郭厚0.15厘米，重3.82克（图五九，3）。

道光通宝　42枚。M29：1-2，平钱。方穿，正背面郭缘较宽，正面楷书"道光通寶"四字，直读，背穿左右为满文"宝泉"局名。钱径2.56厘米，穿径0.62厘米，郭宽0.35厘米，郭厚0.15厘米，重3.7克（图五九，4）。M29：1-3，平钱。方穿，正背面郭缘较宽，正面楷书

"道光通寳"四字，直读，背穿左右为满文"宝泉"局名。钱径2.25厘米，穿径0.65厘米，郭宽0.33厘米，郭厚0.19厘米，重4克（图五九，5）。M29：2-3，平钱。方穿，正背面郭缘较宽，正面楷书"道光通寳"四字，直读，背穿左右为满文"宝源"局名。钱径2.28厘米，穿径0.59厘米，郭宽0.3厘米，郭厚0.16厘米，重4.28克（图五九，6）。

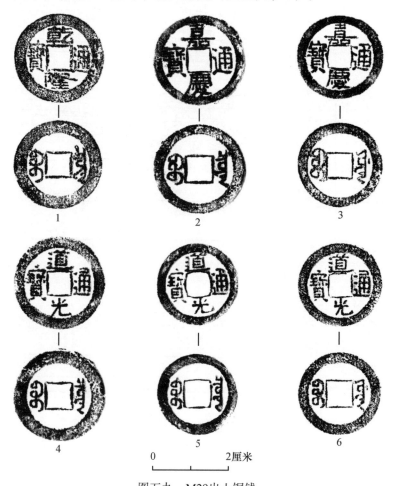

图五九　M29出土铜钱

1. 乾隆通宝（M29：2-1）　　2、3. 嘉庆通宝（M29：1-1、M29：2-2）　　4～6. 道光通宝（M29：1-2、M29：1-3、M29：2-3）

（三十）M30

1. 墓葬形制

位于发掘区中部，西南邻M32，开口于第2层下，东西向，方向130°。

墓平面呈长方形，竖穴土圹双人合葬墓。墓口距地表深0.5米，墓底距地表深1.88米。墓圹东西长2.9米，南北宽2.1米，深1.38米。内填花土，土质较疏松。内置双棺，棺木已朽。北棺长1.78米，宽0.4～0.6米，残高0.22米，骨架底部残存白灰，棺板厚0.01米。骨架保存较好，头向东，面向上，仰身直肢葬，为女性。南棺长1.8米，宽0.4～0.6米，残高0.22米，骨架底部残存白灰，棺板厚0.01米。骨架保存较好，头向东，面向南，仰身直肢葬，为男性（图六〇；图版一五，2）。

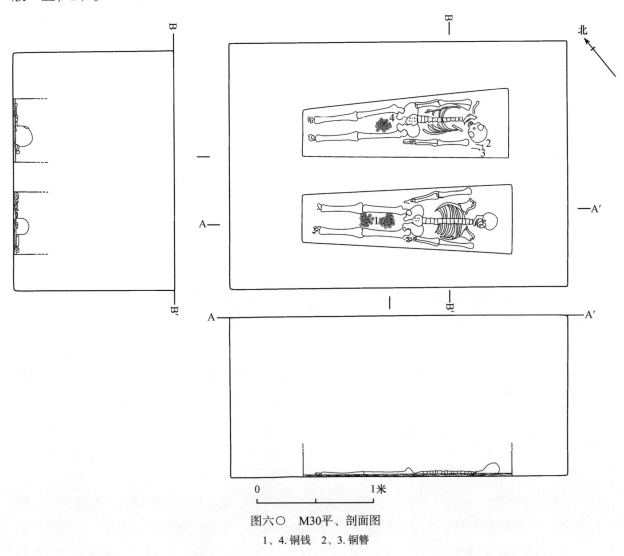

图六〇　M30平、剖面图

1、4.铜钱　2、3.铜簪

2. 随葬品

北棺出土铜簪2件、铜钱30枚，南棺出土铜钱55枚。

铜簪　2件。簪首均为十六瓣扁花瓣状，中部凸起呈圆环形，环内铸"宁"字纹；体呈细长圆锥形。M30∶2，首背戳印"元華"字样。簪首高0.3厘米，簪首宽2.3厘米，通长12厘米，重8.81克（图六一，1；图版四六，3）。M30∶3，首背戳印"□□"字样，锈蚀严重，文字模糊不可辨认。簪首高0.3厘米，簪首宽2.2厘米，通长10.9厘米，重8.83克（图六一，2；图版四六，4、5）。

铜钱　85枚。顺治通宝10枚、康熙通宝8枚、乾隆通宝17枚、嘉庆通宝43枚、道光通宝7枚（图版七一，1）。

顺治通宝　10枚。M30：1-1，大平钱。方穿，正背面郭缘较宽，正面楷书"順治通寶"四字，直读，背穿左为满文"陕"，右楷书"陕"字。钱径2.63厘米，穿径0.59厘米，郭宽0.33厘米，郭厚0.11厘米，重3.77克（图六一，3）。M30：1-2，大平钱。方穿，正背面郭缘较宽，正面楷书"順治通寶"四字，直读，背穿左为满文"宁"，右楷书"寧"字。钱径2.77厘米，穿径0.61厘米，郭宽0.34厘米，郭厚0.12厘米，重3.75克（图六一，4）。M30：1-3，大平钱。方穿，正背面郭缘较宽，正面楷书"順治通寶"四字，直读，背穿左为满文"东"，右楷书"東"字。钱径2.76厘米，穿径0.54厘米，郭宽0.43厘米，郭厚0.13厘米，重4.75克（图六一，5）。M30：1-4，大平钱。方穿，正背面郭缘较宽，正面楷书"順治通寶"四字，直读，背穿左右为满文"宝泉"局名。钱径2.77厘米，穿径0.65厘米，郭宽0.31厘米，郭厚0.12厘米，重4.3克（图六一，6）。

康熙通宝　8枚。M30：1-5，大平钱。方穿，正背面郭缘较宽，正面楷书"康熙通寶"四字，直读，背穿左为满文"江"，右楷书"江"字。钱径2.72厘米，穿径0.58厘米，郭宽0.32厘米，郭厚0.09厘米，重3.23克（图六一，7）。M30：1-6，大平钱。方穿，正背面郭缘较宽，正面楷书"康熙通寶"四字，直读，背穿左右为满文"宝泉"局名。钱径2.83厘米，穿径0.62厘米，郭宽0.32厘米，郭厚0.12厘米，重4克（图六一，8）。M30：1-7，大平钱。方穿，正背面郭缘较宽，正面楷书"康熙通寶"四字，直读，背穿左为满文"浙"，右楷书"浙"字。钱径2.72厘米，穿径0.6厘米，郭宽0.28厘米，郭厚0.13厘米，重4克（图六一，9）。M30：1-8，大平钱。方穿，正背面郭缘较宽，正面楷书"康熙通寶"四字，直读，背穿左为满文"临"，右楷书"臨"字。钱径2.73厘米，穿径0.54厘米，郭宽0.36厘米，郭厚0.12厘米，重4.23克（图六一，10）。

乾隆通宝　17枚。M30：1-9，大平钱。方穿，正背面郭缘较宽，正面楷书"乾隆通寶"四字，直读，背穿左右为满文"宝云"局名。钱径2.65厘米，穿径0.58厘米，郭宽0.38厘米，郭厚0.12厘米，重3.83克（图六一，11）。M30：1-10，大平钱。方穿，正背面郭缘较宽，正面楷书"乾隆通寶"四字，直读，背穿左右为满文"宝泉"局名。钱径2.72厘米，穿径0.62厘米，郭宽0.36厘米，郭厚0.18厘米，重5.33克（图六一，12）。

嘉庆通宝　43枚。M30：1-11，平钱。方穿，正背面郭缘较宽，正面楷书"嘉慶通寶"四字，直读，背穿左右为满文"宝泉"局名。钱径2.48厘米，穿径0.63厘米，郭宽0.33厘米，郭厚0.14厘米，重3.84克（图六一，13）。M30：1-12，平钱。方穿，正背面郭缘较宽，正面楷书"嘉慶通寶"四字，直读，背穿左右为满文"宝源"局名。钱径2.57厘米，穿径0.65厘米，郭宽0.29厘米，郭厚0.13厘米，重3.96克（图六一，14）。M30：4-1，小平钱。方穿，正背面郭

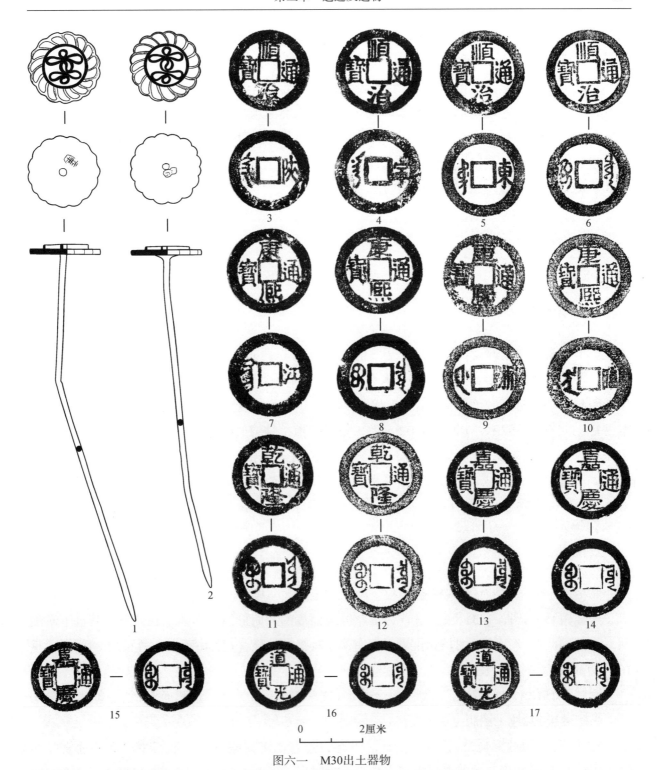

图六一　M30出土器物

1、2.铜簪（M30∶2、M30∶3）　3~6.顺治通宝（M30∶1-1、M30∶1-2、M30∶1-3、M30∶1-4）　7~10.康熙通宝（M30∶1-5、

M30∶1-6、M30∶1-7、M30∶1-8）　11、12.乾隆通宝（M30∶1-9、M30∶1-10）　13~15.嘉庆通宝（M30∶1-11、M30∶1-12、

M30∶4-1）　16、17.道光通宝（M30∶1-13、M30∶4-2）

缘较宽，正面楷书"嘉慶通寶"四字，直读，背穿左右为满文"宝泉"局名。钱径2.32厘米，穿径0.64厘米，郭宽0.28厘米，郭厚0.15厘米，重3.59克（图六一，15）。

道光通宝　7枚。M30：1-13，小平钱。方穿，正背面郭缘较宽，正面楷书"道光通寶"四字，直读，背穿左右为满文"宝源"局名。钱径2.25厘米，穿径0.6厘米，郭宽0.23厘米，郭厚0.1厘米，重4.69克（图六一，16）。M30：4-2，小平钱。方穿，正背面郭缘较宽，正面楷书"道光通寶"四字，直读，背穿左右为满文"宝源"局名。钱径2.34厘米，穿径0.6厘米，郭宽0.28厘米，郭厚0.18厘米，重4.34克（图六一，17）。

（三十一）M31

1. 墓葬形制

位于发掘区中东部，西邻M32，开口于第2层下，东西向，方向122°。

墓平面呈不规则形，竖穴土圹双人合葬墓。墓口距地表深0.3米，墓底距地表深1.8米。墓圹东西长2.8~3.14米，南北宽2.02~2.48米，深1.5米。内填花土，土质较疏松。内置双棺，棺木已朽。北棺长1.92米，宽0.42~0.58米，残高0.2米，骨架底残存白灰，棺板厚约0.01米。骨架保存较差，头向东，面向上，仰身直肢葬，为女性。南棺长1.98米，宽0.54~0.64米，残高0.2米，骨架底残存青灰，棺板厚约0.01米。骨架保存一般，头向东，面向上，仰身直肢葬，为男性（图六二；图版一六，1）。

2. 随葬品

北棺出土鎏金银簪1件、铜钱128枚，南棺出土铜钱68枚。

鎏金银簪　1件。M31：1，簪首为银丝缠绕而成的六面形禅杖，顶呈葫芦形；簪首下有细颈，饰数周凸弦纹；体呈细长圆锥形。簪首高4.74厘米，簪首宽2.46厘米，通长17.84厘米，重10.14克（图六三，1；图版四六，6）。

铜钱　196枚。元祐通宝1枚、顺治通宝1枚、康熙通宝1枚、雍正通宝1枚、乾隆通宝60枚、嘉庆通宝132枚（图版七一，2）。

元祐通宝　1枚。M31：2-1，平钱。方穿，正背面郭缘略窄，正面行书"元祐通寶"四字，旋读，背面素面。钱径2.45厘米，穿径0.72厘米，郭宽0.2厘米，郭厚0.12厘米，重2.82克（图六三，2）。

顺治通宝　1枚。M31：3-1，大平钱。方穿，正背面郭缘较宽，正面楷书"顺治通寶"四字，直读，背穿左右为满文"宝泉"局名。钱径2.74厘米，穿径0.61厘米，郭宽0.31厘米，郭

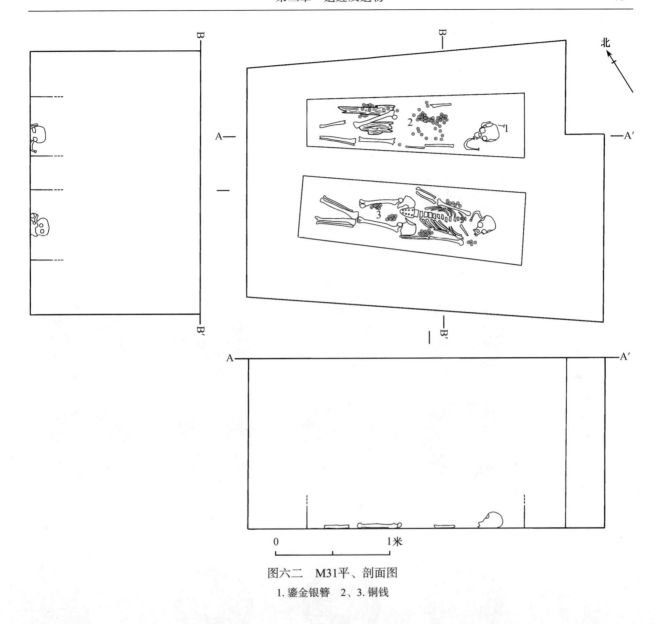

图六二　M31平、剖面图
1.鎏金银簪　2、3.铜钱

厚0.13厘米，重4.39克（图六三，3）。

康熙通宝　1枚。M31：3-2，大平钱。方穿，正背面郭缘较宽，正面楷书"康熙通寶"四字，直读，背穿左右为满文"宝泉"局名。钱径2.65厘米，穿径0.62厘米，郭宽0.36厘米，郭厚0.14厘米，重4.65克（图六三，4）。

乾隆通宝　60枚。M31：2-2，小平钱。方穿，正背面郭缘较宽，正面楷书"乾隆通寶"四字，直读，背穿左右为满文"宝直"局名。钱径2.19厘米，穿径0.62厘米，郭宽0.28厘米，郭厚0.18厘米，重3.92克（图六三，5）。M31：2-3，平钱。方穿，正背面郭缘较宽，正面楷书"乾隆通寶"四字，直读，背穿左右为满文"宝源"局名。钱径2.54厘米，穿径0.6厘米，郭宽0.36厘米，郭厚0.14厘米，重4克（图六三，6）。M31：2-4，平钱。方穿，正背面郭缘较宽，

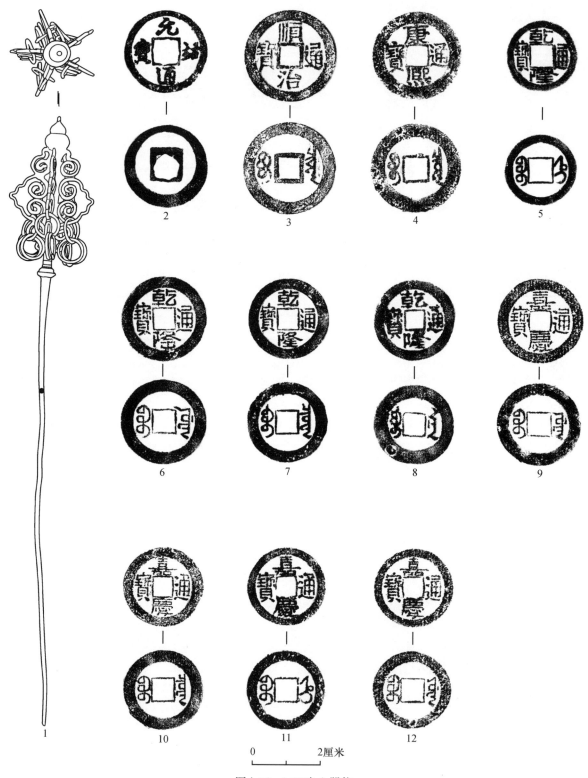

图六三　M31出土器物

1. 鎏金银簪（M31：1）　2. 元祐通宝（M31：2-1）　3. 顺治通宝（M31：3-1）　4. 康熙通宝（M31：3-2）　5～8. 乾隆通宝
（M31：2-2、M31：2-3、M31：2-4、M31：3-3）　9～12. 嘉庆通宝（M31：2-5、M31：2-6、M31：2-7、M31：3-4）

正面楷书"乾隆通寳"四字，直读，背穿左右为满文"宝泉"局名。钱径2.41厘米，穿径0.61厘米，郭宽0.38厘米，郭厚0.13厘米，重3.46克（图六三，7）。M31：3-3，平钱。方穿，正背面郭缘较宽，正面楷书"乾隆通寳"四字，直读，背穿左右为满文"宝南"局名。钱径2.45厘米，穿径0.63厘米，郭宽0.38厘米，郭厚0.15厘米，重3.96克（图六三，8）。

嘉庆通宝　132枚。M31：2-5，平钱。方穿，正背面郭缘较宽，正面楷书"嘉慶通寳"四字，直读，背穿左右为满文"宝源"局名。钱径2.54厘米，穿径0.69厘米，郭宽0.36厘米，郭厚0.12厘米，重3.72克（图六三，9）。M31：2-6，平钱。方穿，正背面郭缘较宽，正面楷书"嘉慶通寳"四字，直读，背穿左右为满文"宝泉"局名。钱径2.4厘米，穿径0.63厘米，郭宽0.34厘米，郭厚0.12厘米，重4.07克（图六三，10）。M31：2-7，小平钱。方穿，正背面郭缘较宽，正面楷书"嘉慶通寳"四字，直读，背穿左右为满文"宝直"局名。钱径2.37厘米，穿径0.61厘米，郭宽0.32厘米，郭厚0.15厘米，重3.95克（图六三，11）。M31：3-4，平钱。方穿，正背面郭缘较宽，正面楷书"嘉慶通寳"四字，直读，背穿左右为满文"宝源"局名。钱径2.4厘米，穿径0.62厘米，郭宽0.32厘米，郭厚0.13厘米，重3.18克（图六三，12）。

（三十二）M32

1. 墓葬形制

位于发掘区中东部，南邻M33，开口于第2层下，东西向，方向120°。

墓平面呈不规则形，竖穴土圹双人合葬墓。墓口距地表深0.3米，墓底距地表深1.94米。墓圹东西长2.78～2.98米，南北宽2～2.24米，深1.64米。内填花土，土质较疏松。内置双棺，棺木已朽。北棺长1.88米，宽0.6～0.74米，残高0.2米。骨架保存一般，头向东，面向上，仰身直肢葬，为女性。南棺长1.74米，宽0.48～0.66米，残高0.2米，骨架底残存青灰，棺板厚约0.01米。骨架保存一般，头向东，面向南，仰身直肢葬，为男性（图六四；图版一六，2）。

2. 随葬品

北棺出土鎏金银簪1件、鎏金铜簪1件、鎏金银耳环2件、铜钱20枚，南棺出土铜钱20枚。

鎏金银簪　1件。M32：1，首近似镂空六边形，绞丝环成六面内刻花纹的菱形和八面錾刻圆弧三角纹的三角形，交角处铸小圆珠；颈部铸数周凸弦纹；体呈细长圆锥形，尾残。簪首高1.45厘米，簪首宽1.38厘米，残长9.07厘米，重5.81克（图六五，1；图版四七，1）。

鎏金铜簪　1件。M32：2，残可见簪首呈四瓣花形，以绞丝绳纹勾勒花瓣轮廓；体呈细长圆锥形。簪首残高2.26厘米，簪首残宽1.89厘米，残长10.1厘米，重1.05克（图六五，2；图版

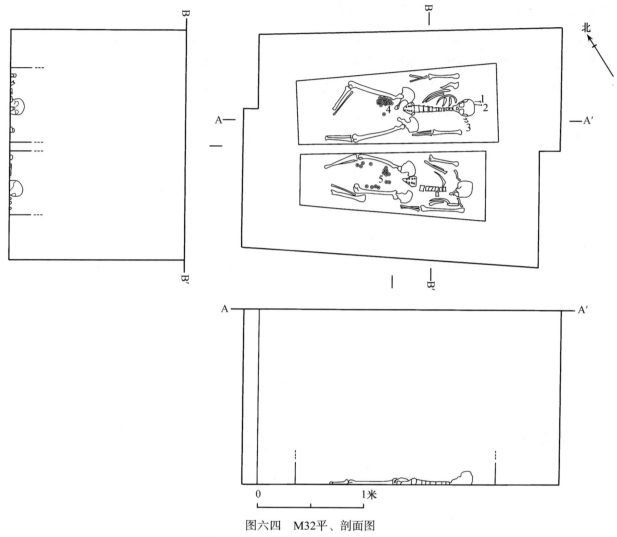

图六四　M32平、剖面图

1. 鎏金银簪　2. 鎏金铜簪　3. 鎏金银耳环　4、5. 铜钱

四七，2）。

　　鎏金银耳环　2件。M32：3，形制相同、大小相近。均环面呈圆饼状；环体近似钩形，尾部尖。M32：3-1，长2.07厘米，厚0.13厘米，环面直径1.83厘米，重1.38克（图六五，3；图版四七，3右）。M32：3-2，长2.04厘米，厚0.13厘米，环面直径1.84厘米，重1.39克（图六五，4；图版四七，3左）。

　　铜钱　40枚。乾隆通宝30枚、嘉庆通宝10枚。

　　乾隆通宝　30枚。M32：5-1，平钱。方穿，正背面郭缘较宽，正面楷书"乾隆通寳"四字，直读，背穿左右为满文"宝泉"局名。钱径2.42厘米，穿径0.62厘米，郭宽0.33厘米，郭厚0.13厘米，重4克（图六五，5）。M32：5-2，平钱。方穿，正背面郭缘较宽，正面楷书"乾隆通寳"四字，直读，背穿左右为满文"宝源"局名。钱径2.3厘米，穿径0.6厘米，郭宽0.34

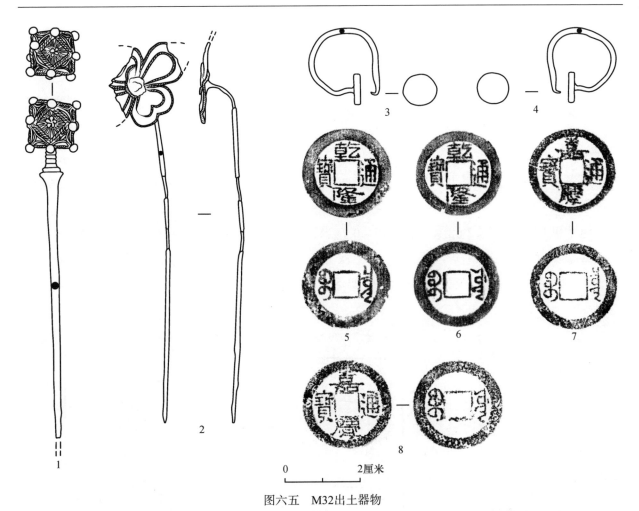

图六五 M32出土器物

1.鎏金银簪（M32：1） 2.鎏金铜簪（M32：2） 3、4.鎏金银耳环（M32：3-1、M32：3-2） 5、6.乾隆通宝（M32：5-1、
M32：5-2） 7、8.嘉庆通宝（M32：4-1、M32：4-2）

厘米，郭厚0.18厘米，重4.65克（图六五，6）。

　　嘉庆通宝　10枚。M32：4-1，小平钱。方穿，正背面郭缘较宽，正面楷书"嘉慶通寶"
四字，直读，背穿左右为满文"宝泉"局名。钱径2.29厘米，穿径0.59厘米，郭宽0.3厘米，郭
厚0.15厘米，重3.33克（图六五，7）。M32：4-2，平钱。方穿，正背面郭缘较宽，正面楷书
"嘉慶通寶"四字，直读，背穿左右为满文"宝源"局名。钱径2.38厘米，穿径0.65厘米，郭
宽0.28厘米，郭厚0.16厘米，重4.36克（图六五，8）。

（三十三）M33

1. 墓葬形制

位于发掘区中东部，北邻M32，开口于第2层下，东西向，方向120°。

墓平面呈梯形，竖穴土圹双人合葬墓。墓口距地表深0.4米，墓底距地表深1.38～1.56米。墓圹东西长2.76米，南北宽1.92～2.04米，深0.98～1.16米。内填花土，土质较疏松。内置双棺，棺木已朽。北棺长2.03米，宽0.68～0.74米，残高0.2米，骨架底残存白灰，棺板厚约0.01米。骨架保存较差，仅存部分肢骨，为二次葬，头向、面向、葬式均不详，为女性。南棺长2.02米，宽0.45～0.7米，残高0.38米。骨架保存较差，头向东，面向下，仰身直肢葬，为男性（图六六；图版一七，1）。

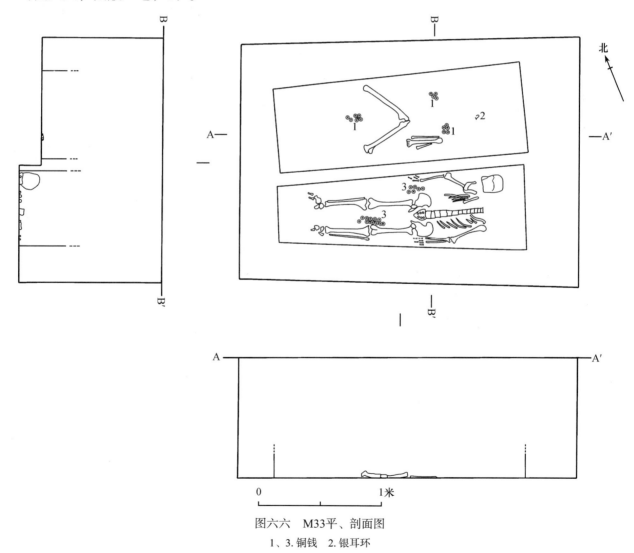

图六六　M33平、剖面图
1、3. 铜钱　2. 银耳环

2. 随葬品

北棺出土铜钱15枚、银耳环1件，南棺出土铜钱20枚。

银耳环　1件。M33：2，环面呈半球状；环体近似钩形，尾部尖。长2.33厘米，厚0.13厘米，环面直径1.98厘米，重1.39克（图六七，1；图版四七，4）。

铜钱　35枚。乾隆通宝4枚、嘉庆通宝31枚。

乾隆通宝　4枚。M33：1-1，平钱。方穿，正背面郭缘较宽，正面楷书"乾隆通寶"四字，直读，背穿左右为满文"宝苏"局名。钱径2.44厘米，穿径0.68厘米，郭宽0.33厘米，郭厚0.16厘米，重4.27克（图六七，2）。

嘉庆通宝　31枚。M33：1-2，平钱。方穿，正背面郭缘较宽，正面楷书"嘉慶通寶"四字，直读，背穿左右为满文"宝源"局名。钱径2.31厘米，穿径0.62厘米，郭宽0.27厘米，郭厚0.16厘米，重4.47克（图六七，3）。M33：1-3，平钱。方穿，正背面郭缘较宽，正面楷书"嘉慶通寶"四字，直读，背穿左右为满文"宝泉"局名。钱径2.44厘米，穿径0.64厘米，郭宽0.31厘米，郭厚0.16厘米，重4.1克（图六七，4）。M33：3-1，平钱。方穿，正背面郭缘较宽，正面楷书"嘉慶通寶"四字，直读，背穿左右为满文"宝泉"局名。钱径2.46厘米，穿径0.64厘米，郭宽0.31厘米，郭厚0.16厘米，重4.2克（图六七，5）。

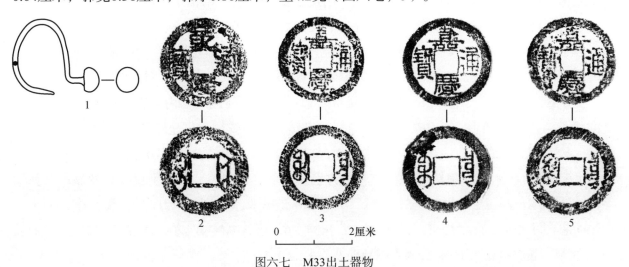

图六七　M33出土器物

1. 银耳环（M33：2）　2. 乾隆通宝（M33：1-1）　3~5. 嘉庆通宝（M33：1-2、M33：1-3、M33：3-1）

（三十四）M34

1. 墓葬形制

位于发掘区中东部，北邻M33，开口于第2层下，东西向，方向115°。

墓平面呈不规则形，竖穴土圹三人合葬墓。墓口距地表深0.3米，墓底距地表深1.64～1.8米。墓圹东西长2.68～2.88米，南北宽2.36～2.6米，深1.34～1.5米。内填花土，土质较疏松。内置三棺，棺木已朽。北棺长1.82米，宽0.52～0.64米，残高0.23米。骨架保存较差，头向东，面向南，仰身直肢葬，为女性。中棺长1.84米，宽0.46～0.76米，残高0.4米，骨架底残存青灰，棺板厚约0.01米。骨架保存较差，头向东，面向南，仰身直肢葬，为男性。南棺长1.84米，宽0.5～0.64米，残高0.4米。骨架保存较差，头向东，面向上，仰身直肢葬，为女性。北棺打破中、南棺（图六八；图版一七，2）。

2. 随葬品

北棺出土鎏金铜簪1件、铜钱32枚，中棺出土铜钱45枚，南棺出土鎏金银簪3件、铜扁方1件、银簪1件、鎏金银饰件1件、铜簪1件、铜钱17枚。

鎏金铜簪　1件。M34：1，残，仅存簪首。簪首为十九瓣扁花瓣状，中部凸起呈圆环形，环内铸"寿"字纹。残高0.5厘米，宽1.99厘米，重6.16克（图六九，1；图版四七，5）。

鎏金银簪　3件。M34：4，首近似镂空六边形，绞丝环成六面内刻花纹的菱形和八面錾刻圆弧三角纹的三角形，交角处铸小圆珠；颈部铸数周凸弦纹；体呈细长圆锥形。簪首高1.4厘米，簪首宽1.94厘米，残长11.97厘米，重3.37克（图六九，2；图版四七，6）。M34：5、M34：6，簪首为十七瓣扁花瓣状，中部凸起呈圆环形，环内铸"福"字纹；首背戳印"冀"字样；体呈细长圆锥形。M34：5，尾残，簪首高0.43厘米，簪首宽2.12厘米，残长13.25厘米，重7.94克（图六九，3；图版四八，1、2）；M34：6，簪首高0.44厘米，簪首宽2.12厘米，通长13.29厘米，重7.94克（图六九，4；图版四八，3、4）。

铜扁方　1件。M34：7，首为扁平圆帽形，体呈扁条形，上宽下窄，末端呈圆弧状。通长12.1厘米，宽0.34～0.83厘米，厚0.18厘米，重5.98克（图六九，5；图版四八，5）。

银簪　1件。M34：9，残，仅存细长呈圆锥状簪体，上饰数周银丝缠绕。残长7.55厘米，厚0.18厘米，重2.28克（图六九，6；图版四八，6）。

鎏金银饰件　1件。M34：10，残存部分呈树杈状，上部及边缘铸银丝，体扁平。残长6.24厘米，重1.84克（图六九，7；图版四九，1）。

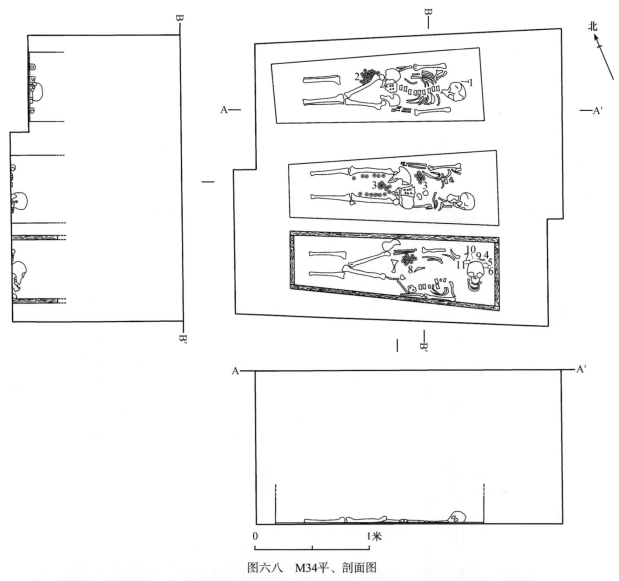

图六八　M34平、剖面图

1. 鎏金铜簪　2、3、8.铜钱　4~6.鎏金银簪　7.铜扁方　9.银簪　10.鎏金银饰件　11.铜簪

铜簪　1件。M34：11，残，仅存簪体。簪体为扁平锥状，上端有圆孔，圆孔下端有银丝缠绕。残长3.74厘米，重0.65克（图六九，8；图版四九，2）。

铜钱　94枚。雍正通宝1枚、乾隆通宝33枚、嘉庆通宝56枚、道光通宝3枚、光绪通宝1枚（图版七一，3）。

雍正通宝　1枚。M34：2-1，大平钱。方穿，正背面郭缘较宽，正面楷书"雍正通寶"四字，直读，背穿左右为满文"宝泉"局名。钱径2.78厘米，穿径0.67厘米，郭宽0.4厘米，郭厚0.11厘米，重3.57克（图七〇，1）。

乾隆通宝　33枚。M34：2-2，平钱。方穿，正背面郭缘较宽，正面楷书"乾隆通寶"四字，直读，背穿左右为满文"宝源"局名。钱径2.51厘米，穿径0.66厘米，郭宽0.34厘米，郭

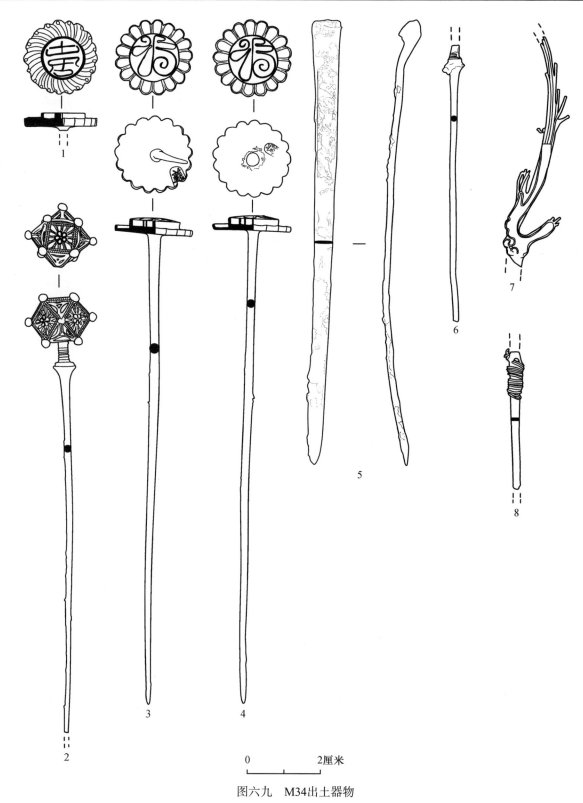

图六九　M34出土器物

1. 鎏金铜簪（M34：1）　　2～4. 鎏金银簪（M34：4、M34：5、M34：6）　　5. 铜扁方（M34：7）　　6. 银簪（M34：9）

7. 鎏金银饰件（M34：10）　　8. 铜簪（M34：11）

厚0.14厘米，重3.9克（图七〇，2）。M34 : 3-1，小平钱。方穿，正背面郭缘较宽，正面楷书
"乾隆通寶"四字，直读，背穿左右为满文"宝源"局名。钱径2.37厘米，穿径0.6厘米，郭
宽0.38厘米，郭厚0.16厘米，重3.64克（图七〇，3）。M34 : 3-2，平钱。方穿，正背面郭缘
较宽，正面楷书"乾隆通寶"四字，直读，背穿左右为满文"宝晋"局名。钱径2.62厘米，穿
径0.62厘米，郭宽0.34厘米，郭厚0.16厘米，重3.69克（图七〇，4）。M34 : 8-1，小平钱。方
穿，正背面郭缘较宽，正面楷书"乾隆通寶"四字，直读，背穿左右为满文"宝泉"局名。钱
径2.3厘米，穿径0.54厘米，郭宽0.32厘米，郭厚0.18厘米，重3.98克（图七〇，5）。

嘉庆通宝　56枚。M34 : 2-3，平钱。方穿，正背面郭缘较宽，正面楷书"嘉慶通寶"四
字，直读，背穿左右为满文"宝泉"局名。钱径2.59厘米，穿径0.66厘米，郭宽0.32厘米，郭

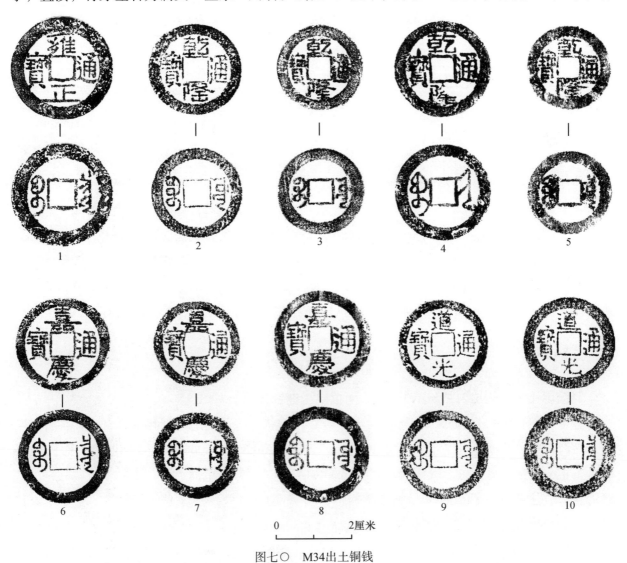

1　　　　　2　　　　　3　　　　　4　　　　　5

6　　　　　7　　　　　8　　　　　9　　　　　10

0　　　2厘米

图七〇　M34出土铜钱

1. 雍正通宝（M34 : 2-1）　　2 ~ 5. 乾隆通宝（M34 : 2-2、M34 : 3-1、M34 : 3-2、M34 : 8-1）　　6 ~ 8. 嘉庆通宝（M34 : 2-3、
M34 : 2-4、M34 : 3-3）　　9、10. 道光通宝（M34 : 2-5、M34 : 2-6）

厚0.17厘米，重3.57克（图七〇，6）。M34：2-4，小平钱。方穿，正背面郭缘较宽，正面楷书"嘉庆通寶"四字，直读，背穿左右为满文"宝源"局名。钱径2.38厘米，穿径0.65厘米，郭宽0.28厘米，郭厚0.14厘米，重3.57克（图七〇，7）。M34：3-3，平钱。方穿，正背面郭缘较宽，正面楷书"嘉庆通寶"四字，直读，背穿左右为满文"宝源"局名。钱径2.63厘米，穿径0.62厘米，郭宽0.35厘米，郭厚0.14厘米，重4克（图七〇，8）。

道光通宝　3枚。M34：2-5，平钱。方穿，正背面郭缘略宽，正面楷书"道光通寶"四字，直读，背穿左右为满文"宝源"局名。钱径2.46厘米，穿径0.6厘米，郭宽0.31厘米，郭厚0.13厘米，重3.37克（图七〇，9）。M34：2-6，平钱。方穿，正背面郭缘较宽，正面楷书"道光通寶"四字，直读，背穿左右为满文"宝泉"局名。钱径2.52厘米，穿径0.64厘米，郭宽0.37厘米，郭厚0.16厘米，重4.38克（图七〇，10）。

（三十五）M35

1. 墓葬形制

位于发掘区中部，南邻M36，开口于第2层下，东西向，方向130°。

墓平面呈梯形，竖穴土圹双人合葬墓。墓口距地表深0.3米，墓底距地表深1.62米。墓圹东西长3.1米，南北宽2.2～2.3米，深1.32米。内填花土，土质较疏松。内置双棺，棺木已朽。北棺长1.75米，宽0.48～0.6米，残高0.22米，骨架底残存青灰，棺板厚约0.01米。骨架保存一般，头向东，面向上，仰身直肢葬，为女性。南棺长1.74米，宽0.46～0.67米，残高0.22米。骨架保存一般，头向东，面向北，仰身直肢葬，为男性（图七一；图版一八，1）。

2. 随葬品

北棺出土鎏金银簪2件、铜钱68枚，南棺出土铜钱16枚。

鎏金银簪　2件。M35：1，簪首为十六瓣扁花瓣状，中部凸起呈圆环形，环内铸"福"字纹；首背戳印"□德"字样；体呈细长圆锥形。簪首高0.33厘米，簪首宽2.15厘米，通长10.68厘米，重6.76克（图七二，1；图版四九，3）。M35：2，簪首呈仰莲形，中间镶嵌物残缺，底部铸花萼；下端有一凸颈；体呈细长圆锥形。簪首高1.6厘米，簪首宽1.09厘米，残长12.45厘米，重3.58克（图七二，2；图版四九，4）。

铜钱　84枚。康熙通宝2枚、乾隆通宝33枚、嘉庆通宝23枚、道光通宝20枚、光绪通宝4枚、宣统通宝2枚（图版七一，4）。

康熙通宝　2枚。M35：3-1，大平钱。方穿，正背面郭缘较宽，正面楷书"康熙通寶"四

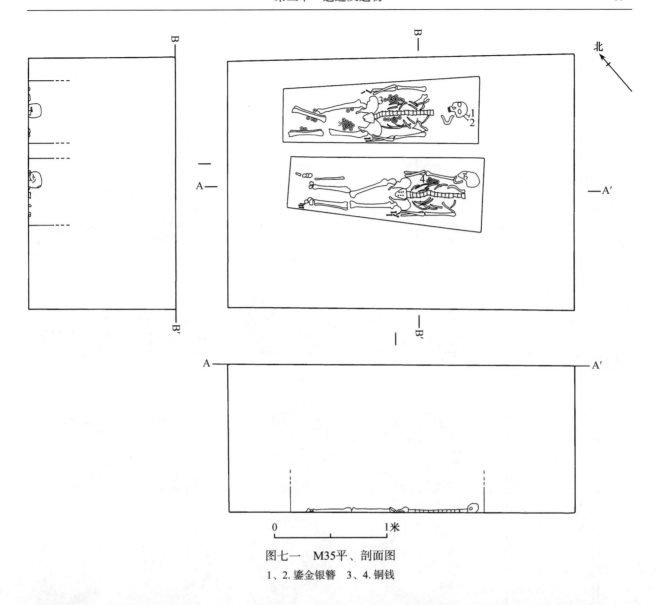

图七一　M35平、剖面图

1、2.鎏金银簪　3、4.铜钱

字，直读，背穿左为满文"东"，右楷书"東"字。钱径2.74厘米，穿径0.62厘米，郭宽0.37厘米，郭厚0.14厘米，重4克（图七二，3）。

乾隆通宝　33枚。M35：3-2，平钱。方穿，正背面郭缘较宽，正面楷书"乾隆通寶"四字，直读，背穿左右为满文"宝泉"局名。钱径2.53厘米，穿径0.62厘米，郭宽0.42厘米，郭厚0.14厘米，重4.24克（图七二，4）。M35：3-3，小平钱。方穿，正背面郭缘较宽，正面楷书"乾隆通寶"四字，直读，背穿左右为满文"宝泉"局名。钱径2.31厘米，穿径0.57厘米，郭宽0.32厘米，郭厚0.17厘米，重4.09克（图七二，5）。M35：3-4，小平钱。方穿，正背面郭缘较宽，正面楷书"乾隆通寶"四字，直读，背穿左右为满文"宝源"局名。钱径2.3厘米，穿径0.6厘米，郭宽0.32厘米，郭厚0.16厘米，重4.24克（图七二，6）。

嘉庆通宝　23枚。M35：3-5，小平钱。方穿，正背面郭缘较宽，正面楷书"嘉慶通寶"四字，直读，背穿左右为满文"宝源"局名。钱径2.37厘米，穿径0.65厘米，郭宽0.29厘米，郭厚0.13厘米，重3.43克（图七二，7）。M35：3-6，小平钱。方穿，正背面郭缘较宽，正面楷书"嘉慶通寶"四字，直读，背穿左右为满文"宝泉"局名。钱径2.29厘米，穿径0.6厘米，郭宽0.29厘米，郭厚0.14厘米，重3.4克（图七二，8）。

道光通宝　20枚。M35：3-7，小平钱。方穿，正背面郭缘略宽，正面楷书"道光通寶"

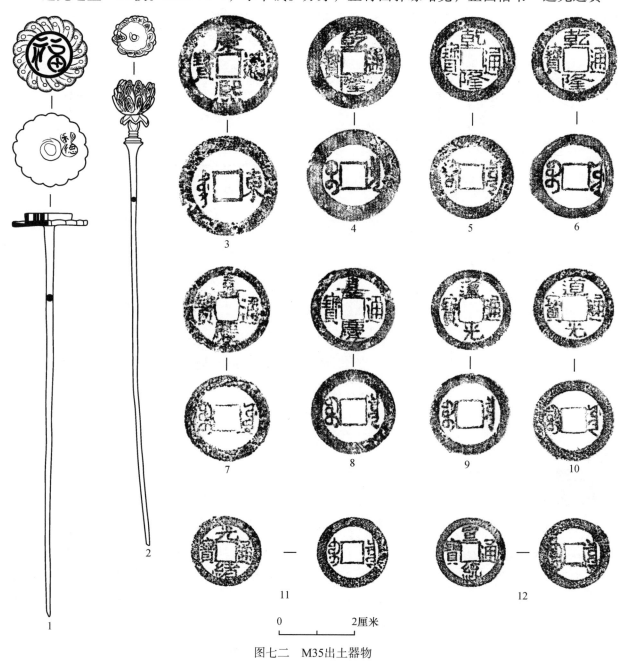

图七二　M35出土器物

1、2. 鎏金银簪（M35：1、M35：2）　3. 康熙通宝（M35：3-1）　4～6. 乾隆通宝（M35：3-2、M35：3-3、M35：3-4）
7、8. 嘉庆通宝（M35：3-5、M35：3-6）　9、10. 道光通宝（M35：3-7、M35：4-1）　11. 光绪通宝（M35：4-2）
12. 宣统通宝（M35：4-3）

四字，直读，背穿左右为满文"宝泉"局名。钱径2.2厘米，穿径0.67厘米，郭宽0.32厘米，郭厚0.16厘米，重4.24克（图七二，9）。M35：4-1，小平钱。方穿，正背面郭缘略宽，正面楷书"道光通寶"四字，直读，背穿左右为满文"宝源"局名。钱径2.2厘米，穿径0.61厘米，郭宽0.27厘米，郭厚0.16厘米，重3.19克（图七二，10）。

光绪通宝　4枚。M35：4-2，小平钱。方穿，正背面郭缘较宽，正面楷书"光緒通寶"四字，直读，背穿左右为满文"宝泉"局名。钱径1.96厘米，穿径0.49厘米，郭宽0.3厘米，郭厚0.12厘米，重1.85克（图七二，11）。

宣统通宝　2枚。M35：4-3，小平钱。方穿，正背面郭缘较窄，正面楷书"宣統通寶"四字，直读，背穿左右为满文"宝泉"局名。钱径1.97厘米，穿径0.45厘米，郭宽0.25厘米，郭厚0.12厘米，重2.1克（图七二，12）。

（三十六）M36

1. 墓葬形制

位于发掘区中部，西南邻M37，西南部打破M37，开口于第2层下，南北向，方向141°。

墓平面呈长方形，竖穴土圹单人葬墓。墓口距地表深0.3米，墓底距地表深0.94米。墓圹南北长2.8米，东西宽1.12米，深0.64米。内填花土，土质较致密。内置单棺，棺木已朽。棺长1.8米，宽0.48～0.64米，残高0.14米。骨架保存较好，头向南，面向上，仰身直肢葬，为女性（图七三；图版一八，2）。

2. 随葬品

出土鎏金银簪3件、银耳环1件、铜钱7枚。

鎏金银簪　3件。M36：1、M36：3，簪首为十六瓣扁花瓣状，中部凸起呈圆环形，环内铸"福"字纹；首背戳印"天寶"字样；体呈细长圆锥形。M36：1，簪首高0.3厘米，簪首宽2.4厘米，通长12.2厘米，重8.07克（图七四，1；图版四九，5、6）；M36：3，簪首高0.4厘米，簪首宽2.4厘米，通长12.4厘米，重8.43克（图七四，2；图版五〇，2、3）。M36：2，簪首镂铸呈圆球状，绞丝环成数个圆形面，内铸花瓣和小圆珠，顶铸菊瓣纹，底托为俯菊状；体呈细长圆锥形。簪首高1.7厘米，簪首宽1.5厘米，通长12.2厘米，重4.01克（图七四，3；图版五〇，1）。

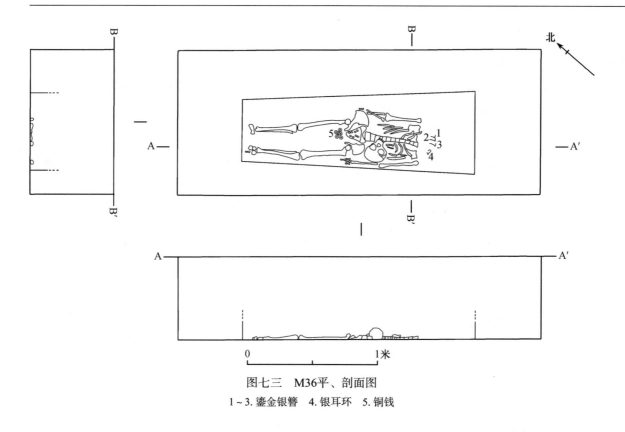

图七三　M36平、剖面图

1~3.鎏金银簪　4.银耳环　5.铜钱

　　银耳环　1件。M36：4，环面呈半球状；环体近似钩形，尾部尖。长2厘米，宽2厘米，环面直径0.74厘米，重1.23克（图七四，4；图版五〇，4）。

　　铜钱　7枚。乾隆通宝1枚、道光通宝4枚、咸丰通宝2枚。

　　乾隆通宝　1枚。M36：5-1，平钱。方穿，正背面郭缘较宽，正面楷书"乾隆通寶"四字，直读，背穿左右为满文"宝泉"局名。钱径2.44厘米，穿径0.55厘米，郭宽0.4厘米，郭厚0.13厘米，重3.89克（图七四，5）。

　　道光通宝　4枚。M36：5-2，小平钱。方穿，正背面郭缘略宽，正面楷书"道光通寶"四字，直读，背穿左右为满文"宝源"局名。钱径2.29厘米，穿径0.66厘米，郭宽0.31厘米，郭厚0.17厘米，重3.88克（图七四，6）。

　　咸丰通宝　2枚。M36：5-3，小平钱。方穿，正背面郭缘略窄，正面楷书"咸豐通寶"四字，直读，背穿左右为满文"宝泉"局名。钱径2.23厘米，穿径0.6厘米，郭宽0.25厘米，郭厚0.17厘米，重4.39克（图七四，7）。

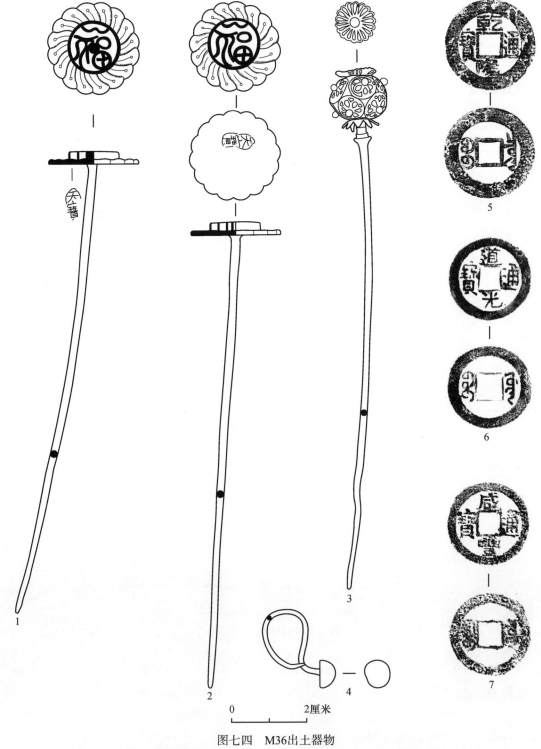

图七四　M36出土器物

1～3. 鎏金银簪（M36：1、M36：3、M36：2）　4. 银耳环（M36：4）　5. 乾隆通宝（M36：5-1）

6. 道光通宝（M36：5-2）　　7. 咸丰通宝（M36：5-3）

（三十七）M37

1. 墓葬形制

位于发掘区中部，东北邻M36，东北部被M36打破，开口于第2层下，东西向，方向130°。

墓平面呈长方形，竖穴土圹单人葬墓。墓口距地表深0.5米，墓底距地表深1.26米。墓圹东西长2.1米，南北宽0.78~0.8米，深0.76米。内填花土，土质较疏松。内置单棺，棺木已朽。棺长1.2米，宽0.4~0.5米，残高0.28米。骨架保存较差，为二次葬，头向东，面向上，葬式不详，为男性（图七五；图版一九，1）。

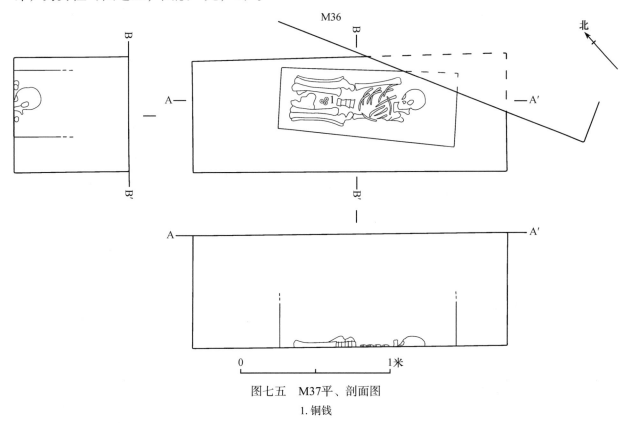

图七五　M37平、剖面图
1. 铜钱

2. 随葬品

出土铜钱3枚，为嘉庆通宝3枚。

嘉庆通宝　3枚。M37：1-1，平钱。方穿，正背面郭缘较宽，正面楷书"嘉慶通寶"四字，直读，背穿左右为满文"宝源"局名。钱径2.31厘米，穿径0.61厘米，郭宽0.3厘米，郭厚0.12厘米，重3.83克（图七六，1）。M37：1-2，小平钱。方穿，正背面郭缘较宽，正面楷书

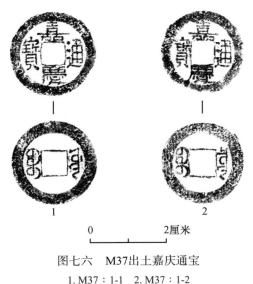

图七六 M37出土嘉庆通宝

1. M37 : 1-1　2. M37 : 1-2

"嘉慶通寶"四字，直读，背穿左右为满文"宝泉"局名。钱径2.27厘米，穿径0.69厘米，郭宽0.34厘米，郭厚0.17厘米，重4.6克（图七六，2）。

（三十八）M38

1. 墓葬形制

位于发掘区中部，东北邻M32，开口于第2层下，东西向，方向120°。

墓平面呈不规则形，竖穴土圹三人合葬墓。墓口距地表深0.5米，墓底距地表深1.16~2米。墓圹东西长2.64~3米，南北宽2.42~2.54米，深0.66~1.5米。内填花土，土质较疏松。内置三棺，棺木已朽。北棺长1.86米，宽0.54~0.64米，残高0.3米。骨架保存较好，头向东，面向西，仰身直肢葬，为女性。中棺长1.74米，宽0.4~0.6米，残高0.3米。骨架保存较好，头向东，面向上，仰身直肢葬，为女性。南棺长1.8米，宽0.5~0.7米，残高0.16米。骨架保存较好，头向东，面向南，仰身直肢葬，为男性（图七七；图版一九，2）。

2. 随葬品

中棺出土鎏金银簪3件、银扁方1件、银镯2件、铜钱13枚，北棺出土铜钱21枚。

鎏金银簪　3件。M38：1，簪首为盛开的花朵状，中间铸花蕊，花蕊中间镶嵌料珠，料珠残缺；花蕊周围铸有花朵纹和如意云纹；首背为镂空花朵形，底部铸有五瓣花萼；体呈细长圆锥形。簪首高1.9厘米，簪首宽3.1厘米，通长13.2厘米，重10.8克（图七八，1；图版五〇，5）。

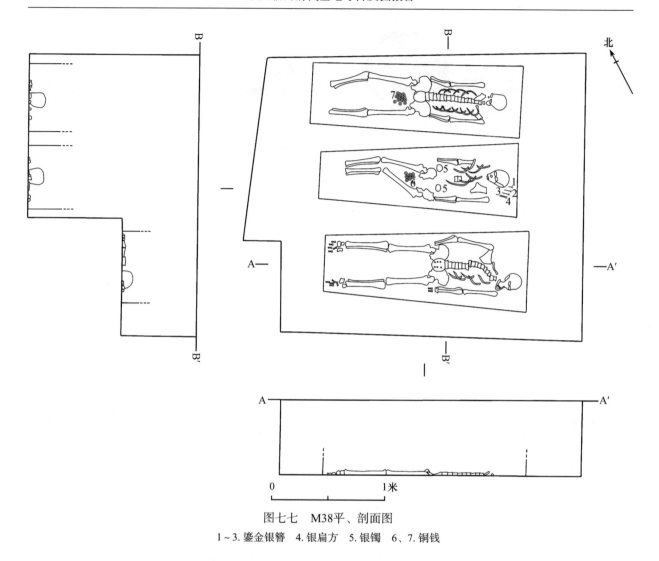

图七七　M38平、剖面图

1～3.鎏金银簪　4.银扁方　5.银镯　6、7.铜钱

M38：2，簪首为十六瓣扁花瓣状，中部凸起呈圆环形，环内铸"福"字纹；首背戳印"□珍"字样；体呈细长圆锥形。簪首高0.4厘米，簪首宽2厘米，通长10.7厘米，重7.84克（图七八，2；图版五一，1、2）。M38：3，簪首为十六瓣扁花瓣状，中部凸起呈圆环形，环内铸"寿"字纹；体呈细长圆锥形。簪首高0.3厘米，簪首宽2厘米，通长10.8厘米，重7.51克（图七八，3；图版五一，3）。

　　银扁方　1件。M38：4，首部卷曲，錾刻蝙蝠纹；体呈扁条形，末端呈圆弧状，上部錾刻圆形"寿"字纹，其下錾刻梅花纹，背戳印"□□"字样。长13.7厘米，宽0.8厘米，厚0.1厘米，重6.25克（图七八，4；图版五一，4、5）。

　　银镯　2件。M38：5，体呈圆环形，剖面为椭圆形。素面。M38：5-1，长径6厘米，短径5.5厘米，厚0.3厘米，重22.9克（图七八，5；图版五一，6右）；M38：5-2，长径6.4厘米，短径5.8厘米，厚0.3厘米，重23.1克（图七八，6；图版五一，6左）。

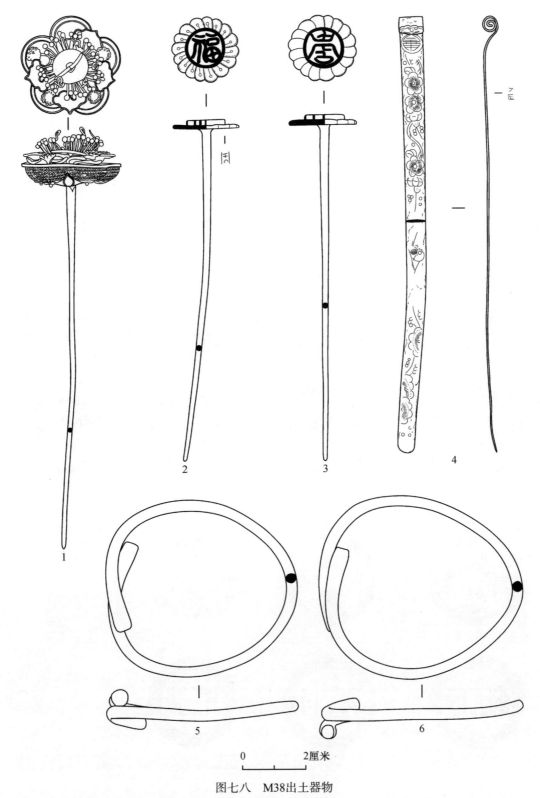

图七八 M38出土器物

1~3.鎏金银簪（M38：1、M38：2、M38：3） 4.银扁方（M38：4） 5、6.银镯（M38：5-1、M38：5-2）

铜钱　34枚。顺治通宝1枚、康熙通宝1枚、乾隆通宝7枚、嘉庆通宝25枚（图版七二，1）。

顺治通宝　1枚。M38：7-1，平钱。方穿，正背面郭缘较宽，正面楷书"顺治通寶"四字，直读，背穿右楷书"同"字。钱径2.55厘米，穿径0.67厘米，郭宽0.32厘米，郭厚0.14厘米，重4.09克（图七九，1）。

康熙通宝　1枚。M38：6-1，平钱。方穿，正背面郭缘较宽，正面楷书"康熙通寶"四字，直读，背穿左为满文"河"，右楷书"河"字。钱径2.61厘米，穿径0.6厘米，郭宽0.37厘米，郭厚0.1厘米，重3.2克（图七九，2）。

乾隆通宝　7枚。M38：6-2，平钱。方穿，正背面郭缘较宽，正面楷书"乾隆通寶"四字，直读，背穿左右为满文"宝源"局名。钱径2.5厘米，穿径0.58厘米，郭宽0.38厘米，郭厚

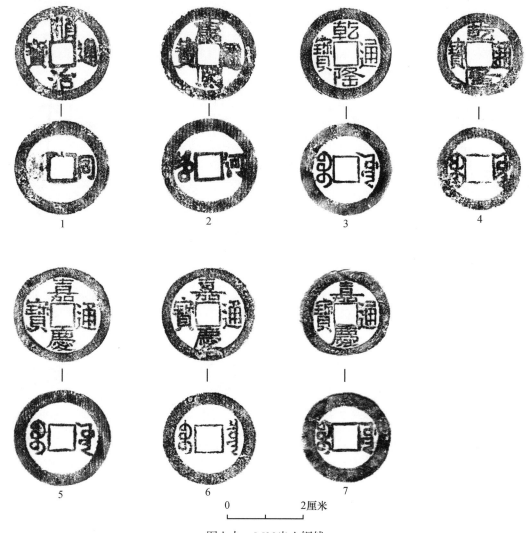

图七九　M38出土铜钱

1. 顺治通宝（M38：7-1）　2. 康熙通宝（M38：6-1）　3、4. 乾隆通宝（M38：6-2、M38：7-2）　5～7. 嘉庆通宝（M38：6-3、M38：7-3、M38：7-4）

0.14厘米，重4.29克（图七九，3）。M38：7-2，小平钱。方穿，正背面郭缘较宽，正面楷书"乾隆通寶"四字，直读，背穿左右为满文"宝源"局名。钱径2.34厘米，穿径0.66厘米，郭宽0.32厘米，郭厚0.15厘米，重4.13克（图七九，4）。

嘉庆通宝　25枚。M38：6-3，平钱。方穿，正背面郭缘较宽，正面楷书"嘉慶通寶"四字，直读，背穿左右为满文"宝源"局名。钱径2.62厘米，穿径0.59厘米，郭宽0.31厘米，郭厚0.14厘米，重4.22克（图七九，5）。M38：7-3，平钱。方穿，正背面郭缘较宽，正面楷书"嘉慶通寶"四字，直读，背穿左右为满文"宝泉"局名。钱径2.53厘米，穿径0.64厘米，郭宽0.33厘米，郭厚0.17厘米，重5.08克（图七九，6）。M38：7-4，平钱。方穿，正背面郭缘较宽，正面楷书"嘉慶通寶"四字，直读，背穿左右为满文"宝源"局名。钱径2.48厘米，穿径0.64厘米，郭宽0.33厘米，郭厚0.13厘米，重4克（图七九，7）。

（三十九）M39

1. 墓葬形制

位于发掘区中部，东北邻M27，开口于第2层下，南北向，方向137°。

墓平面呈梯形，竖穴土圹迁葬墓。墓口距地表深0.4米，墓底距地表深1.34～1.48米。墓圹南北长2.8米，东西宽1.64～2.16米，深0.94～1.08米。内填花土，土质较致密。内置双棺，棺木已朽。东棺长1.96米，宽0.58～0.76米，残高0.24米。棺内未发现骨架。西棺长1.94米，宽0.44～0.6米，残高0.38米。棺内未发现骨架（图八〇；图版二〇，1）。

2. 随葬品

东棺出土铜钱9枚，为乾隆通宝2枚、嘉庆通宝3枚、道光通宝2枚、咸丰通宝1枚、光绪通宝1枚。

嘉庆通宝　3枚。M39：1-1，小平钱。方穿，正背面郭缘较宽，正面楷书"嘉慶通寶"四字，直读，背穿左右为满文"宝直"局名。钱径2.27厘米，穿径0.62厘米，郭宽0.28厘米，郭厚0.14厘米，重3.38克（图八一，1）。M39：1-2，平钱。方穿，正背面郭缘较宽，正面楷书"嘉慶通寶"四字，直读，背穿左右为满文"宝泉"局名。钱径2.44厘米，穿径0.62厘米，郭宽0.3厘米，郭厚0.14厘米，重4.12克（图八一，2）。

道光通宝　2枚。M39：1-3，平钱。方穿，正背面郭缘略宽，正面楷书"道光通寶"四字，直读，背穿左右为满文"宝泉"局名。钱径2.51厘米，穿径0.66厘米，郭宽0.31厘米，郭厚0.16厘米，重4.86克（图八一，3）。

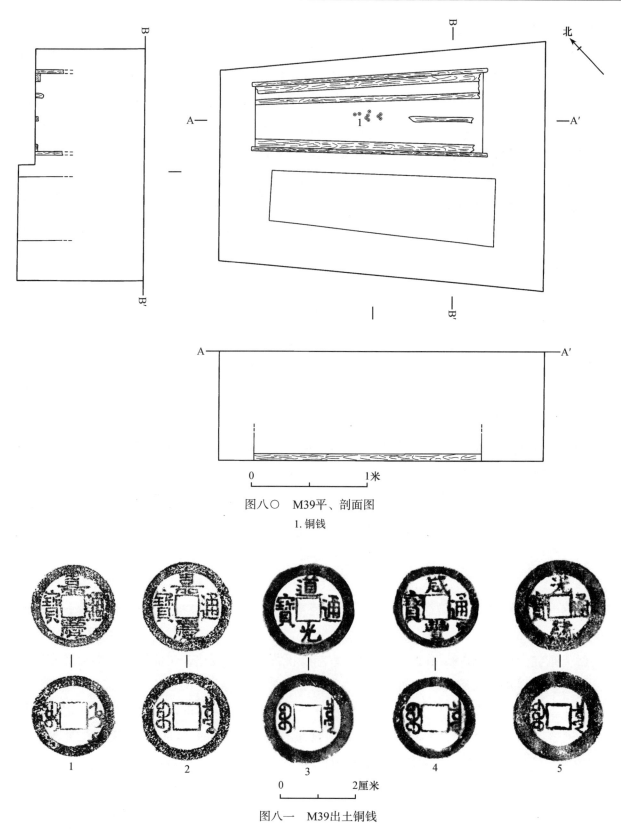

图八〇　M39平、剖面图
1. 铜钱

图八一　M39出土铜钱
1、2. 嘉庆通宝（M39∶1-1、M39∶1-2）　3. 道光通宝（M39∶1-3）　4. 咸丰通宝（M39∶1-4）　5. 光绪通宝（M39∶1-5）

　　咸丰通宝　　1枚。M39∶1-4，小平钱。方穿，正背面郭缘略窄，正面楷书"咸豐通寶"四字，直读，背穿左右为满文"宝泉"局名。钱径2.29厘米，穿径0.6厘米，郭宽0.23厘米，郭厚0.15厘米，重3.58克（图八一，4）。

　　光绪通宝　　1枚。M39∶1-5，平钱。方穿，正背面郭缘较宽，正面楷书"光緒通寶"四字，直读，背穿左右为满文"宝泉"局名。钱径2.47厘米，穿径0.54厘米，郭宽0.42厘米，郭厚0.15厘米，重4.36克（图八一，5）。

（四十）M40

1. 墓葬形制

　　位于发掘区中南部，北邻M41，北部打破M41，开口于第2层下，东西向，方向125°。

　　墓平面呈长方形，竖穴土圹单人葬墓。墓口距地表深0.3米，墓底距地表深1.36米。墓圹东西长3.4米，南北宽2米，深1.06米。内填花土，土质较疏松。内置单棺，棺木已朽，墓室南部留有一棺的位置未葬。棺长2.04米，宽0.6～0.78米，残高0.3米。骨架保存较好，头向东，面向南，仰身直肢葬，为女性（图八二；图版二〇，2）。

2. 随葬品

　　出土鎏金银簪3件、银扁方1件、鎏金银耳环1件、铜钱135枚、银戒指1件、银簪1件。

　　鎏金银簪　　3件。M40∶1，簪首为十八瓣扁花瓣状，中部凸起呈圆环形，环内铸"满"字纹；首背戳印"冀"字样；体呈细长圆锥形。簪首高0.4厘米，簪首宽2厘米，通长12.7厘米，重9.76克（图八三，1；图版五二，1、2）。M40∶4，簪首为十七瓣扁花瓣状，中部凸起呈圆环形，环内铸"堂"字纹；首背戳印"冀"字样。簪首高0.4厘米，簪首宽2厘米，通长12.3厘米，重10.02克（图八三，2；图版五三，1、2）。M40∶2，残，仅存簪首。簪首为盛开的花朵状，中间铸花蕊，花蕊周围铸有花朵纹和如意云纹，外围铸草叶纹；首背铸如意云纹。残高2.62厘米，残宽4.39～4.51厘米，重13.31克（图八三，3；图版五二，3）。

　　银扁方　　1件。M40∶3，簪首为扁平圆帽形；体呈扁条形，背戳印"致和"字样；末端呈圆弧状。通长9.9厘米，宽0.3～0.9厘米，厚0.1厘米，重4.91克（图八三，7；图版五二，4、5）。

　　鎏金银耳环　　1件。M40∶5，环面呈圆饼状；环体近似钩形，尾部尖。长1.6厘米，环面直径1.9厘米，厚0.2厘米，重1.32克（图八三，4；图版五三，3）。

　　银戒指　　1件。M40∶7，体呈扁平圆环形。素面。直径2厘米，厚0.1厘米，重0.64克（图

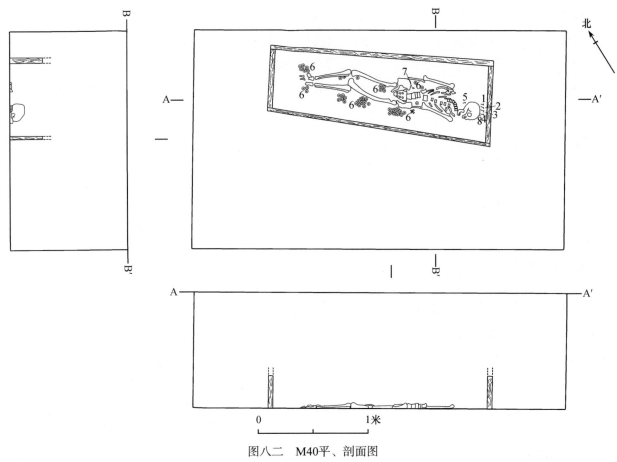

图八二　M40平、剖面图

1、2、4.鎏金银簪　3.银扁方　5.鎏金银耳环　6.铜钱　7.银戒指　8.银簪

八三，5；图版五三，4）。

银簪　1件。M40：8，残，仅存细长圆锥状簪体。残长9.8厘米，厚0.2厘米，重4.81克（图八三，6；图版五三，5）。

铜钱　135枚。顺治通宝3枚、康熙通宝3枚、乾隆通宝125枚、嘉庆通宝4枚（图版七二，2）。

顺治通宝　3枚。M40：6-1，大平钱。方穿，正背面郭缘较宽，正面楷书"顺治通寳"四字，直读，背穿左为满文"宣"，右楷书"宣"字。钱径2.72厘米，穿径0.65厘米，郭宽0.4厘米，郭厚0.12厘米，重4.13克（图八三，8）。M40：6-2，大平钱。方穿，正背面郭缘较宽，正面楷书"顺治通寳"四字，直读，背穿左为满文"临"，右楷书"臨"字。钱径2.7厘米，穿径0.6厘米，郭宽0.33厘米，郭厚0.11厘米，重3.29克（图八三，9）。

康熙通宝　3枚。M40：6-3，大平钱。方穿，正背面郭缘较宽，正面楷书"康熙通寳"四字，直读，背穿左右为满文"宝源"局名。钱径2.7厘米，穿径0.65厘米，郭宽0.44厘米，郭厚0.11厘米，重4.21克（图八三，10）。

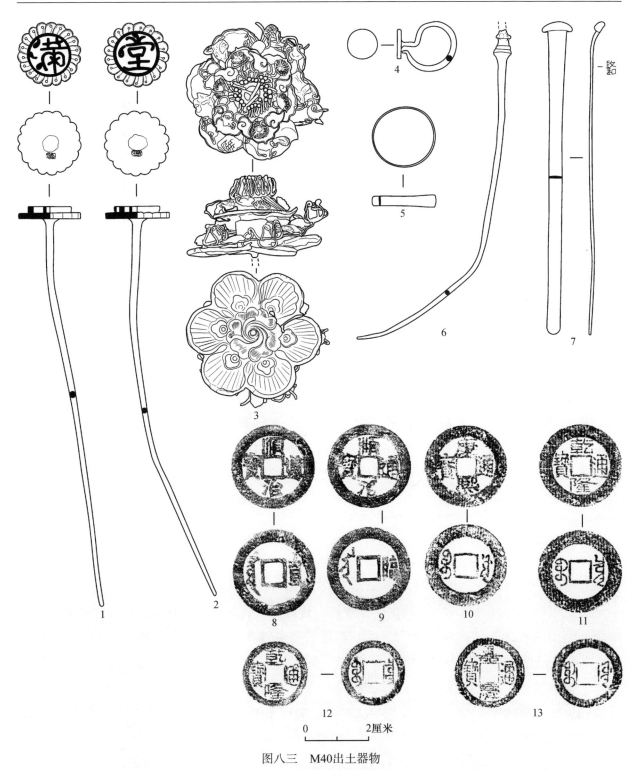

图八三　M40出土器物

1~3.鎏金银簪（M40：1、M40：4、M40：2）　4.鎏金银耳环（M40：5）　5.银戒指（M40：7）　6.银簪（M40：8）

7.银扁方（M40：3）　8、9.顺治通宝（M40：6-1、M40：6-2）　10.康熙通宝（M40：6-3）　11、12.乾隆通宝（M40：6-4、

M40：6-5）　13.嘉庆通宝（M40：6-6）

乾隆通宝　　125枚。M40：6-4，大平钱。方穿，正背面郭缘较宽，正面楷书"乾隆通寶"四字，直读，背穿左右为满文"宝泉"局名。钱径2.71厘米，穿径0.58厘米，郭宽0.43厘米，郭厚0.13厘米，重4.35克（图八三，11）。M40：6-5，小平钱。方穿，正背面郭缘较宽，正面楷书"乾隆通寶"四字，直读，背穿左右为满文"宝泉"局名。钱径2.11厘米，穿径0.59厘米，郭宽0.23厘米，郭厚0.17厘米，重3.66克（图八三，12）。

嘉庆通宝　　4枚。M40：6-6，小平钱。方穿，正背面郭缘较宽，正面楷书"嘉慶通寶"四字，直读，背穿左右为满文"宝源"局名。钱径2.31厘米，穿径0.64厘米，郭宽0.27厘米，郭厚0.14厘米，重3.56克（图八三，13）。

（四十一）M41

1. 墓葬形制

位于发掘区中南部，南邻M40，南部被M40打破，开口于第2层下，东西向，方向125°。

墓平面呈长方形，竖穴土圹双人合葬墓。墓口距地表深0.5米，墓底距地表深1.28～1.36米。墓圹东西长2.5米，南北宽1.54～1.7米，深0.78～0.86米。内填花土，土质较疏松。内置双棺，棺木已朽。北棺长1.74米，宽0.48～0.6米，残高0.24米，棺板厚0.08米。骨架保存较差，头向东，面向、葬式、性别均不详。南棺长1.74米，宽0.42～0.62米，残高0.34米。骨架保存较差，头向东，面向南，仰身直肢葬，为女性（图八四；图版二一，1）。

2. 随葬品

北棺出土铜钱5枚，南棺出土鎏金银簪2件、银扁方1件、铜钱24枚。

鎏金银簪　　2件。M41：1，残，仅存簪首。簪首为十二瓣立体花瓣状，花瓣内铸羽叶纹，中部凸起呈圆环形，环内铸"金"字纹，簪背镂铸呈莲花底座形。簪首高0.94厘米，簪首宽2.35厘米，残长2.29厘米，重5.35克（图八五，1；图版五四，1）。M41：3，残，簪首、簪体分离。簪首为十二瓣立体花瓣状，花瓣内铸羽叶纹，中部凸起呈圆环形，环内铸"玉"字，簪背镂铸呈莲花底座形；颈部铸三周凸弦纹；体呈细长圆锥形。簪首高2.31厘米，簪首宽2.36厘米，残长13.1厘米，重8.29克（图八五，3；图版五四，4）。

银扁方　　1件。M41：2，首呈梅花棱状，体呈扁条形，上宽下窄，背戳印"龔"字。残长13.7厘米，宽0.3～0.7厘米，厚0.1厘米，重8.26克（图八五，2；图版五四，2、3）。

铜钱　　29枚。雍正通宝1枚、乾隆通宝27枚、宣统通宝1枚。

雍正通宝　　1枚。M41：5-1，平钱。方穿，正背面郭缘较宽，正面楷书"雍正通寶"四

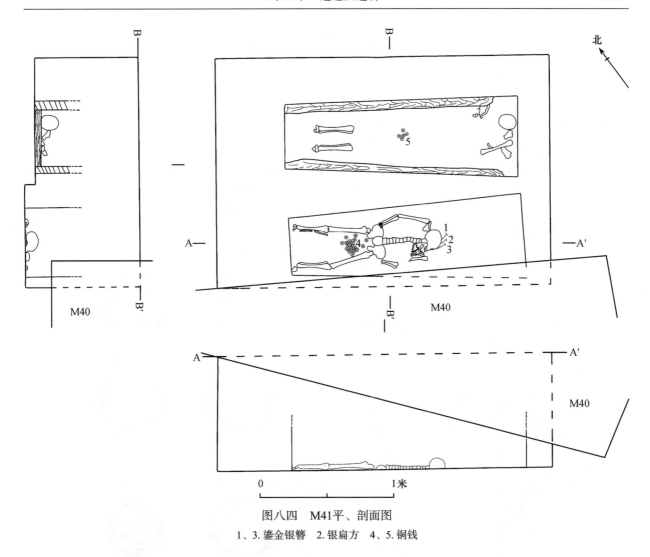

图八四　M41平、剖面图

1、3.鎏金银簪　2.银扁方　4、5.铜钱

字，直读，背穿左右为满文"宝源"局名。钱径2.62厘米，穿径0.65厘米，郭宽0.43厘米，郭厚0.13厘米，重4.47克（图八五，4）。

乾隆通宝　27枚。M41：4-1，小平钱。方穿，正背面郭缘较宽，正面楷书"乾隆通寶"四字，直读，背穿左右为满文"宝泉"局名。钱径2.35厘米，穿径0.6厘米，郭宽0.32厘米，郭厚0.16厘米，重3.89克（图八五，5）。M41：5-2，平钱。方穿，正背面郭缘较宽，正面楷书"乾隆通寶"四字，直读，背穿左右为满文"宝晋"局名。钱径2.44厘米，穿径0.56厘米，郭宽0.32厘米，郭厚0.16厘米，重3.53克（图八五，6）。M41：5-3，小平钱。方穿，正背面郭缘较宽，正面楷书"乾隆通寶"四字，直读，背穿左右为满文"宝源"局名。钱径2.33厘米，穿径0.61厘米，郭宽0.34厘米，郭厚0.17厘米，重4.37克（图八五，7）。M41：5-4，小平钱。方穿，正背面郭缘较宽，正面楷书"乾隆通寶"四字，直读，背穿左右为满文"宝直"局名。钱径2.25厘米，穿径0.62厘米，郭宽0.29厘米，郭厚0.2厘米，重4.56克（图八五，8）。

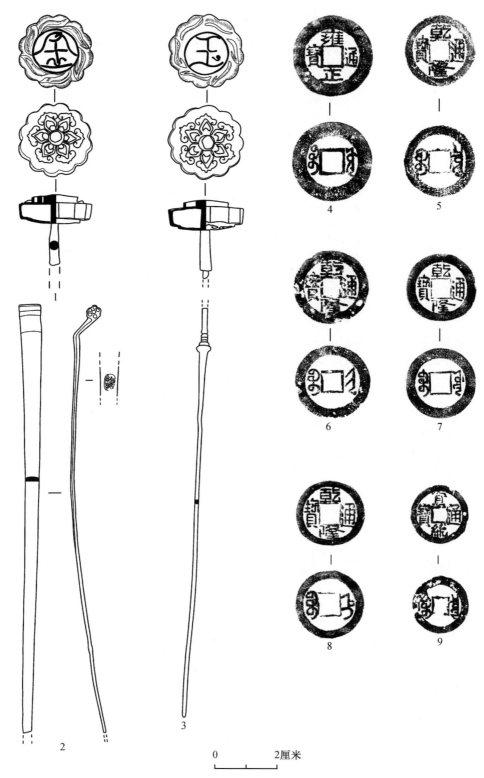

图八五　M41出土器物

1、3. 鎏金银簪（M41：1、M41：3）　2. 银扁方（M41：2）　4. 雍正通宝（M41：5-1）　5～8. 乾隆通宝（M41：4-1、M41：5-2、

M41：5-3、M41：5-4）　9. 宣统通宝（M41：5-5）

宣统通宝　1枚。M41：5-5，小平钱。方穿，正背面郭缘较窄，正面楷书"宣统通寶"四字，直读，背穿左右为满文"宝泉"局名。钱径1.9厘米，穿径0.43厘米，郭宽0.21厘米，郭厚0.11厘米，重1.65克（图八五，9）。

（四十二）M42

1. 墓葬形制

位于发掘区中南部，南邻M43，开口于第2层下，东西向，方向125°。

墓平面呈不规则形，竖穴土圹三人合葬墓。墓口距地表深0.5米，墓底距地表深1.4～1.5米。墓圹东西长2.75～3米，南北宽2～2.94米，深0.9～1米。内填花土，土质较疏松。内置三棺，棺木已朽。北棺长1.66米，宽0.45～0.6米，残高0.3米。骨架保存较差，头向东，面向下，仰身直肢葬，为女性。中棺长1.68米，宽0.5～0.6米，残高0.2米。骨架保存较差，头向东，面向南，仰身直肢葬，为女性。南棺长1.74米，宽0.5～0.6米，残高0.2米。骨架保存较差，头向东，面向南，仰身直肢葬，为男性（图八六；图版二一，2）。

2. 随葬品

北棺出土鎏金银簪1件、铜簪1件、铜钱35枚，中棺出土银簪2件、鎏金银簪1件、铜钱6枚。

银簪　2件。M42：1，簪首为十六瓣扁平花瓣状，中部凸起呈圆环形，环内铸"寿"字纹，首背戳印"慶顺"字样；体呈细长圆锥形。簪首高0.36厘米，簪首宽2.1厘米，通长12.3厘米，重7.76克（图八七，1；图版五四，5、6）。M42：2，簪首为十六瓣扁平花瓣状，中部凸起呈圆环形，环内铸"福"字纹，首背戳印"慶顺"字样；体呈细长圆锥形。簪首高0.33厘米，簪首宽2.06厘米，通长11.78厘米，重7.64克（图八七，2；图版五五，1、2）。

鎏金银簪　1件。M42：3，残。簪首镂铸呈圆球状，绞丝环成数个圆形面，内铸花瓣纹和小圆珠；顶铸菊花瓣，底托为俯菊状；体呈细长圆锥形。簪首高1.6厘米，簪首宽1.45厘米，残长10.6厘米，重4.27克（图八七，3；图版五五，3）。M42：5，簪首呈莲花瓣形，底托为花萼；颈部铸数周凸弦纹；簪体呈细长圆锥形。簪首高1.86厘米，簪首宽1.04厘米，通长10.64厘米，重3.01克（图八七，4；图版五五，4）。

铜簪　1件。M42：6，残，簪首、簪体分离。簪首为二十八瓣扁平花瓣状，中部凸起呈圆环形，环内铸"福"字纹；簪体呈细长圆锥形。簪首高2.45厘米，簪首宽1.45厘米，残长4.72厘米，重4.27克（图八七，5；图版五五，5）。

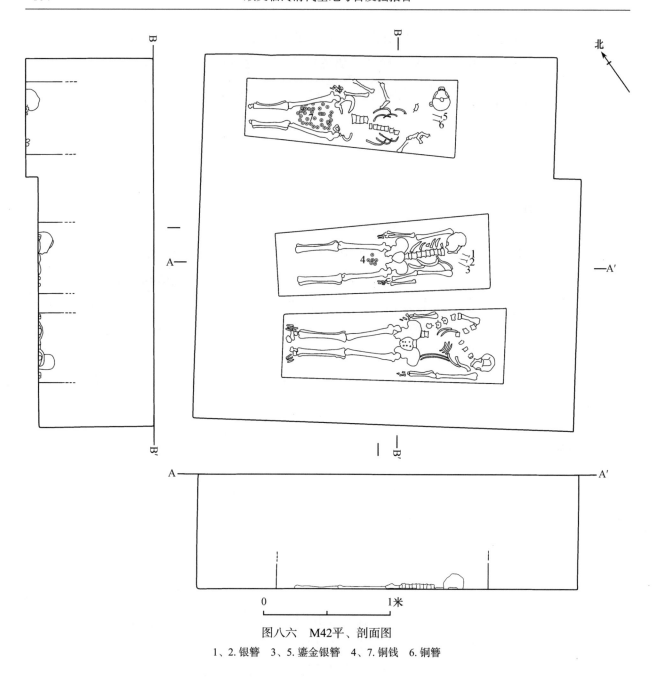

图八六　M42平、剖面图

1、2.银簪　3、5.鎏金银簪　4、7.铜钱　6.铜簪

铜钱　41枚。乾隆通宝15枚、嘉庆通宝20枚、道光通宝6枚。

乾隆通宝　15枚。M42：7-1，平钱。方穿，正背面郭缘较宽，正面楷书"乾隆通寶"四字，直读，背穿左右为满文"宝源"局名。钱径2.52厘米，穿径0.58厘米，郭宽0.37厘米，郭厚0.14厘米，重4.06克（图八七，6）。M42：7-2，平钱。方穿，正背面郭缘较宽，正面楷书"乾隆通寶"四字，直读，背穿左右为满文"宝泉"局名。钱径2.42厘米，穿径0.63厘米，郭宽0.35厘米，郭厚0.14厘米，重3.86克（图八七，7）。

嘉庆通宝　20枚。M42：7-3，平钱。方穿，正背面郭缘较宽，正面楷书"嘉慶通寶"四

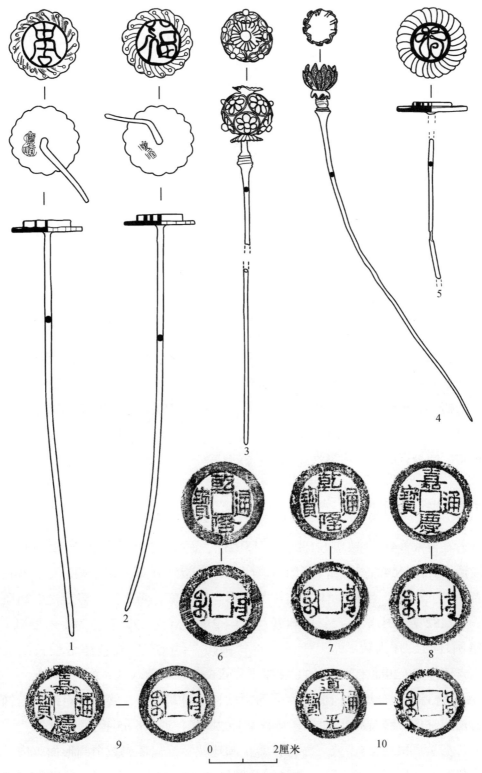

图八七　M42出土器物

1、2.银簪（M42：1、M42：2）　3、4.鎏金银簪（M42：3、M42：5）　5.铜簪（M42：6）　6、7.乾隆通宝（M42：7-1、
M42：7-2）　8、9.嘉庆通宝（M42：7-3、M42：7-4）　10.道光通宝（M42：4-1）

字，直读，背穿左右为满文"宝泉"局名。钱径2.54厘米，穿径0.56厘米，郭宽0.29厘米，郭厚0.14厘米，重4.3克（图八七，8）。M42：7-4，平钱。方穿，正背面郭缘较宽，正面楷书"嘉庆通宝"四字，直读，背穿左右为满文"宝源"局名。钱径2.4厘米，穿径0.62厘米，郭宽0.29厘米，郭厚0.15厘米，重3.87克（图八七，9）。

道光通宝　6枚。M42：4-1，小平钱。方穿，正背面郭缘略宽，正面楷书"道光通宝"四字，直读，背穿左右为满文"宝源"局名。钱径2.2厘米，穿径0.68厘米，郭宽0.28厘米，郭厚0.16厘米，重2.78克（图八七，10）。

（四十三）M43

1. 墓葬形制

位于发掘区中南部，北邻M42，开口于第2层下，东西向，方向125°。

墓平面呈不规则形，竖穴土圹双人合葬墓。墓口距地表深0.5米，墓底距地表深1.2～1.5米。墓圹东西长2.9～3.2米，南北宽1.3～2.05米，深0.7～1米。内填花土，土质较疏松。内置双棺，棺木已朽。北棺长1.76米，宽0.36～0.66米，残高0.18米。骨架保存较差，头向东，面向不详，仰身直肢葬，为女性。南棺长1.76米，宽0.46～0.66米，残高0.4米。骨架保存较好，头向东，面向北，仰身直肢葬，为男性（图八八；图版二二，1）。

2. 随葬品

北棺出土鎏金银簪4件、银扁方1件、银耳环2件、铜钱18枚，南棺出土铜钱34枚。

鎏金银簪　4件。M43：1，簪首为十六瓣扁平花瓣状，中部凸起呈圆环形，环内铸"福"字纹，首背戳印"恒元"字样；体呈细长圆锥形。簪首高0.49厘米，簪首宽2.26厘米，通长13.28厘米，重5.82克（图八九，1；图版五六，1、2）。M43：2，簪首为十六瓣扁平花瓣状，中部凸起呈圆环形，环内铸"福"字纹，首背戳印"恒元"字样；体呈细长圆锥形。簪首高0.46厘米，簪首宽2.29厘米，通长11.18厘米，重6.64克（图八九，2；图版五六，3、4）。M43：3，残。簪首为银丝缠绕而成的六面形禅杖，顶呈葫芦形；簪首下有细颈，饰数周凸弦纹；体呈细长圆锥形。簪首高3.5厘米，簪首宽1.02厘米，通长6.65厘米，重4.29克（图八九，3；图版五六，5）。M43：4，残。簪首镂铸呈圆球状，绞丝环成数个圆形面，内铸花瓣和小圆珠，顶铸菊瓣纹，底托为俯菊状；体呈细长圆锥形。簪首高1.4厘米，簪首宽1.5厘米，残长8.57厘米，重2.94克（图八九，6；图版五七，1）。

银扁方　1件。M43：5，首残，体呈扁条形，饰花叶纹，字迹模糊不清。残长10.1厘米，

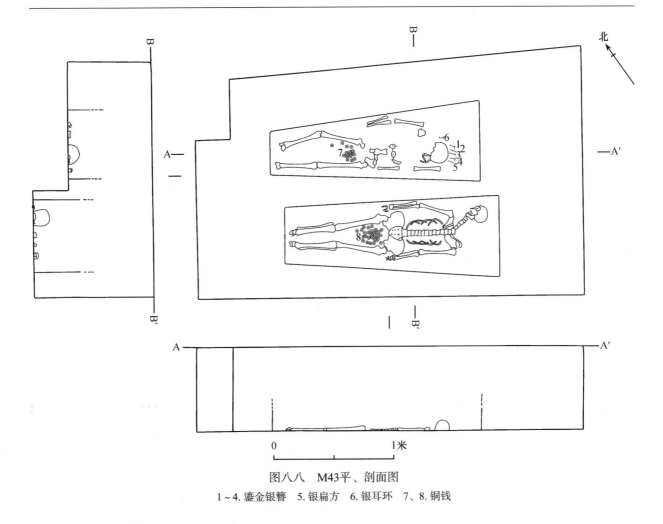

图八八　M43平、剖面图

1~4.鎏金银簪　5.银扁方　6.银耳环　7、8.铜钱

宽0.6厘米，厚0.07厘米，重2.01克（图八九，7；图版五七，2、3）。

银耳环　2件。M43∶6，环面呈圆饼状；环体近似钩形，尾部尖。M43∶6-1，长2.14厘米，宽1.78厘米，环面直径1.13厘米，重1.9克（图八九，4；图版五七，4右）。M43∶6-2，长1.92厘米，宽1.59厘米，环面直径1.1厘米，重1.36克（图八九，5；图版五七，4左）。

铜钱　52枚。乾隆通宝6枚、嘉庆通宝11枚、道光通宝25枚、咸丰通宝10枚。

乾隆通宝　6枚。M43∶8-1，小平钱。方穿，正背面郭缘较宽，正面楷书"乾隆通寶"四字，直读，背穿左右为满文"宝泉"局名。钱径2.28厘米，穿径0.59厘米，郭宽0.28厘米，郭厚0.16厘米，重3.85克（图九〇，1）。M43∶8-2，平钱。方穿，正背面郭缘较宽，正面楷书"乾隆通寶"四字，直读，背穿左右为满文"宝浙"局名。钱径2.4厘米，穿径0.6厘米，郭宽0.33厘米，郭厚0.11厘米，重3.15克（图九〇，2）。

嘉庆通宝　11枚。M43∶7-1，平钱。方穿，正背面郭缘较宽，正面楷书"嘉慶通寶"四字，直读，背穿左右为满文"宝源"局名。钱径2.44厘米，穿径0.67厘米，郭宽0.3厘米，郭厚0.14厘米，重3.77克（图九〇，3）。M43∶8-3，平钱。方穿，正背面郭缘较宽，正面楷书"嘉

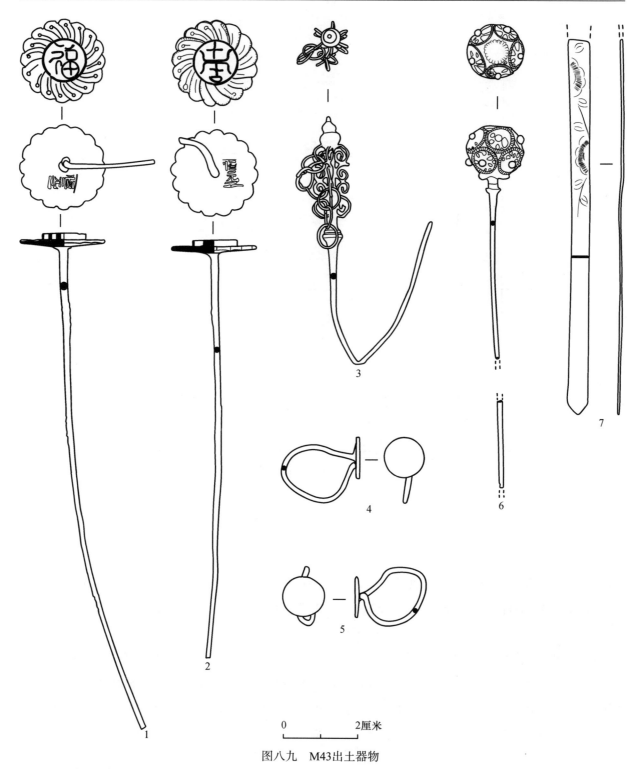

图八九　M43出土器物

1～3、6. 鎏金银簪（M43：1、M43：2、M43：3、M43：4）　　4、5. 银耳环（M43：6-1、M43：6-2）　　7. 银扁方（M43：5）

慶通寶"四字，直读，背穿左右为满文"宝泉"局名。钱径2.54厘米，穿径0.65厘米，郭宽0.3厘米，郭厚0.14厘米，重4.42克（图九〇，4）。M43：8-4，平钱。方穿，正背面郭缘较宽，正面楷书"嘉慶通寶"四字，直读，背穿左右为满文"宝源"局名。钱径2.45厘米，穿径0.64厘米，郭宽0.31厘米，郭厚0.17厘米，重4.15克（图九〇，5）。

道光通宝 25枚。M43：7-2，平钱。方穿，正背面郭缘略宽，正面楷书"道光通寶"四字，直读，背穿左右为满文"宝源"局名。钱径2.46厘米，穿径0.65厘米，郭宽0.29厘米，郭厚0.16厘米，重3.56克（图九〇，6）。M43：7-3，平钱。方穿，正背面郭缘略宽，正面楷书"道光通寶"四字，直读，背穿左右为满文"宝泉"局名。钱径2.41厘米，穿径0.64厘米，郭宽0.29厘米，郭厚0.16厘米，重4.05克（图九〇，7）。

咸丰通宝 10枚。M43：8-5，小平钱。方穿，正背面郭缘略窄，正面楷书"咸豐通寶"四字，直读，背穿左右为满文"宝泉"局名。钱径2.17厘米，穿径0.61厘米，郭宽0.28厘米，郭厚0.16厘米，重3克（图九〇，8）。

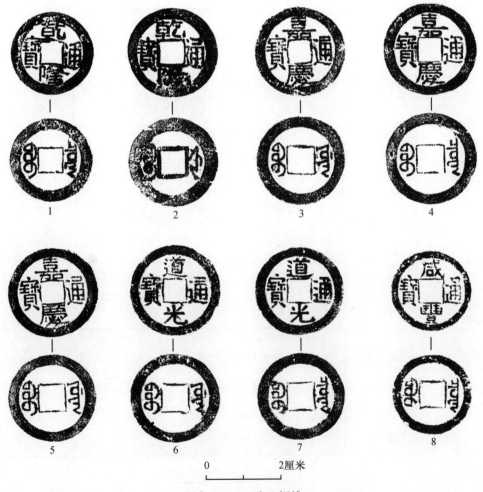

0　　　　2厘米

图九〇　M43出土铜钱

1、2.乾隆通宝（M43：8-1、M43：8-2）　3～5.嘉庆通宝（M43：7-1、M43：8-3、M43：8-4）　6、7.道光通宝（M43：7-2、M43：7-3）　8.咸丰通宝（M43：8-5）

（四十四）M44

1. 墓葬形制

位于发掘区中南部，南邻M61，开口于第2层下，东西向，方向120°。

墓平面近长方形，竖穴土圹双人合葬墓。墓口距地表深0.3米，墓底距地表深1.2米。墓圹东西长2.5～2.6米，南北宽1.78～1.84米，深0.9米。内填花土，土质较疏松。内置双棺，棺木已朽。北棺长1.7米，宽0.5～0.62米，残高0.2米。骨架保存一般，头向东，面向西，仰身直肢葬，为女性。南棺长1.66米，宽0.4～0.56米，残高0.2米。骨架保存一般，头向东，面向上，仰身直肢葬，为男性（图九一；图版二二，2）。

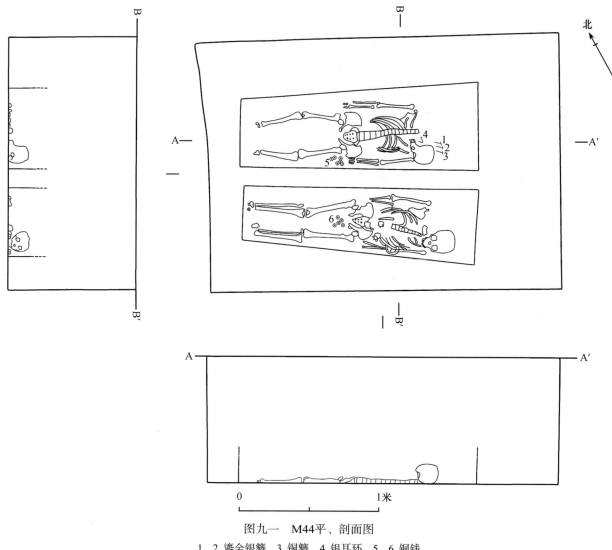

图九一　M44平、剖面图

1、2. 鎏金银簪　3. 铜簪　4. 银耳环　5、6. 铜钱

2. 随葬品

北棺出土鎏金银簪2件、铜簪1件、银耳环2件、铜钱6枚，南棺出土铜钱5枚。

鎏金银簪 2件。M44：1，簪首为十六瓣扁平花瓣状，中部凸起呈圆环形，环内铸"福"字纹，首背戳印"文华"字样；体呈细长圆锥形。簪首高0.4厘米，簪首宽2.27厘米，通长12.54厘米，重9.52克（图九二，1；图版五七，5、6）。M44：2，簪首为十六瓣扁平花瓣状，中部凸起呈圆环形，环内铸"寿"字纹，首背戳印"文华"字样；体呈细长圆锥形。簪首高0.38厘米，簪首宽2.28厘米，通长12.44厘米，重5.82克（图九二，2；图版五八，1、2）。

铜簪 1件。M44：3，残，簪首、簪体分离。簪首为玉料雕成双层花瓣，底层为十六瓣花瓣，上层为八瓣花瓣，花瓣中心以铜丝铸成花蕊状托；体呈细长圆锥形。簪首高0.75厘米，簪首宽2.97厘米，通长10.77厘米，重6.08克（图九二，3；图版五八，3）。

银耳环 2件。M44：4，形制相同、大小相近。均环面呈圆饼状；环体近似钩形，尾部尖。M44：4-1，长2.94厘米，宽2.14厘米，环面直径1.2厘米，重1.89克（图九二，4；图版五八，4左）。M44：4-2，长2.7厘米，宽2.3厘米，环面直径1.2厘米，重1.9克（图九二，5；图版五八，4右）。

铜钱 11枚。嘉庆通宝1枚、道光通宝10枚。

嘉庆通宝 1枚。M44：5-1，小平钱。方穿，正背面郭缘较宽，正面楷书"嘉慶通寶"四字，直读，背穿左右为满文"宝源"局名。钱径2.24厘米，穿径0.66厘米，郭宽0.25厘米，郭厚0.15厘米，重3.6克（图九二，6）。

道光通宝 10枚。M44：5-2，小平钱。方穿，正背面郭缘略宽，正面楷书"道光通寶"四字，直读，背穿左右为满文"宝泉"局名。钱径2.24厘米，穿径0.61厘米，郭宽0.28厘米，郭厚0.14厘米，重2.89克（图九二，7）。M44：5-3，小平钱。方穿，正背面郭缘略宽，正面楷书"道光通寶"四字，直读，背穿左右为满文"宝源"局名。钱径2.3厘米，穿径0.6厘米，郭宽0.29厘米，郭厚0.16厘米，重3.51克（图九二，8）。M44：6-1，平钱。方穿，正背面郭缘略宽，正面楷书"道光通寶"四字，直读，背穿左右为满文"宝泉"局名。钱径2.32厘米，穿径0.62厘米，郭宽0.3厘米，郭厚0.15厘米，重3.75克（图九二，9）。

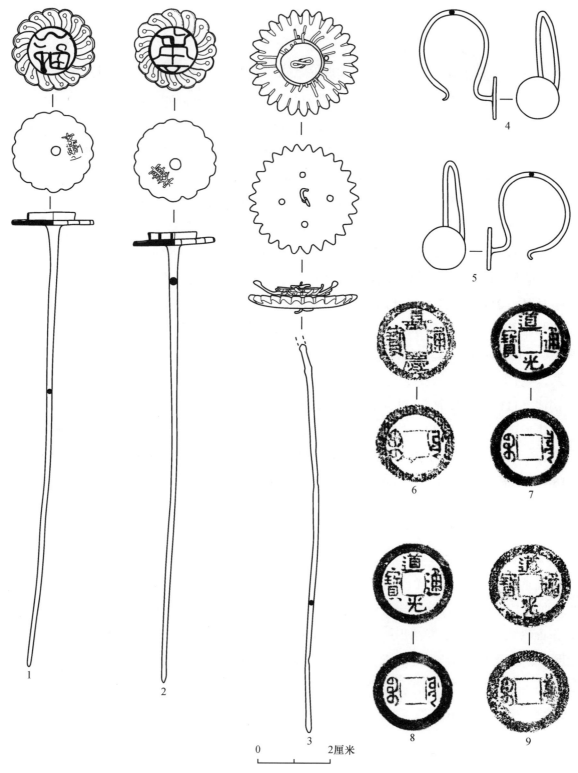

图九二　M44出土器物

1、2. 鎏金银簪（M44：1、M44：2）　3. 铜簪（M44：3）　4、5. 银耳环（M44：4-1、M44：4-2）　6. 嘉庆通宝（M44：5-1）

7～9. 道光通宝（M44：5-2、M44：5-3、M44：6-1）

（四十五）M45

1. 墓葬形制

位于发掘区中部，南邻M51，开口于第2层下，东西向，方向134°。

墓平面呈不规则形，竖穴土圹双人合葬墓。墓口距地表深0.3米，墓底距地表深1.38米。墓圹东西长2.2～2.6米，南北宽0.84～1.5米，深1.08米。内填花土，土质较疏松。内置双棺，棺木已朽。北棺长1.84米，宽0.36～0.7米，残高0.36米。骨架保存较好，头向东，面向南，仰身直肢葬，为男性。南棺长1.64米，宽0.46～0.52米，残高0.36米。骨架保存较差，为二次葬，头向东，面向上，葬式不详，为女性（图九三；图版二三，1）。

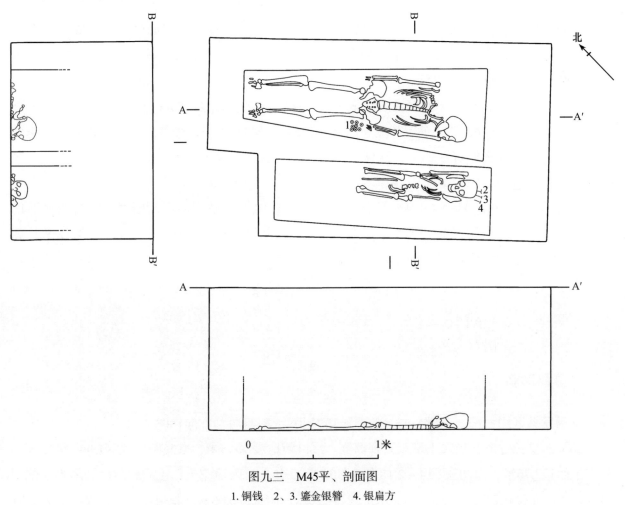

图九三 M45平、剖面图
1.铜钱 2、3.鎏金银簪 4.银扁方

2. 随葬品

北棺出土铜钱8枚，南棺出土鎏金银簪2件、银扁方1件。

鎏金银簪　2件。M45：2，簪首镂铸呈圆球状，绞丝环成数个圆形面，内铸花瓣和小圆珠，顶铸菊瓣纹，底托为俯菊状；体呈细长圆锥形。簪首高1.7厘米，簪首宽1.51厘米，通长13.73厘米，重6.07克（图九四，1；图版五八，5）。M45：3，簪首为十六瓣扁平花瓣状，中部凸起呈圆环形，环内铸"福"字纹，首背戳印"德聚"字样；体呈细长圆锥形。簪首高0.44厘米，簪首宽2.1厘米，通长11.57厘米，重8.61克（图九四，2；图版五九，1、2）。

银扁方　1件。M45：4，首残。体呈扁条形，饰缠枝梅花纹，末端呈圆弧状。残长7.5厘米，宽1厘米，厚0.1厘米，重4.82克（图九四，3；图版五九，3）。

铜钱　8枚。乾隆通宝5枚、道光通宝3枚。

乾隆通宝　5枚。M45：1-1，平钱。方穿，正背面郭缘较宽，正面楷书"乾隆通寶"四字，直读，背穿左右为满文"宝泉"局名。钱径2.45厘米，穿径0.58厘米，郭宽0.42厘米，郭厚0.13厘米，重3.55克（图九四，4）。M45：1-2，大平钱。方穿，正背面郭缘较宽，正面楷书"乾隆通寶"四字，直读，背穿左右为满文"宝泉"局名。钱径2.75厘米，穿径0.64厘米，郭宽0.47厘米，郭厚0.16厘米，重5.29克（图九四，5）。M45：1-3，平钱。方穿，正背面郭缘较宽，正面楷书"乾隆通寶"四字，直读，背穿左右为满文"宝云"局名。钱径2.58厘米，穿径0.56厘米，郭宽0.36厘米，郭厚0.14厘米，重4.37克（图九四，6）。

道光通宝　3枚。M45：1-4，平钱。方穿，正背面郭缘略宽，正面楷书"道光通寶"四字，直读，背穿左右为满文"宝泉"局名。钱径2.53厘米，穿径0.63厘米，郭宽0.31厘米，郭厚0.16厘米，重4.21克（图九四，7）。

（四十六）M46

1. 墓葬形制

位于发掘区中西部，南邻M47，开口于第2层下，东西向，方向130°。

墓平面呈长方形，竖穴土圹双人合葬墓。墓口距地表深0.5米，墓底距地表深1.06～1.16米。墓圹东西长2.76米，南北宽2.14～2.18米，深0.56～0.66米。内填花土，土质较疏松。内置双棺，棺木已朽。北棺长2.2米，宽0.5～0.8米，残高0.26米，棺板厚0.06米。骨架保存差，仅存部分下肢骨，头向、面向、葬式、性别均不详。南棺长2米，宽0.5～0.8米，残高0.36米，棺板厚0.06米。骨架保存差，仅存零星碎骨，头向、面向、葬式、性别均不详（图九五；图版二三，2）。

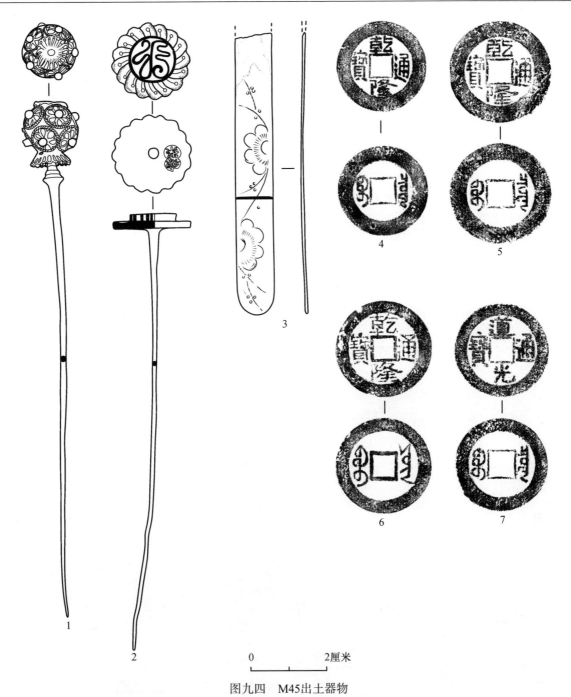

0　　　　　　　　2厘米

图九四　M45出土器物

1、2.鎏金银簪（M45：2、M45：3）　3.银扁方（M45：4）　4~6.乾隆通宝（M45：1-1、M45：1-2、M45：1-3）

7.道光通宝（M45：1-4）

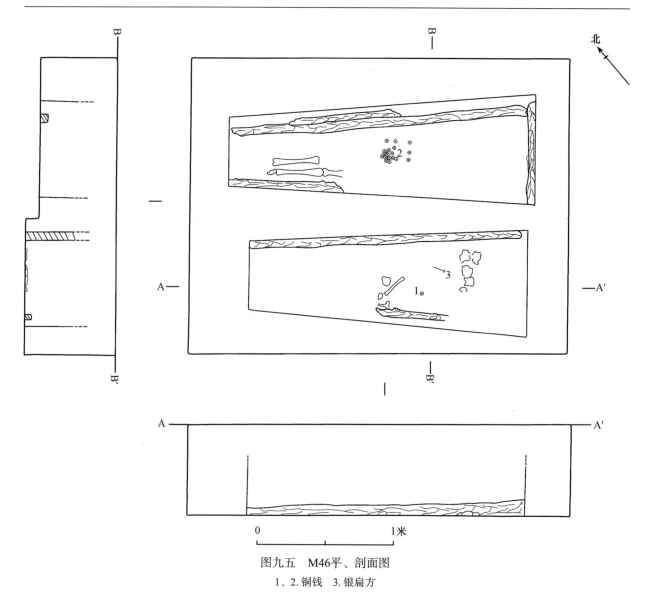

图九五　M46平、剖面图
1、2.铜钱　3.银扁方

2. 随葬品

北棺出土铜钱20枚，南棺出土铜钱1枚、银扁方1件。

银扁方　1件。M46：3，首为扁平圆帽形；体呈扁条形，背戳印"萬山"字样；末端呈圆弧状。通长13.36厘米，宽0.51厘米，厚0.09厘米，重4.33克（图九六，1；图版五九，4、5）。

铜钱　21枚。乾隆通宝10枚、嘉庆通宝4枚、道光通宝3枚、光绪通宝4枚。

乾隆通宝　10枚。M46：1-1，平钱。方穿，正背面郭缘较宽，正面楷书"乾隆通寶"四字，直读，背穿左右为满文"宝源"局名。钱径2.5厘米，穿径0.61厘米，郭宽0.39厘米，郭厚0.12厘米，重3.13克（图九六，2）。

嘉庆通宝　4枚。M46：1-2，平钱。方穿，正背面郭缘较宽，正面楷书"嘉慶通寶"四

字，直读，背穿左右为满文"宝源"局名。钱径2.52厘米，穿径0.64厘米，郭宽0.29厘米，郭厚0.13厘米，重3.64克（图九六，3）。

　　道光通宝　3枚。M46：2-1，小平钱。方穿，正背面郭缘略宽，正面楷书"道光通寶"四字，直读，背穿左右为满文"宝泉"局名。钱径2.35厘米，穿径0.61厘米，郭宽0.32厘米，郭厚0.15厘米，重3.44克（图九六，4）。

　　光绪通宝　4枚。M46：2-2，小平钱。方穿，正背面郭缘较宽，正面楷书"光緒通寶"四字，直读，背穿左右为满文"宝泉"局名。钱径2.29厘米，穿径0.58厘米，郭宽0.36厘米，郭厚0.13厘米，重3克（图九六，5）。M46：2-3，小平钱。方穿，正背面郭缘较宽，正面楷书"光緒通寶"四字，直读，背穿左右为满文"宝泉"局名。钱径2.23厘米，穿径0.6厘米，郭宽0.35厘米，郭厚0.16厘米，重3.32克（图九六，6）。

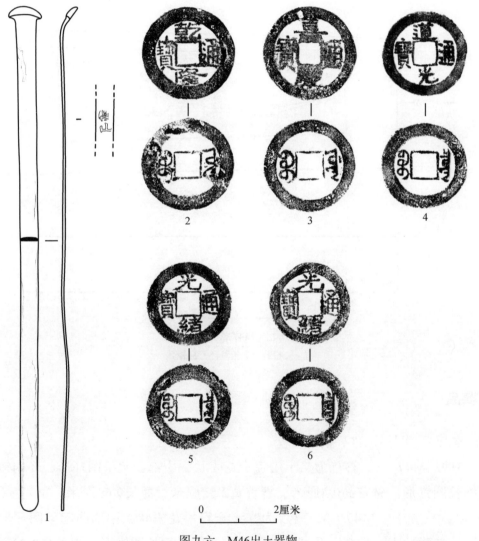

图九六　M46出土器物

1. 银扁方（M46：3）　2. 乾隆通宝（M46：1-1）　3. 嘉庆通宝（M46：1-2）　4. 道光通宝（M46：2-1）

5、6. 光绪通宝（M46：2-2、M46：2-3）

（四十七）M47

1. 墓葬形制

位于发掘区中西部，南邻M48，开口于第2层下，东西向，方向128°。

墓平面呈梯形，竖穴土圹单人葬墓。墓口距地表深0.3米，墓底距地表深0.66米。墓圹东西长2.6米，南北宽0.84~0.94米，深0.36米。内填花土，土质较疏松。内置单棺，棺木已朽。棺长1.86米，宽0.5~0.62米，残高0.24米。骨架保存较好，头向东，面向不详，仰身直肢葬，为女性（图九七；图版二四，1）。

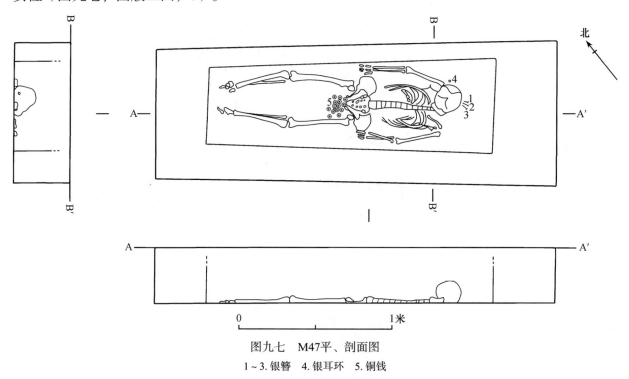

图九七　M47平、剖面图

1~3.银簪　4.银耳环　5.铜钱

2. 随葬品

出土银簪3件、银耳环2件、铜钱15枚。

银簪　3件。M47:1，簪首为二十瓣扁平花瓣状，中部凸起呈圆环形，环内铸"福"字纹；体呈细长圆锥形。簪首高0.4厘米，簪首宽2.52厘米，通长9.63厘米，重7克（图九八，3；图版六〇，1、2）。M47:3，簪首为二十瓣扁平花瓣状，中部凸起呈圆环形，环内铸"宁"字纹，首背戳印"足文"及"庆顺"字样；体呈细长圆锥形。簪首高0.43厘米，簪首宽2.52厘米，通长9.34厘米，重7.24克（图九八，4；图版六〇，4、5）。M47:2，簪首镂铸

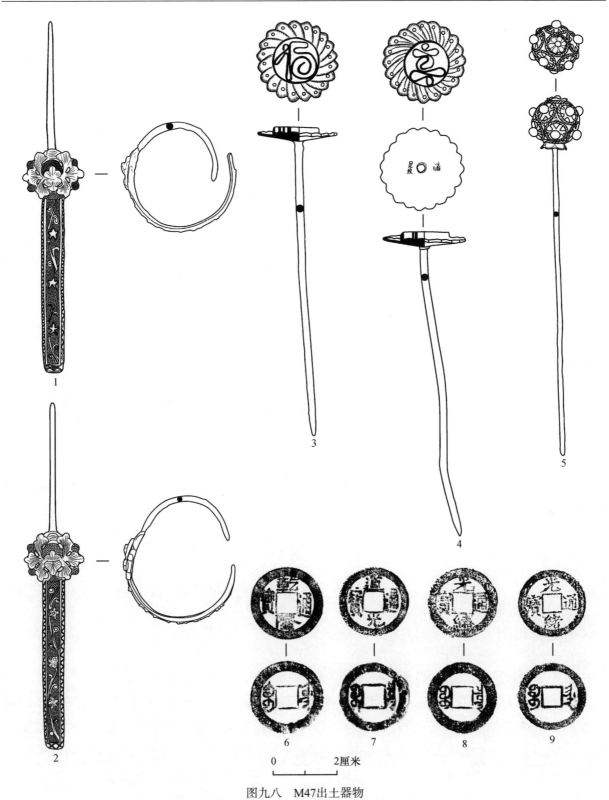

图九八 M47出土器物

1、2.银耳环（M47：4-1、M47：4-2） 3~5.银簪（M47：1、M47：3、M47：2） 6.乾隆通宝（M47：5-1）

7.道光通宝（M47：5-2） 8、9.光绪通宝（M47：5-3、M47：5-4）

呈圆球状，绞丝环成数个圆形面，内铸花瓣和小圆珠，顶铸菊瓣纹，底托为俯菊状；体呈细长圆锥形。簪首高1.6厘米，簪首宽1.73厘米，通长11.24厘米，重4.72克（图九八，5；图版六〇，3）。

银耳环　2件。M47：4，形制相同、大小相近。半圆环形，首体皆锤揲花纹，一端呈细长圆锥状；中部镂铸莲纹；一端呈扁条形，以圆珠纹为地纹，上铸缠枝花卉纹。M47：4-1，通长11厘米，宽0.18～1.94厘米，环面直径0.22厘米，重4.08克（图九八，1；图版六一，1左）。M47：4-2，通长10.8厘米，宽0.15～1.9厘米，环面直径0.22厘米，重4.02克（图九八，2；图版六一，1右）。

铜钱　15枚。乾隆通宝5枚、嘉庆通宝2枚、道光通宝3枚、光绪通宝5枚。

乾隆通宝　5枚。M47：5-1，小平钱。方穿，正背面郭缘较宽，正面楷书"乾隆通寶"四字，直读，背穿左右为满文"宝源"局名。钱径2.38厘米，穿径0.61厘米，郭宽0.34厘米，郭厚0.15厘米，重4.27克（图九八，6）。

道光通宝　3枚。M47：5-2，小平钱。方穿，正背面郭缘略宽，正面楷书"道光通寶"四字，直读，背穿左右为满文"宝泉"局名。钱径2.22厘米，穿径0.6厘米，郭宽0.32厘米，郭厚0.16厘米，重3.66克（图九八，7）。

光绪通宝　5枚。M47：5-3，小平钱。方穿，正背面郭缘略宽，正面楷书"光绪通寶"四字，直读，背穿左右为满文"宝泉"局名。钱径2.27厘米，穿径0.6厘米，郭宽0.35厘米，郭厚0.15厘米，重3克（图九八，8）。M47：5-4，小平钱。方穿，正背面郭缘略宽，正面楷书"光绪通寶"四字，直读，背穿左右为满文"宝津"局名。钱径2.17厘米，穿径0.53厘米，郭宽0.3厘米，郭厚0.13厘米，重1.95克（图九八，9）。

（四十八）M48

1. 墓葬形制

位于发掘区中西部，西北邻M49，开口于第2层下，东西向，方向130°。

墓平面呈不规则形，竖穴土圹双人合葬墓。墓口距地表深0.5米，墓底距地表深1.3米。墓圹东西长2.58～2.75米，南北宽1.76～2.48米，深0.8米。内填花土，土质较疏松。内置双棺，棺木已朽。北棺长1.76米，宽0.5～0.8米，残高0.3米。骨架保存差，仅存部分下肢骨，头向、面向均不详，仰身直肢葬，为女性。南棺长1.94米，宽0.44～0.7米，残高0.3米。骨架保存较差，头向东，面向不详，仰身直肢葬，为男性（图九九；图版二四，2）。

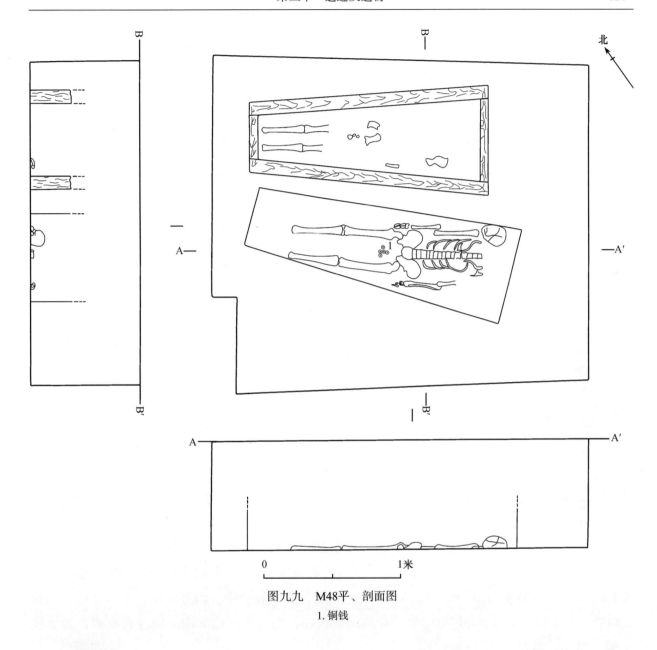

图九九　M48平、剖面图

1. 铜钱

2. 随葬品

南棺出土铜钱5枚，为乾隆通宝1枚、道光通宝1枚、咸丰通宝1枚、光绪通宝2枚。

道光通宝　1枚。M48：1-1，小平钱。方穿，正背面郭缘略宽，正面楷书"道光通寶"四字，直读，背穿左右为满文"宝源"局名。钱径2.2厘米，穿径0.62厘米，郭宽0.3厘米，郭厚0.17厘米，重3.75克（图一〇〇，1）。

光绪通宝　2枚。M48：1-2，小平钱。方穿，正背面郭缘略宽，正面楷书"光緒通寶"四字，直读，背穿上下楷书"當拾"二字，左右为满文"宝泉"局名。钱径2.24厘米，穿径0.64

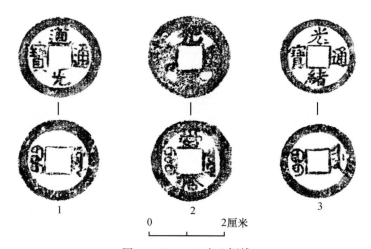

图一〇〇 M48出土铜钱

1. 道光通宝（M48：1-1） 2、3. 光绪通宝（M48：1-2、M48：1-3）

厘米，郭宽0.31厘米，郭厚0.1厘米，重2.04克（图一〇〇，2）。M48：1-3，小平钱。方穿，正背面郭缘略宽，正面楷书"光绪通寶"四字，直读，背穿左右为满文"宝津"局名。钱径2.04厘米，穿径0.54厘米，郭宽0.2厘米，郭厚0.11厘米，重1.48克（图一〇〇，3）。

（四十九）M49

1. 墓葬形制

位于发掘区中西部，东南邻M48，开口于第2层下，东西向，方向125°。

墓平面呈梯形，竖穴土圹单人葬墓。墓口距地表深0.5米，墓底距地表深0.9米。墓圹东西长2.6米，南北宽0.8～1.05米，深0.4米。内填花土，土质较疏松。内置单棺，棺木已朽。棺长1.84米，宽0.44～0.7米，残高0.3米。骨架保存较好，头向东，面向南，仰身直肢葬，为女性（图一〇一；图版二五，1）。

2. 随葬品

未发现随葬品。

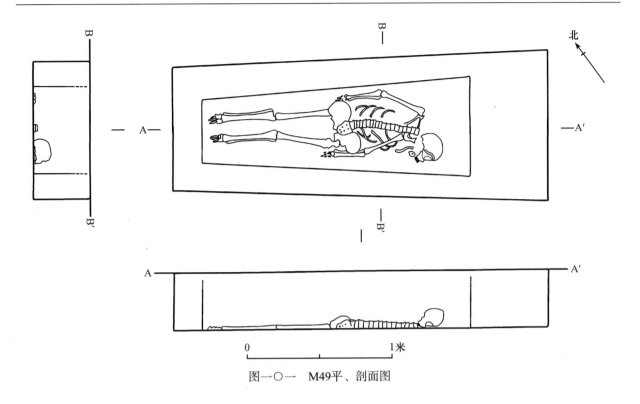

图一〇一 M49平、剖面图

（五十）M50

1. 墓葬形制

位于发掘区中西部，东邻M45，开口于第2层下，东西向，方向135°。

墓平面呈不规则形，竖穴土圹四人合葬墓。墓口距地表深0.5米，墓底距地表深1.3～1.4米。墓圹东西长2.62～2.64米，南北宽3.72～4.1米，深0.8～0.9米。内填花土，土质较疏松。内置四棺，棺木已朽。北一棺长1.8米，宽0.6～0.8米，残高0.4米。骨架保存较差，头向东，面向不详，仰身直肢葬，为女性。北二棺长1.76米，宽0.46～0.6米，残高0.4米。骨架保存较差，头向东，面向北，仰身直肢葬，为女性。南二棺长1.86米，宽0.5～0.68米，残高0.3米。骨架保存较差，头向东，面向不详，仰身直肢葬，性别不详。南一棺长1.74米，宽0.5～0.8米，残高0.3米。骨架保存较差，头向东，面向不详，仰身直肢葬，为男性（图一〇二；图版二五，2）。

2. 随葬品

北一棺出土鎏金银簪3件、银簪1件、鎏金银扁方1件、银耳环2件、铜钱30枚，北二棺出土鎏金银耳环1件、铜钱15枚，南二棺出土铜钱18枚，南一棺出土铜钱27枚。

鎏金银簪 3件。M50∶1，簪首为二十二瓣扁平花瓣状，中部凸起呈圆环形，环内铸

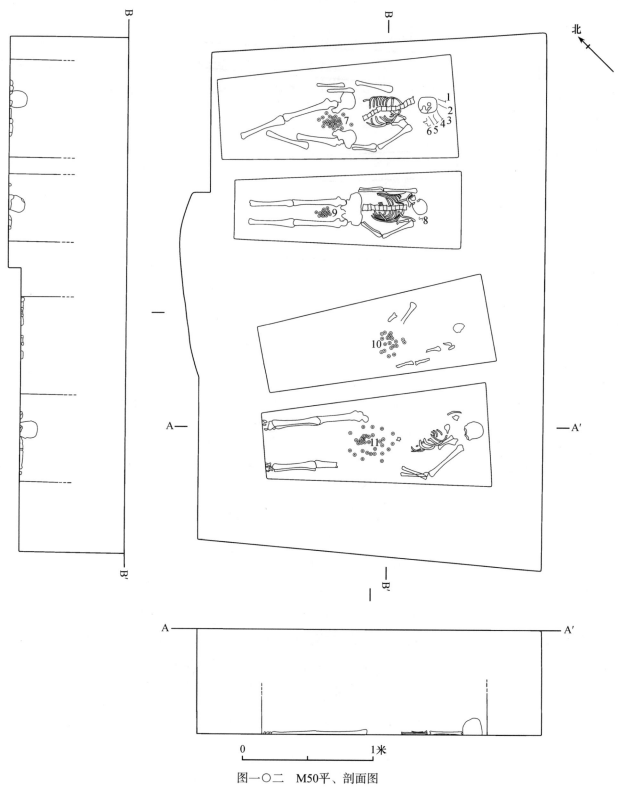

图一〇二　M50平、剖面图

1~3.鎏金银簪　4.银簪　5.鎏金银扁方　6.银耳环　7、9~11.铜钱　8.鎏金银耳环

"宁"字纹，首背戳印"興盛"字样；体呈细长圆锥形。簪首高0.38厘米，簪首宽2.18厘米，通长9.01厘米，重8.1克（图一〇三，1；图版六一，2、3）。M50：2，簪首为二十二瓣扁平花瓣状，中部凸起呈圆环形，环内铸"福"字纹；体呈细长圆锥形。簪首高0.31厘米，簪首宽2.22厘米，通长9.05厘米，重7.7克（图一〇三，2；图版六一，4）。M50：3，簪首镂铸呈圆球状，绞丝环成数个圆形面，内铸花瓣和小圆珠，顶铸菊瓣纹，底托为俯菊状；体呈细长圆锥形。簪首高1.77厘米，簪首宽1.62厘米，通长9.38厘米，重4.46克（图一〇三，3；图版六一，5）。

银簪　1件。M50：4，残，簪首、簪体分离。簪首为银丝缠绕而成的六面形禅杖，顶呈葫芦形；颈部饰数周凸弦纹；体呈细长圆锥形。簪首高3.4厘米，簪首宽1.87厘米，残长14.21厘米，重4.74克（图一〇三，4；图版六一，6）。

鎏金银扁方　1件。M50：5，簪首为扁平圆帽形；体呈扁条形，背戳印"聚華"字样；末端呈圆弧状。通长8.75厘米，宽0.64～1.33厘米，厚0.1厘米，重5.69克（图一〇三，5；图版六二，1、2）。

银耳环　2件。M50：6，形制相同、大小相近。均环面呈圆饼状；环体近似钩形，尾部尖。M50：6-1，长2.95厘米，宽2.35厘米，环面直径1.34厘米，重1.51克（图一〇三，7；图版六二，3左）。M50：6-2，长2.94厘米，宽1.87厘米，环面直径1.29厘米，重1.44克（图一〇三，8；图版六二，3右）。

鎏金银耳环　1件。M50：8，环面为花朵形，以绞丝绳纹勾勒花瓣轮廓；体呈"S"形。长3.09厘米，宽1.84厘米，环面直径2.24厘米，重1.12克（图一〇三，6；图版六二，4）。

铜钱　90枚。宽永通宝3枚、乾隆通宝12枚、嘉庆通宝10枚、道光通宝14枚、咸丰通宝9枚、同治重宝3枚、光绪通宝29枚、宣统通宝10枚（图版七二，3）。

宽永通宝　3枚。M50：7-1，小平钱。方穿，正背面郭缘略窄，正面楷书"寬永通寶"四字，直读，背面素面。钱径1.99厘米，穿径0.67厘米，郭宽0.19厘米，郭厚0.09厘米，重1.3克（图一〇四，1）。

乾隆通宝　12枚。M50：7-2，小平钱。方穿，正背面郭缘较宽，正面楷书"乾隆通寶"四字，直读，背穿左右为满文"宝源"局名。钱径2.09厘米，穿径0.65厘米，郭宽0.22厘米，郭厚0.12厘米，重2.34克（图一〇四，2）。M50：9-1，平钱。方穿，正背面郭缘较宽，正面楷书"乾隆通寶"四字，直读，背穿左右为满文"宝源"局名。钱径2.45厘米，穿径0.6厘米，郭宽0.35厘米，郭厚0.14厘米，重3.89克（图一〇四，3）。M50：10-1，平钱。方穿，正背面郭缘较宽，正面楷书"乾隆通寶"四字，直读，背穿左右为满文"宝源"局名。钱径2.39厘米，穿径0.61厘米，郭宽0.32厘米，郭厚0.13厘米，重3.79克（图一〇四，4）。

嘉庆通宝　10枚。M50：7-3，平钱。方穿，正背面郭缘较宽，正面楷书"嘉慶通寶"四字，直读，背穿左右为满文"宝泉"局名。钱径2.49厘米，穿径0.62厘米，郭宽0.28厘米，郭

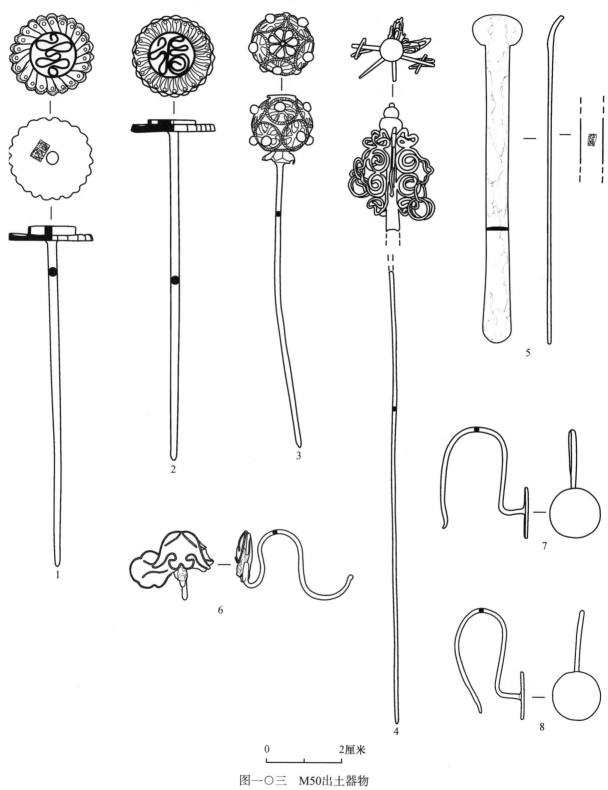

图一〇三　M50出土器物

1～3. 鎏金银簪（M50：1、M50：2、M50：3）　　4. 银簪（M50：4）　　5. 鎏金银扁方（M50：5）　　6. 鎏金银耳环（M50：8）

7、8. 银耳环（M50：6-1、M50：6-2）

厚0.13厘米，重3.7克（图一〇四，5）。M50：10-2，平钱。方穿，正背面郭缘较宽，正面楷书"嘉慶通寶"四字，直读，背穿左右为满文"宝源"局名。钱径2.44厘米，穿径0.63厘米，郭宽0.31厘米，郭厚0.15厘米，重4.06克（图一〇四，6）。

道光通宝　14枚。M50：7-4，小平钱。方穿，正背面郭缘略宽，正面楷书"道光通寶"四字，直读，背穿左右为满文"宝源"局名。钱径2.28厘米，穿径0.63厘米，郭宽0.36厘米，郭厚0.16厘米，重3.59克（图一〇四，7）。M50：10-3，小平钱。方穿，正背面郭缘略宽，正面楷书"道光通寶"四字，直读，背穿左右为满文"宝泉"局名。钱径2.32厘米，穿径0.66厘米，郭宽0.31厘米，郭厚0.13厘米，重3.52克（图一〇四，8）。M50：10-4，小平钱。方穿，正背面郭缘略宽，正面楷书"道光通寶"四字，直读，背穿左右为满文"宝源"局名。钱径2.3厘米，穿径0.67厘米，郭宽0.32厘米，郭厚0.17厘米，重3.68克（图一〇四，9）。

咸丰通宝　9枚。M50：7-5，小平钱。方穿，正背面郭缘略窄，正面楷书"咸豐通寶"四字，直读，背穿左右为满文"宝陕"局名。钱径2.25厘米，穿径0.63厘米，郭宽0.2厘米，郭厚0.13厘米，重2.69克（图一〇四，10）。M50：10-5，小平钱。方穿，正背面郭缘略窄，正面楷书"咸豐通寶"四字，直读，背穿左右为满文"宝泉"局名。钱径2.3厘米，穿径0.62厘米，郭宽0.24厘米，郭厚0.18厘米，重4.31克（图一〇四，11）。

同治重宝　3枚。M50：7-6，小平钱。方穿，正背面郭缘较窄，正面楷书"同治重寶"四字，直读，背穿左右为满文"宝泉"局名，上下楷书"當十"。钱径2.19厘米，穿径0.74厘米，郭宽0.22厘米，郭厚0.12厘米，重1.78克（图一〇四，12）。

光绪通宝　29枚。M50：7-7，小平钱。方穿，正背面郭缘略宽，正面楷书"光緒通寶"四字，直读，背穿上楷书"列"字，左右为满文"宝泉"局名。钱径1.99厘米，穿径0.61厘米，郭宽0.28厘米，郭厚0.15厘米，重2.26克（图一〇四，13）。M50：7-8，小平钱。方穿，正背面郭缘略宽，正面楷书"光緒通寶"四字，直读，背穿左右为满文"宝津"局名。钱径2.05厘米，穿径0.57厘米，郭宽0.23厘米，郭厚0.08厘米，重1.29克（图一〇四，14）。M50：7-9，小平钱。方穿，正背面郭缘略宽，正面楷书"光緒通寶"四字，直读，背穿左右为满文"宝源"局名。钱径2.18厘米，穿径0.61厘米，郭宽0.28厘米，郭厚0.12厘米，重2.91克（图一〇四，15）。M50：10-6，小平钱。方穿，正背面郭缘略宽，正面楷书"光緒通寶"四字，直读，背穿左右为满文"宝源"局名。钱径2.2厘米，穿径0.59厘米，郭宽0.24厘米，郭厚0.12厘米，重2.43克（图一〇四，16）。M50：11-1，小平钱。方穿，正背面郭缘略宽，正面楷书"光緒通寶"四字，直读，背穿左右为满文"宝津"局名。钱径2.16厘米，穿径0.55厘米，郭宽0.29厘米，郭厚0.14厘米，重2.6克（图一〇四，17）。M50：11-2，小平钱。方穿，正背面郭缘略宽，正面楷书"光緒通寶"四字，直读，背穿左右为满文"宝泉"局名。钱径2.2厘米，穿径0.58厘米，郭宽0.33厘米，郭厚0.16厘米，重2.94克（图一〇四，18）。

宣统通宝　10枚。M50：7-10，小平钱。方穿，正背面郭缘较窄，正面楷书"宣統通寶"

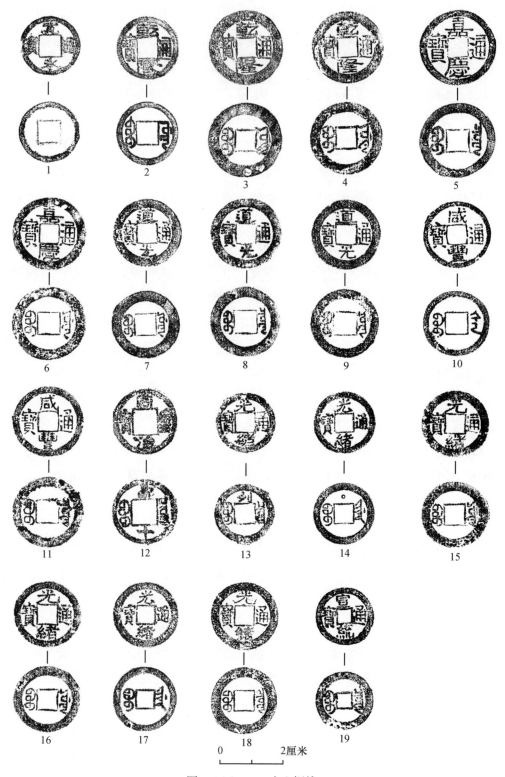

图一〇四　M50出土铜钱

1. 宽永通宝（M50：7-1）　　2~4.乾隆通宝（M50：7-2、M50：9-1、M50：10-1）　　5、6. 嘉庆通宝（M50：7-3、M50：10-2）

7~9.道光通宝（M50：7-4、M50：10-3、M50：10-4）　　10、11. 咸丰通宝（M50：7-5、M50：10-5）　　12.同治重宝（M50：7-6）

13~18.光绪通宝（M50：7-7、M50：7-8、M50：7-9、M50：10-6、M50：11-1、M50：11-2）　　19.宣统通宝（M50：7-10）

四字，直读，背穿左右为满文"宝泉"局名。钱径1.9厘米，穿径0.41厘米，郭宽0.25厘米，郭厚0.11厘米，重2.08克（图一〇四，19）。

（五十一）M51

1. 墓葬形制

位于发掘区中南部，南邻M63，开口于第2层下，东西向，方向120°。

墓平面呈不规则形，竖穴土圹四人合葬墓。墓口距地表深0.3米，墓底距地表深0.96米。墓圹东西长2.7~2.94米，南北宽3.8~3.9米，深0.66米。内填花土，土质较疏松。内置四棺，棺木已朽。北一棺长1.91米，宽0.52~0.8米，残高0.2米。骨架保存一般，头向东，面向上，仰身直肢葬，为女性。北二棺长1.83米，宽0.6~0.72米，残高0.2米。骨架保存较差，头向东，面向下，仰身直肢葬，为女性。南二棺长1.82米，宽0.5~0.68米，残高0.2米。骨架保存差，仅存头骨和髋骨，头向、面向、葬式、性别均不详。南一棺长1.84米，宽0.58~0.76米，残高0.2米。骨架保存差，仅存头骨和部分肢骨，头向东，面向上，仰身直肢葬，性别不详（图一〇五；图版二六，1）。

2. 随葬品

北一棺出土银簪3件、银扁方1件、铜钱3枚，北二棺出土银簪3件、银扁方1件，南一棺出土铜钱10枚。

银簪　6件。M51：1，簪首为二十瓣扁平花瓣状，中部凸起呈圆环形，环内铸"福"字纹，首背戳印"□□"字样，锈蚀不清，无法辨认；体呈细长圆锥形。簪首高0.27厘米，簪首宽2.25厘米，通长11.03厘米，重4.93克（图一〇六，1；图版六三，1、2）。M51：2，残。簪首为二十瓣扁平花瓣状，中部凸起呈圆环形，环内铸"福"字纹，首背戳印"□□"字样，锈蚀不清，无法辨认；体呈细长圆锥形。簪首高0.27厘米，簪首宽2.26厘米，通长8.78厘米，重4.55克（图一〇六，2；图版六三，3、4）。M51：3，簪首镂铸呈圆球状，绞丝环成数个圆形面，内铸花瓣和小圆珠，顶铸菊瓣纹，底托为俯菊状；体呈细长圆锥形。簪首高2.25厘米，簪首宽2.01厘米，通长13.82厘米，重5.31克（图一〇六，5；图版六三，5）。M51：6，簪首镂铸呈圆球状，绞丝环成数个圆形面，内铸花瓣和小圆珠，顶铸菊瓣纹，底托为俯菊状；体呈细长圆锥形。簪首高1.9厘米，簪首宽1.68厘米，通长13厘米，重6.05克（图一〇六，6；图版六四，3）。M51：7，簪首为十八瓣扁平花瓣状，中部凸起呈圆环形，环内铸"寿"字纹，首背戳印"庆顺"字样，无法辨认；体呈细长圆锥形。簪首高0.41厘米，簪首宽2.42厘米，通长

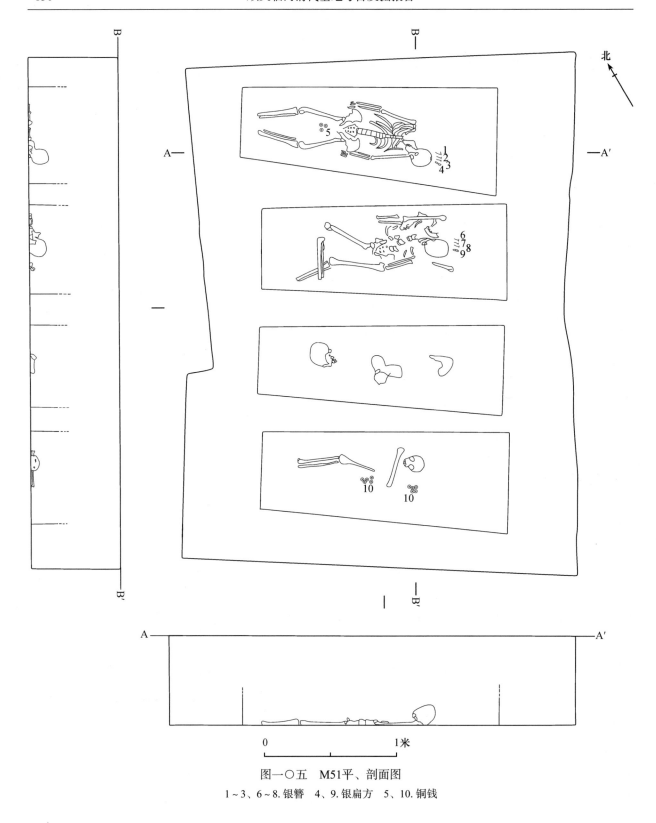

图一〇五　M51平、剖面图

1~3、6~8.银簪　4、9.银扁方　5、10.铜钱

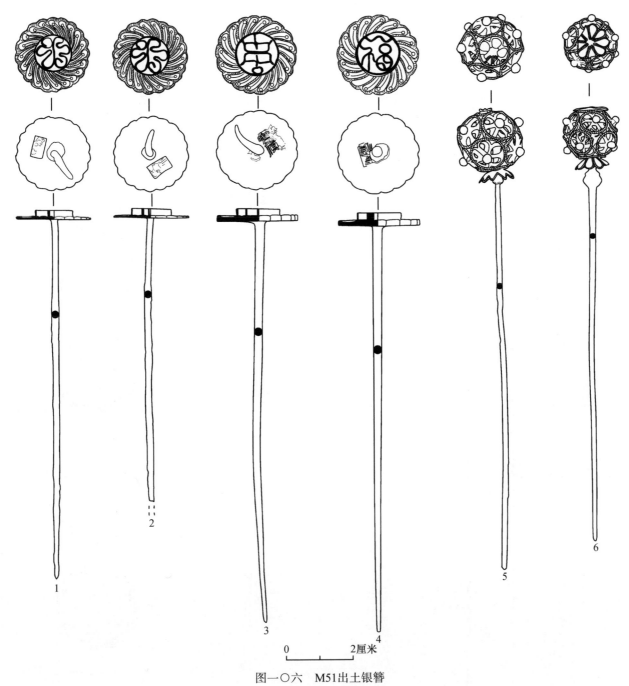

图一〇六　M51出土银簪

1. M51：1　2. M51：2　3. M51：7　4. M51：8　5. M51：3　6. M51：6

12.41厘米，重11.73克（图一〇六，3；图版六四，4、5）。M51：8，簪首为十七瓣扁平花瓣状，中部凸起呈圆环形，环内铸"福"字纹，首背戳印"庆顺"字样；体呈细长圆锥形。簪首高0.39厘米，簪首宽2.43厘米，通长15厘米，重12克（图一〇六，4；图版六五，1、2）。

银扁方　2件。M51：4，簪首为扁平圆帽形；体呈扁条形，背戳印"里原足文"字样；末端呈圆弧状。通长11.59厘米，宽0.99～1.28厘米，厚0.08厘米，重8.94克（图一〇七，2；图版六四，1、2）。M51：9，首卷曲，錾刻蝙蝠纹；体扁条形，上部錾刻圆形寿字纹，其下錾刻牡丹花纹，下部錾刻梅花纹，背戳印"萬興"字样；末端呈圆弧状。通长12.53厘米，宽2.43厘米，厚0.28厘米，重12克（图一〇七，1；图版六五，3、4）。

铜钱　13枚。宽永通宝1枚、乾隆通宝4枚、嘉庆通宝2枚、道光通宝5枚、咸丰通宝1枚。

宽永通宝　1枚。M51：5-1，小平钱。方穿，正背面郭缘略窄，正面楷书"宽永通寶"四字，直读，背面素面。钱径2.33厘米，穿径0.64厘米，郭宽0.26厘米，郭厚0.12厘米，重2.38克（图一〇七，3）。

咸丰通宝　1枚。M51：10-1，平钱。方穿，正背面郭缘略窄，正面楷书"咸豐通寶"四

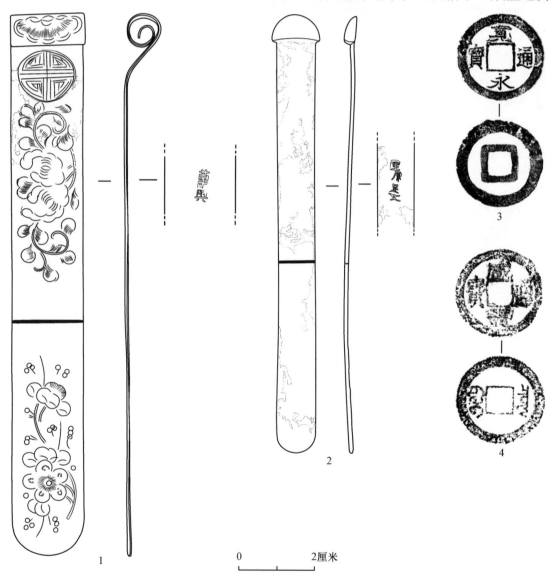

0　　　　2厘米

图一〇七　M51出土器物

1、2. 银扁方（M51：9、M51：4）　3. 宽永通宝（M51：5-1）　4. 咸丰通宝（M51：10-1）

字，直读，背穿左右为满文"宝泉"局名。钱径2.4厘米，穿径0.62厘米，郭宽0.3厘米，郭厚0.15厘米，重3.59克（图一〇七，4）。

（五十二）M52

1. 墓葬形制

位于发掘区中西部，东邻M50，开口于第2层下，东西向，方向130°。

墓平面呈不规则形，竖穴土圹迁葬墓。墓口距地表深0.3米，墓底距地表深1.02米。墓圹东西长2.6～2.8米，南北宽1.02～2.12米，深0.72米。内填花土，土质较疏松。墓内未发现葬具和骨架（图一〇八；图版二六，2）。

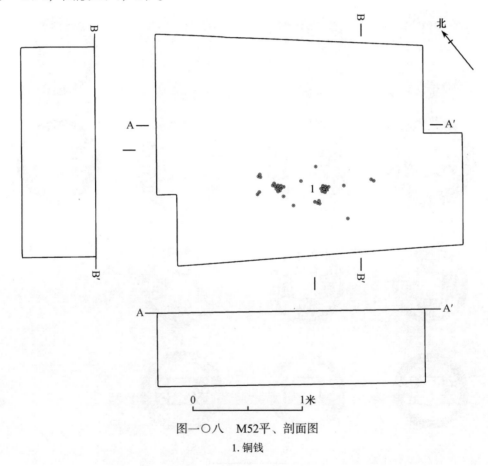

图一〇八 M52平、剖面图

1. 铜钱

2. 随葬品

南棺出土铜钱35枚，为康熙通宝2枚、乾隆通宝7枚、嘉庆通宝3枚、道光通宝6枚、咸丰通宝1枚、同治通宝1枚、光绪通宝15枚。

康熙通宝　2枚。M52：1-1，平钱。方穿，正背面郭缘较宽，正面楷书"康熙通寶"四字，直读，背穿左右为满文"宝泉"局名。钱径2.46厘米，穿径0.61厘米，郭宽0.32厘米，郭厚0.08厘米，重2.06克（图一〇九，1）。

乾隆通宝　7枚。M52：1-2，小平钱。方穿，正背面郭缘较宽，正面楷书"乾隆通寶"四字，直读，背穿左右为满文"宝源"局名。钱径2.33厘米，穿径0.61厘米，郭宽0.31厘米，郭厚0.17厘米，重4.04克（图一〇九，2）。

嘉庆通宝　3枚。M52：1-3，平钱。方穿，正背面郭缘较宽，正面楷书"嘉慶通寶"四

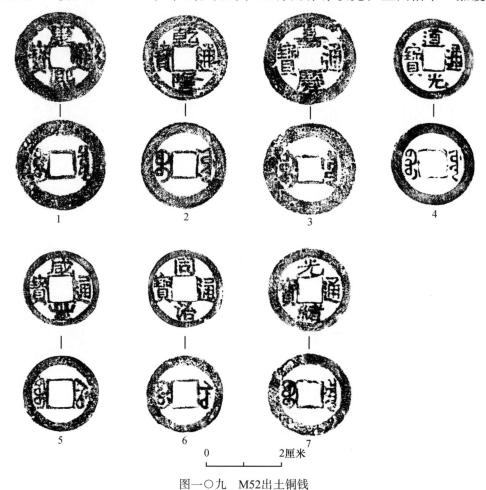

图一〇九　M52出土铜钱

1. 康熙通宝（M52：1-1）　2. 乾隆通宝（M52：1-2）　3. 嘉庆通宝（M52：1-3）　4. 道光通宝（M52：1-4）

5. 咸丰通宝（M52：1-5）　6. 同治通宝（M52：1-6）　7. 光绪通宝（M52：1-7）

字，直读，背穿左右为满文"宝泉"局名。钱径2.54厘米，穿径0.64厘米，郭宽0.37厘米，郭厚0.12厘米，重3.84克（图一〇九，3）。

道光通宝　6枚。M52：1-4，小平钱。方穿，正背面郭缘略宽，正面楷书"道光通寶"四字，直读，背穿左右为满文"宝源"局名。钱径2.29厘米，穿径0.7厘米，郭宽0.26厘米，郭厚0.16厘米，重3.74克（图一〇九，4）。

咸丰通宝　1枚。M52：1-5，小平钱。方穿，正背面郭缘略窄，正面楷书"咸豐通寶"四字，直读，背穿左右为满文"宝苏"局名。钱径2.07厘米，穿径0.66厘米，郭宽0.23厘米，郭厚0.11厘米，重1.83克（图一〇九，5）。

同治通宝　1枚。M52：1-6，小平钱。方穿，正背面郭缘较窄，正面楷书"同治通寶"四字，直读，背穿左右为满文"宝苏"局名。钱径2.14厘米，穿径0.63厘米，郭宽0.26厘米，郭厚0.16厘米，重3.14克（图一〇九，6）。

光绪通宝　15枚。M52：1-7，小平钱。方穿，正背面郭缘略宽，正面楷书"光緒通寶"四字，直读，背穿左右为满文"宝泉"局名。钱径2.27厘米，穿径0.6厘米，郭宽0.28厘米，郭厚0.15厘米，重3克（图一〇九，7）。

（五十三）M53

1. 墓葬形制

位于发掘区中西部，南邻M50，开口于第2层下，东西向，方向135°。

墓平面呈梯形，竖穴土圹单人葬墓。墓口距地表深0.5米，墓底距地表深1.28米。墓圹东西长2.46米，南北宽0.98～1.1米，深0.78米。内填花土，土质较疏松。内置单棺，棺木已朽。棺长2.18米，宽0.47～0.64米，残高0.53米，棺板厚0.04～0.1米。骨架保存较差，头向东，面向、葬式、性别均不详（图一一〇；图版二七，1）。

2. 随葬品

出土有铜钱24枚，为乾隆通宝7枚、嘉庆通宝5枚、道光通宝7枚、咸丰通宝1枚、光绪通宝4枚。

乾隆通宝　7枚。M53：1-1，平钱。方穿，正背面郭缘较宽，正面楷书"乾隆通寶"四字，直读，背穿左右为满文"宝泉"局名。钱径2.43厘米，穿径0.6厘米，郭宽0.34厘米，郭厚0.11厘米，重3.27克（图一一一，1）。

嘉庆通宝　5枚。M53：1-2，平钱。方穿，正背面郭缘较宽，正面楷书"嘉慶通寶"四

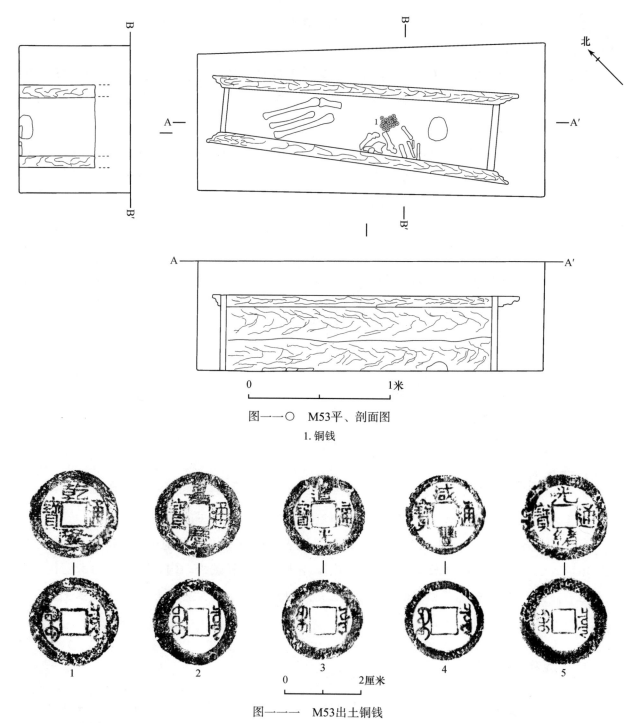

图一一〇　M53平、剖面图
1. 铜钱

图一一一　M53出土铜钱
1. 乾隆通宝（M53：1-1）　2. 嘉庆通宝（M53：1-2）　3. 道光通宝（M53：1-3）　4. 咸丰通宝（M53：1-4）
5. 光绪通宝（M53：1-5）

字，直读，背穿左右为满文"宝泉"局名。钱径2.4厘米，穿径0.59厘米，郭宽0.34厘米，郭厚0.15厘米，重3.75克（图一一一，2）。

道光通宝　7枚。M53：1-3，小平钱。方穿，正背面郭缘略宽，正面楷书"道光通寶"四字，直读，背穿左右为满文"宝源"局名。钱径2.22厘米，穿径0.67厘米，郭宽0.34厘米，郭厚0.15厘米，重2.94克（图一一一，3）。

咸丰通宝　1枚。M53：1-4，小平钱。方穿，正背面郭缘略窄，正面楷书"咸豐通寶"四字，直读，背穿左右为满文"宝泉"局名。钱径2.2厘米，穿径0.68厘米，郭宽0.22厘米，郭厚0.17厘米，重3.23克（图一一一，4）。

光绪通宝　4枚。M53：1-5，平钱。方穿，正背面郭缘略宽，正面楷书"光緒通寶"四字，直读，背穿左右为满文"宝泉"局名。钱径2.42厘米，穿径0.55厘米，郭宽0.38厘米，郭厚0.15厘米，重3.71克（图一一一，5）。

（五十四）M54

1. 墓葬形制

位于发掘区东部，东北邻M55，开口于第2层下，南北向，方向155°。

墓平面呈长方形，竖穴土圹单人葬墓。墓口距地表深0.5米，墓底距地表深0.9米。墓圹南北长2.7米，东西宽1米，深0.4米。内填花土，土质较疏松。内置单棺，棺木已朽。棺长1.68米，宽0.44～0.55米，残高0.2米。骨架保存较好，头向南，面向上，仰身直肢葬，为女性（图一一二；图版二七，2）。

2. 随葬品

出土银簪5件。

银簪　5件。M54：1，簪首呈四层六瓣花朵形，首背戳印"□奉"字样；体呈细长圆锥形。簪首高0.46厘米，簪首宽2.51厘米，通长8.09厘米，重6.28克（图一一三，1；图版六五，5、6）。M54：2，簪首呈四层六瓣花朵形，首背戳印"□奉"字样；体呈细长圆锥形。簪首高0.46厘米，簪首宽2.51厘米，通长8.09厘米，重6.07克（图一一三，2；图版六六，1、2）。M54：3，簪首为柳叶形，两端尖，略弯曲，中部铸葵花纹，两侧铸花草纹，以圆珠纹为地纹；体呈细长圆锥形。簪首高0.9厘米，簪首宽6.39厘米，通长8.68厘米，重11.42克（图一一三，3；图版六六，3）。M54：4，簪首为耳挖形；颈部铸两周弦纹；中部近菱形，饰花卉纹，背戳印"長□"字样；体呈扁平锥状。通长12.4厘米，宽0.1～0.84厘米，厚0.18厘米，

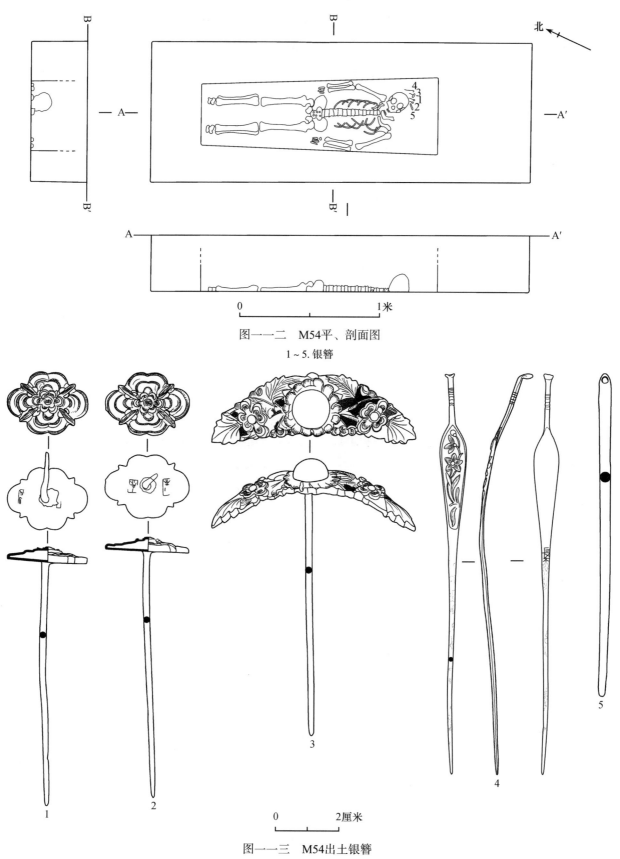

图一一二　M54平、剖面图

1~5.银簪

图一一三　M54出土银簪

1. M54：1　2. M54：2　3. M54：3　4. M54：4　5. M54：5

重4.1克（图一一三，4；图版六六，4、5）。M54：5，簪首穿圆孔，体呈细长圆锥形。通长10.13厘米，厚0.36厘米，重7.41克（图一一三，5；图版六六，6）。

（五十五）M55

1. 墓葬形制

位于发掘区东部，东北邻M56，开口于第2层下，东西向，方向130°。

墓平面呈长方形，竖穴土圹单人葬墓。墓口距地表深0.5米，墓底距地表深1.1米。墓圹东西长2.5米，南北宽1.4米，深0.6米。内填花土，土质较疏松。内置单棺，棺木已朽。棺长1.72米，宽0.45～0.6米，残高0.3米。骨架保存较差，头向东，面向不详，仰身直肢葬，为男性（图一一四；图版二八，1）。

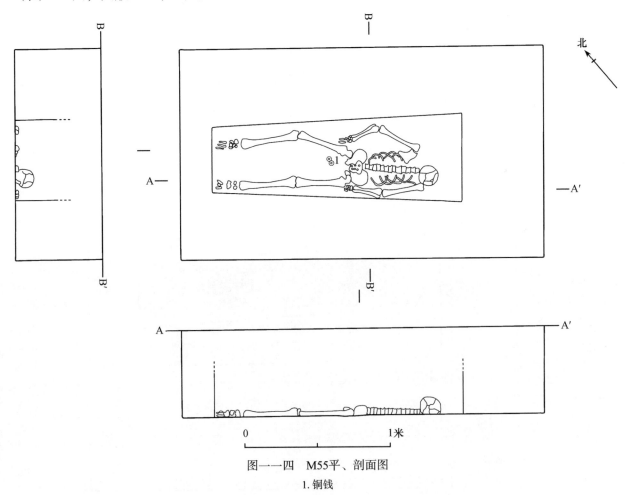

图一一四　M55平、剖面图

1. 铜钱

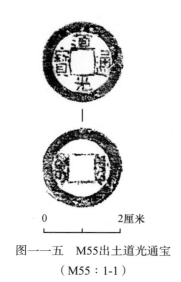

图一一五　M55出土道光通宝
（M55：1-1）

2. 随葬品

出土铜钱2枚，为道光通宝2枚。

道光通宝　2枚。M55：1-1，小平钱。方穿，正背面郭缘略宽，正面楷书"道光通寶"四字，直读，背穿左右为满文"宝源"局名。钱径2.21厘米，穿径0.64厘米，郭宽0.35厘米，郭厚0.18厘米，重3.81克（图一一五）。

（五十六）M56

1. 墓葬形制

位于发掘区东部，西南邻M55，开口于第2层下，东西向，方向130°。

墓平面呈长方形，竖穴土圹单棺墓。墓口距地表深0.2米，墓底距地表深0.64米。墓圹东西长2.1米，南北宽1.04～1.12米，深0.44米。内填花土，土质较疏松。内置单棺，棺木已朽。棺长1.44米，宽0.34～0.5米，残高0.22米。骨架保存较差，头向东，面向上，仰身直肢葬，为女性（图一一六；图版二八，2）。

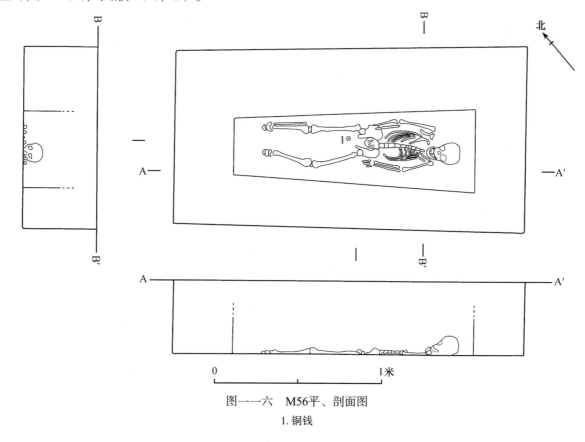

图一一六　M56平、剖面图

1. 铜钱

2. 随葬品

出土铜钱1枚，为咸丰通宝。

咸丰通宝 1枚。M56：1-1，小平钱。方穿，正背面郭缘略窄，正面楷书"咸豐通寶"四字，直读，背穿左右为满文"宝泉"局名。钱径2.11厘米，穿径0.65厘米，郭宽0.21厘米，郭厚0.18厘米，重3.49克（图一一七）。

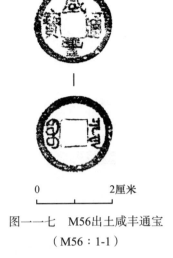

图一一七 M56出土咸丰通宝
（M56：1-1）

（五十七）M57

1. 墓葬形制

位于发掘区东部，北邻M58，开口于第2层下，南北向，方向145°。

墓平面呈长方形，竖穴土圹单人葬墓。墓口距地表深0.5米，墓底距地表深0.8米。墓圹南北长2.42米，东西宽0.9米，深0.3米。内填花土，土质较疏松。内置单棺，棺木已朽。棺长1.8米，宽0.42～0.55米，残高0.2米。骨架保存较好，头向南，面向不详，仰身直肢葬，为男性（图一一八；图版二九，1）。

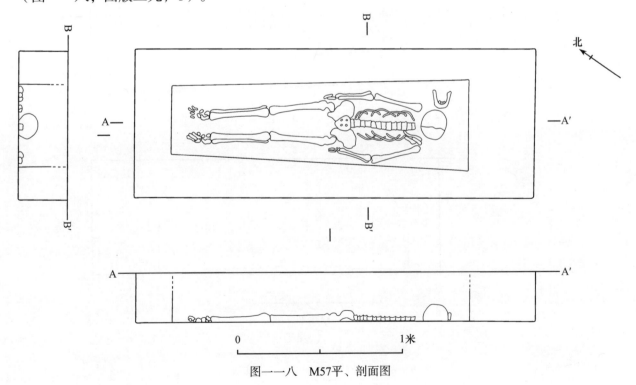

图一一八 M57平、剖面图

2. 随葬品

未发现随葬品。

（五十八）M58

1. 墓葬形制

位于发掘区东部，南邻M57，开口于第2层下，南北向，方向140°。

墓平面呈长方形，竖穴土圹单棺墓。墓口距地表深0.5米，墓底距地表深1.36米。墓圹南北长2.6米，东西宽1~1.14米，深0.86米。内填花土，土质较疏松。内置单棺，棺木已朽。棺长1.86米，宽0.45~0.6米，残高0.26米。骨架保存较好，头向南，面向北，仰身直肢葬，为女性（图一一九；图版二九，2）。

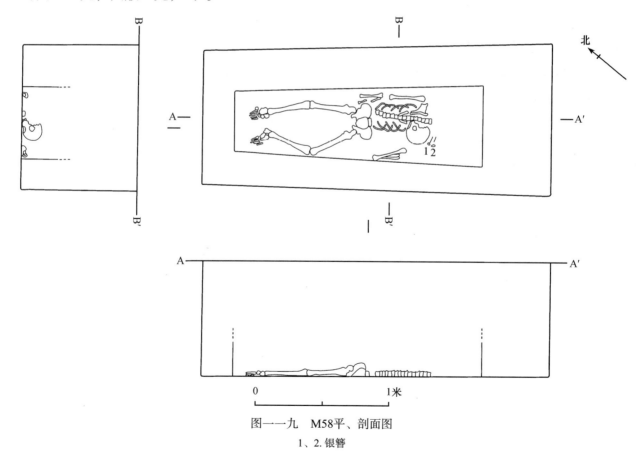

图一一九　M58平、剖面图

1、2. 银簪

2. 随葬品

出土银簪2件。

银簪　2件。M58：1，簪首呈三层五瓣梅花状；体呈细长圆锥形。通长7.15厘米，宽1.82厘米，厚0.17厘米，重2.65克（图一二〇，1；图版六七，1）。M58：2，残，仅存簪首。簪首镂铸呈圆球状，绞丝环成数个圆形面，内铸花瓣和小圆珠，顶铸菊瓣纹，底托为俯菊状。簪首残高1.9厘米，簪首宽1.75厘米，重3.06克（图一二〇，2；图版六七，2）。

（五十九）M59

1. 墓葬形制

位于发掘区东部，东邻M58，开口于第2层下，南北向，方向178°。

墓平面呈长方形，竖穴土圹迁葬墓。墓口距地表深0.2米，墓底距地表深0.6米。墓圹南北长2.4米，东西宽0.8～0.84米，深0.4米。内填花土，土质较疏松。墓内未发现葬具和骨架（图一二一）。

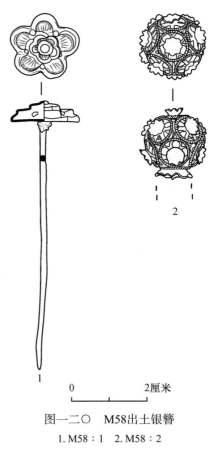

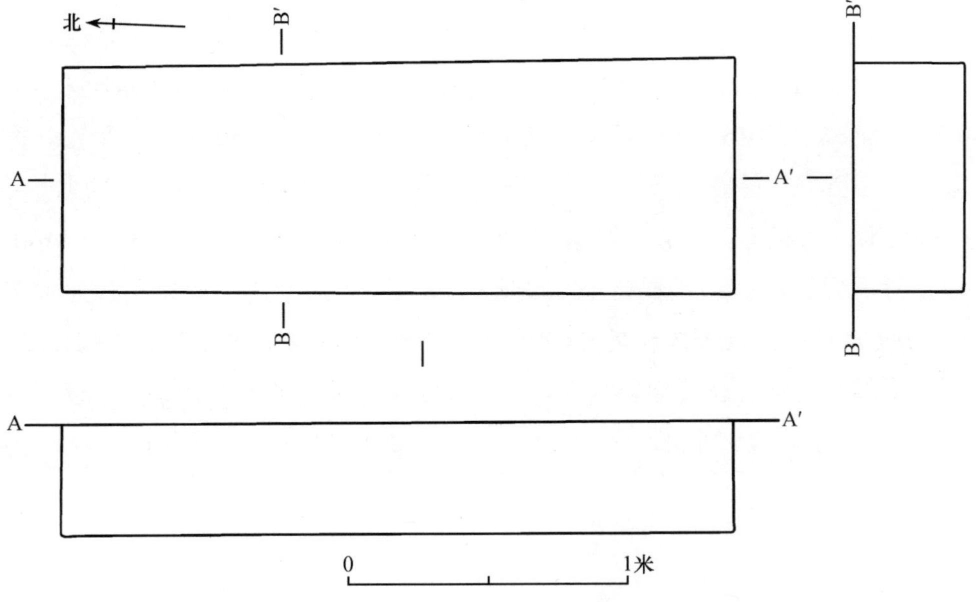

图一二〇　M58出土银簪

1. M58：1　2. M58：2

图一二一　M59平、剖面图

2. 随葬品

未发现随葬品。

（六十）M60

1. 墓葬形制

位于发掘区东部，西邻M41，开口于第2层下，东西向，方向130°。

墓平面呈长方形，竖穴土圹双人合葬墓。墓口距地表深0.4米，墓底距地表深1.4米。墓圹东西长3米，南北宽2～2.15米，深1米。内填花土，土质较疏松。内置双棺，棺木已朽。北棺长1.88米，宽0.5～0.73米，残高0.4米。骨架保存较差，头向东，面向不详，仰身直肢葬，为女性。南棺长1.91米，宽0.6～0.8米，残高0.4米。骨架保存较差，头向东，面向不详，仰身直肢葬，为男性（图一二二；图版三〇，1）。

2. 随葬品

出土铜钱19枚，为康熙通宝1枚、乾隆通宝17枚、道光通宝1枚。

乾隆通宝　17枚。M60：1-1，小平钱。方穿，正背面郭缘较宽，正面楷书"乾隆通寶"四字，直读，背穿左右为满文"宝泉"局名。钱径2.15厘米，穿径0.57厘米，郭宽0.28厘米，郭厚0.15厘米，重3.56克（图一二三，1）。M60：1-2，小平钱。方穿，正背面郭缘较宽，正面楷书"乾隆通寶"四字，直读，背穿左右为满文"宝源"局名。钱径2.34厘米，穿径0.61厘米，郭宽0.35厘米，郭厚0.15厘米，重3.64克（图一二三，2）。M60：1-3，平钱。方穿，正背面郭缘较宽，正面楷书"乾隆通寶"四字，直读，背穿左右为满文"宝晋"局名。钱径2.43厘米，穿径0.59厘米，郭宽0.37厘米，郭厚0.15厘米，重3.3克（图一二三，3）。M60：1-4，平钱。方穿，正背面郭缘较宽，正面楷书"乾隆通寶"四字，直读，背穿左右为满文"宝苏"局名。钱径2.5厘米，穿径0.6厘米，郭宽0.4厘米，郭厚0.13厘米，重2.77克（图一二三，4）。M60：2-1，小平钱。方穿，正背面郭缘较宽，正面楷书"乾隆通寶"四字，直读，背穿左右为满文"宝源"局名。钱径2.33厘米，穿径0.6厘米，郭宽0.34厘米，郭厚0.17厘米，重4.1克（图一二三，5）。

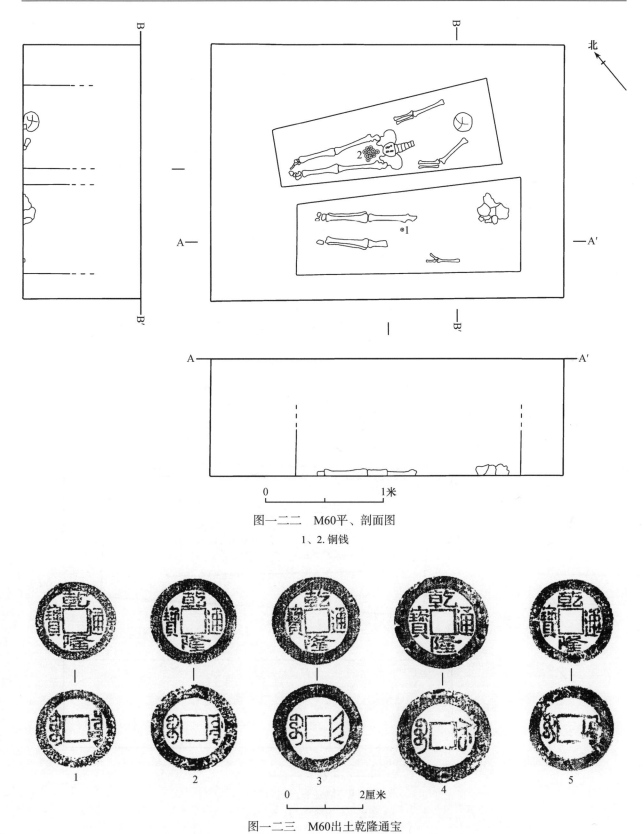

图一二二 M60平、剖面图
1、2.铜钱

图一二三 M60出土乾隆通宝
1. M60：1-1 2. M60：1-2 3. M60：1-3 4. M60：1-4 5. M60：2-1

（六十一）M61

1. 墓葬形制

位于发掘区中南部，南邻M62，开口于第2层下，东西向，方向115°。

墓平面呈不规则形，竖穴土圹双人合葬墓。墓口距地表深0.3米，墓底距地表深0.98～1.04米。墓圹东西长2.5～3米，南北宽2～2.26米，深0.68～0.74米。内填花土，土质较疏松。内置双棺，棺木已朽。北棺长2.04米，宽0.6～0.85米，残高0.32～0.4米，棺板残厚0.1米。骨架保存一般，头向东，面向不详，仰身直肢葬，为男性。南棺长1.76米，宽0.4～0.6米，残高0.44米。骨架保存一般，头向东，面向北，仰身直肢葬，为女性（图一二四；图版三〇，2）。

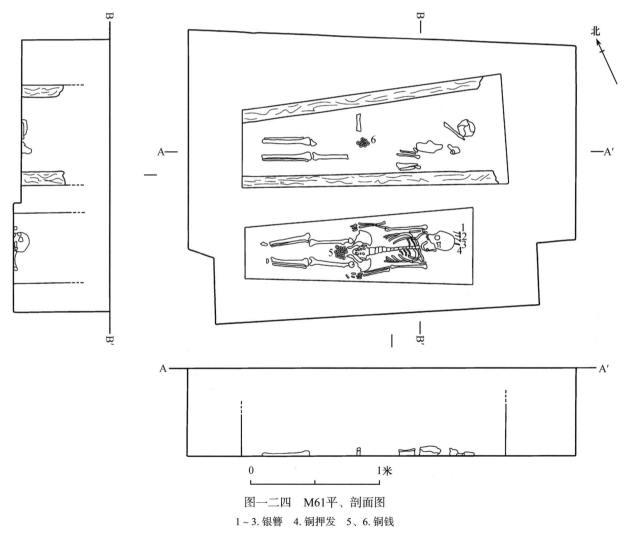

图一二四　M61平、剖面图

1～3. 银簪　4. 铜押发　5、6. 铜钱

2. 随葬品

北棺出土铜钱10枚，南棺出土银簪3件、铜押发1件、铜钱24枚。

银簪 3件。M61：1，簪首为十六瓣扁平花瓣状，中部凸起呈圆环形，环内铸"福"字纹，首背戳印"天保"字样；体呈细长圆锥形。簪首高0.39厘米，簪首宽2.16厘米，通长8.34厘米，重8.23克（图一二五，1；图版六七，3）。M61：2，簪首为十五瓣扁平花瓣状，中部凸起呈圆环形，环内铸"福"字纹，首背戳印"天保"字样；体呈细长圆锥形。簪首高0.36厘米，簪首宽2.18厘米，通长8.79厘米，重8.21克（图一二五，2；图版六七，4、5）。M61：3，簪首镂铸呈圆球状，绞丝环成数个圆形面，内铸花瓣和小圆珠，顶铸菊瓣纹，底托为俯菊状；体呈细长圆锥形。簪首高1.73厘米，簪首宽1.56厘米，通长13.6厘米，重5.59克（图一二五，3；图版六八，1）。

铜押发 1件。M61：4，体呈弓形，两端较宽呈柳叶状，中部收束。正面铸缠枝花卉纹，外铸网格纹；背镂铸花卉纹。残长9.43厘米，宽0.76～1.03厘米，厚0.15厘米，重7.23克（图一二五，4；图版六八，2）。

铜钱 34枚。宽永通宝1枚、乾隆通宝6枚、嘉庆通宝11枚、道光通宝15枚、咸丰通宝1枚。

乾隆通宝 6枚。M61：6-1，小平钱。方穿，正背面郭缘较宽，正面楷书"乾隆通寶"四字，直读，背穿左右为满文"宝源"局名。钱径2.33厘米，穿径0.6厘米，郭宽0.32厘米，郭厚0.13厘米，重3.24克（图一二五，5）。M61：6-2，小平钱。方穿，正背面郭缘较宽，正面楷书"乾隆通寶"四字，直读，背穿左右为满文"宝泉"局名。钱径2.29厘米，穿径0.58厘米，郭宽0.34厘米，郭厚0.14厘米，重3.32克（图一二五，6）。

嘉庆通宝 11枚。M61：6-3，平钱。方穿，正背面郭缘较宽，正面楷书"嘉慶通寶"四字，直读，背穿左右为满文"宝泉"局名。钱径2.45厘米，穿径0.55厘米，郭宽0.32厘米，郭厚0.15厘米，重4.01克（图一二五，7）。

道光通宝 15枚。M61：5-1，平钱。方穿，正背面郭缘略宽，正面楷书"道光通寶"四字，直读，背穿左右为满文"宝泉"局名。钱径2.45厘米，穿径0.62厘米，郭宽0.26厘米，郭厚0.13厘米，重3.83克（图一二五，8）。

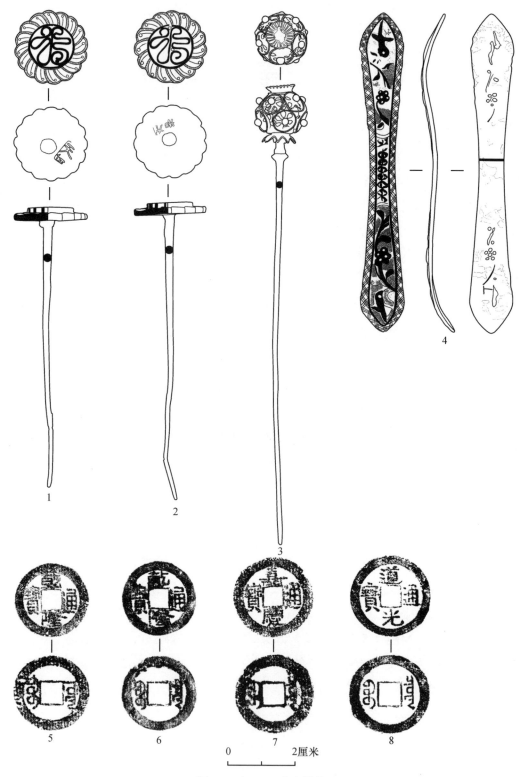

图一二五　M61出土器物

1~3.银簪（M61：1、M61：2、M61：3）　4.铜押发（M61：4）　5、6.乾隆通宝（M61：6-1、M61：6-2）

7.嘉庆通宝（M61：6-3）　8.道光通宝（M61：5-1）

（六十二）M62

1. 墓葬形制

位于发掘区中南部，西北邻M63，开口于第2层下，东西向，方向134°。

墓平面呈不规则形，竖穴土圹双人合葬墓。墓口距地表深0.3米，墓底距地表深0.96米。墓圹东西长2.7~3米，南北宽4米，深0.66米。内填花土，土质较疏松。内置双棺，棺木已朽。北棺长1.92米，宽0.48~0.67米，残高0.3米。骨架保存差，仅存头骨和零星碎骨，头向、面向、葬式均不详，为女性。南棺长1.8米，宽0.56~0.66米，残高0.3米。骨架保存较差，头向东，面向上，仰身直肢葬，为男性（图一二六；图版三一，1）。

2. 随葬品

北棺出土银簪2件、银耳环2件、铜钱12枚。

银簪 2件。M62：1，簪首镂铸呈圆球状，绞丝环成数个圆形面，内铸花瓣和小圆珠，底托为俯菊状；体呈细长圆锥形。簪首高1.98厘米，簪首宽1.78厘米，通长13.65厘米，重5.7克（图一二七，1；图版六八，3）。M62：2，残，仅存簪体，呈细长圆锥状。残长8.73厘米，厚0.14厘米，重0.94克（图一二七，2；图版六八，4）。

银耳环 2件。M62：3，形制相同、大小相近。环面铸蝙蝠纹；环体近似钩形，尾部尖。M62：3-1，长2.41厘米，环面宽2.47厘米，环面长0.14厘米，重2.47克（图一二七，3；图版六八，5左）。M62：3-2，长2.91厘米，环面宽2.51厘米，环面长0.15厘米，重2.6克（图一二七，4；图版六八，5右）。

铜钱 12枚。乾隆通宝3枚、嘉庆通宝2枚、道光通宝7枚。

乾隆通宝 3枚。M62：4-1，平钱。方穿，正背面郭缘较宽，正面楷书"乾隆通寶"四字，直读，背穿左右为满文"宝泉"局名。钱径2.49厘米，穿径0.62厘米，郭宽0.35厘米，郭厚0.14厘米，重4.13克（图一二七，5）。M62：4-2，小平钱。方穿，正背面郭缘较宽，正面楷书"乾隆通寶"四字，直读，背穿左右为满文"宝源"局名。钱径2.34厘米，穿径0.62厘米，郭宽0.37厘米，郭厚0.14厘米，重4克（图一二七，6）。

嘉庆通宝 2枚。M62：4-3，平钱。方穿，正背面郭缘较宽，正面楷书"嘉慶通寶"四字，直读，背穿左右为满文"宝泉"局名。钱径2.47厘米，穿径0.61厘米，郭宽0.28厘米，郭厚0.13厘米，重3.75克（图一二七，7）。

道光通宝 7枚。M62：4-4，小平钱。方穿，正背面郭缘略宽，正面楷书"道光通寶"四

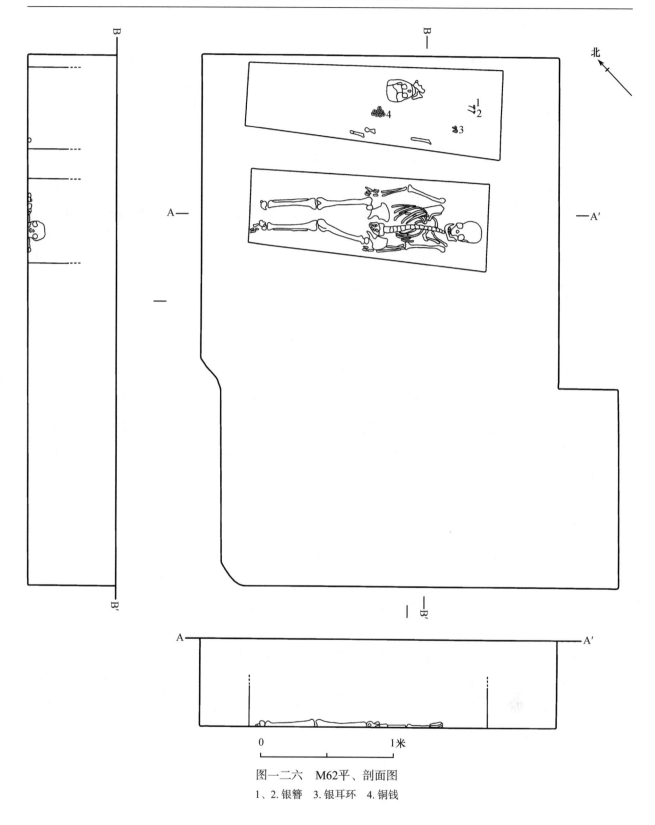

图一二六　M62平、剖面图

1、2.银簪　3.银耳环　4.铜钱

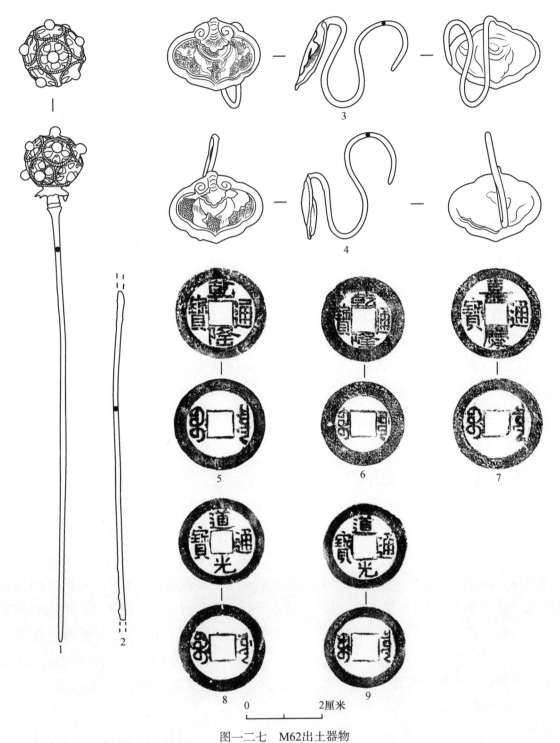

图一二七　M62出土器物

1、2. 银簪（M62：1、M62：2）　　3、4. 银耳环（M62：3-1、M62：3-2）　　5、6. 乾隆通宝（M62：4-1、M62：4-2）

7. 嘉庆通宝（M62：4-3）　　8、9. 道光通宝（M62：4-4、M62：4-5）

字，直读，背穿左右为满文"宝源"局名。钱径2.38厘米，穿径0.6厘米，郭宽0.31厘米，郭厚0.15厘米，重3.75克（图一二七，8）。M62：4-5，小平钱。方穿，正背面郭缘略宽，正面楷书"道光通寶"四字，直读，背穿左右为满文"宝泉"局名。钱径2.31厘米，穿径0.67厘米，郭宽0.3厘米，郭厚0.17厘米，重3.4克（图一二七，9）。

（六十三）M63

1. 墓葬形制

位于发掘区中南部，西邻M48，开口于第2层下，南北向，方向140°。

墓平面呈梯形，竖穴土圹双人合葬墓。墓口距地表深0.5米，墓底距地表深1米。墓圹南北长2.4米，东西宽1.8～2.05米，深0.5米。内填花土，土质较疏松。内置双棺，棺木已朽。东棺长1.7米，宽0.5～0.73米，残高0.4米。骨架保存较差，头向南，面向不详，仰身直肢葬，为女性。西棺长1.74米，宽0.5～0.65米，残高0.4米。骨架保存较差，头向南，面向上，仰身直肢葬，为男性（图一二八；图版三一，2）。

2. 随葬品

东棺出土银簪4件、银扁方1件、银耳环1件、铜钱40枚，西棺出土铜钱21枚。

银簪　4件。M63：1，簪首镂铸呈圆球状，绞丝环成数个圆形面，内铸花瓣和小圆珠，底托为俯菊状；体呈细长圆锥形。簪首高2.06厘米，簪首宽1.86厘米，通长13.27厘米，重4.82克（图一二九，1；图版六八，6）。M63：2，簪首为二十瓣扁平花瓣状，中部凸起呈圆环形，环内铸"福"字纹；体呈细长圆锥形。簪首高0.38厘米，簪首宽2.54厘米，通长12.71厘米，重11.28克（图一二九，2；图版六九，1）。M63：4，首为二十瓣扁平花瓣状，中部凸起呈圆环形，环内铸"寿"字纹；体呈细长圆锥形。簪首高0.38厘米，簪首宽2.53厘米，通长12.74厘米，重11.33克（图一二九，3；图版六九，3）。M63：3，簪首为银丝缠绕而成的六面形禅杖，顶呈葫芦形；颈部铸数周凸弦纹；体呈细长圆锥形。簪首高3.35厘米，簪首宽1.44厘米，通长15.7厘米，重5.24克（图一二九，4；图版六九，2）。

银扁方　1件。M63：5，首为扁平圆帽形；体呈扁条形，背戳印"義□"字样；末端呈圆弧状。通长11.04厘米，宽0.67～1.05厘米，厚0.07厘米，重5.32克（图一二九，5；图版六九，4、5）。

银耳环　1件。M63：6，环面呈圆饼状；环体近似钩形，尾部尖。通长3.11厘米，宽1.15厘米，环面直径0.11厘米，重1.09克（图一二九，6；图版六九，6）。

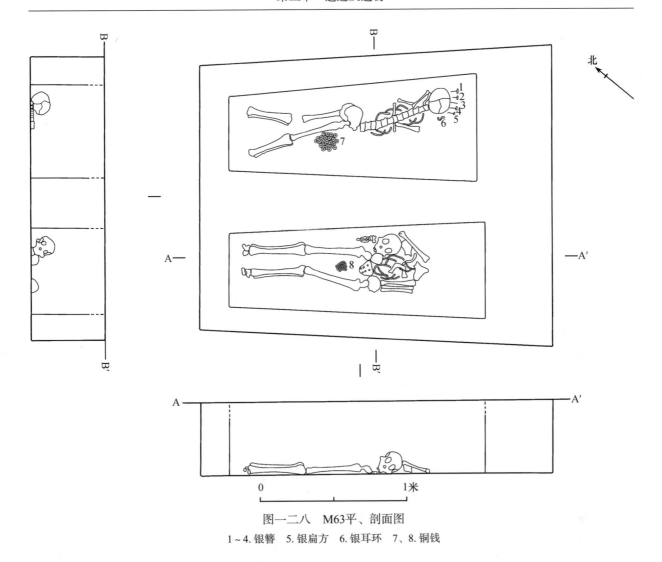

图一二八　M63平、剖面图

1～4.银簪　5.银扁方　6.银耳环　7、8.铜钱

　　铜钱　61枚。宽永通宝1枚、康熙通宝2枚、乾隆通宝15枚、嘉庆通宝10枚、道光通宝20枚、咸丰通宝3枚、光绪通宝10枚（图版七二，4）。

　　康熙通宝　2枚。M63：7-1，小平钱。方穿，正背面郭缘较宽，正面楷书"康熙通寶"四字，直读，背穿左右为满文"宝泉"局名。钱径2.34厘米，穿径0.6厘米，郭宽0.41厘米，郭厚0.1厘米，重2.57克（图一三〇，1）。

　　乾隆通宝　15枚。M63：7-2，小平钱。方穿，正背面郭缘较宽，正面楷书"乾隆通寶"四字，直读，背穿左右为满文"宝源"局名。钱径2.38厘米，穿径0.58厘米，郭宽0.34厘米，郭厚0.13厘米，重3.39克（图一三〇，2）。

　　嘉庆通宝　10枚。M63：7-3，小平钱。方穿，正背面郭缘较宽，正面楷书"嘉慶通寶"四字，直读，背穿左右为满文"宝源"局名。钱径2.3厘米，穿径0.68厘米，郭宽0.3厘米，郭厚0.17厘米，重4.1克（图一三〇，3）。M63：7-4，平钱。方穿，正背面郭缘较宽，正面楷书

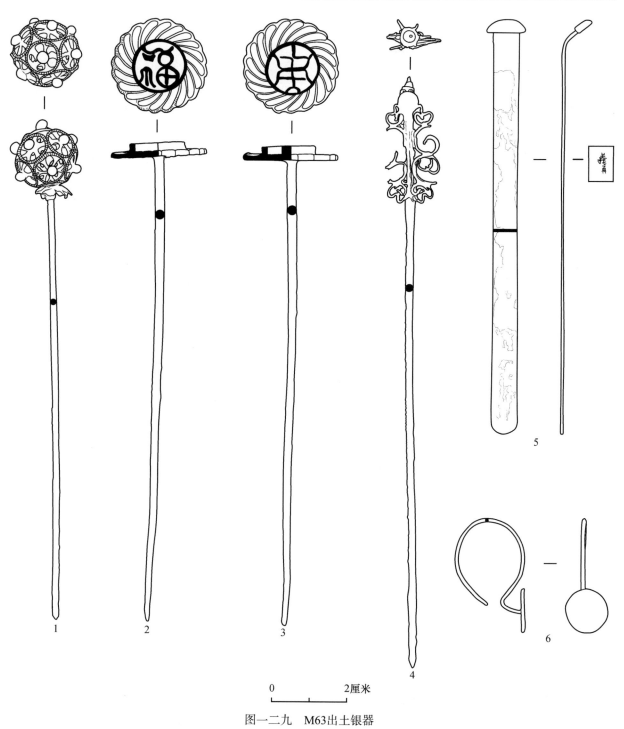

0　　　　　　2厘米

图一二九　M63出土银器

1~4.簪（M63：1、M63：2、M63：4、M63：3）　5.扁方（M63：5）　6.耳环（M63：6）

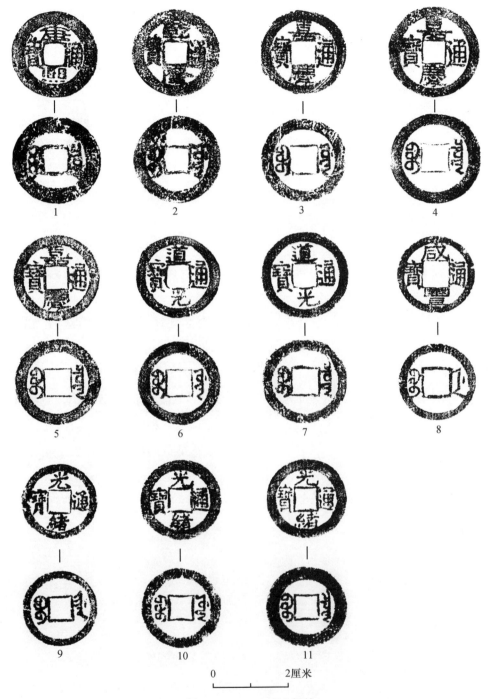

图一三〇　M63出土铜钱

1.康熙通宝（M63:7-1）　2.乾隆通宝（M63:7-2）　3~5.嘉庆通宝（M63:7-3、M63:7-4、M63:8-1）

6、7.道光通宝（M63:7-5、M63:7-6）　8.咸丰通宝（M63:7-7）　9~11.光绪通宝（M63:8-2、M63:8-3、M63:8-4）

"嘉慶通寶"四字，直读，背穿左右为满文"宝泉"局名。钱径2.49厘米，穿径0.65厘米，郭宽0.3厘米，郭厚0.16厘米，重4.48克（图一三〇，4）。M63：8-1，平钱。方穿，正背面郭缘较宽，正面楷书"嘉慶通寶"四字，直读，背穿左右为满文"宝泉"局名。钱径2.38厘米，穿径0.68厘米，郭宽0.33厘米，郭厚0.16厘米，重4.07克（图一三〇，5）。

道光通宝 20枚。M63：7-5，小平钱。方穿，正背面郭缘略宽，正面楷书"道光通寶"四字，直读，背穿左右为满文"宝源"局名。钱径2.29厘米，穿径0.6厘米，郭宽0.29厘米，郭厚0.15厘米，重3.51克（图一三〇，6）。M63：7-6，小平钱。方穿，正背面郭缘略宽，正面楷书"道光通寶"四字，直读，背穿左右为满文"宝泉"局名。钱径2.33厘米，穿径0.67厘米，郭宽0.3厘米，郭厚0.16厘米，重4克（图一三〇，7）。

咸丰通宝 3枚。M63：7-7，小平钱。方穿，正背面郭缘略窄，正面楷书"咸豐通寶"四字，直读，背穿左右为满文"宝浙"局名。钱径2.15厘米，穿径0.65厘米，郭宽0.23厘米，郭厚0.16厘米，重3.18克（图一三〇，8）。

光绪通宝 10枚。M63：8-2，小平钱。方穿，正背面郭缘略宽，正面楷书"光緒通寶"四字，直读，背穿左右为满文"宝津"局名。钱径2.07厘米，穿径0.55厘米，郭宽0.22厘米，郭厚0.12厘米，重1.8克（图一三〇，9）。M63：8-3，小平钱。方穿，正背面郭缘略宽，正面楷书"光緒通寶"四字，直读，背穿左右为满文"宝源"局名。钱径2.22厘米，穿径0.55厘米，郭宽0.34厘米，郭厚0.16厘米，重3.31克（图一三〇，10）。M63：8-4，小平钱。方穿，正背面郭缘略宽，正面楷书"光緒通寶"四字，直读，背穿左右为满文"宝泉"局名。钱径2.2厘米，穿径0.55厘米，郭宽0.3厘米，郭厚0.15厘米，重3.5克（图一三〇，11）。

第四章 初步研究

　　临河遗址共发掘清代窑址1座，清代墓葬63座。这些墓葬布局规整，排列有序，极少有叠压打破关系，大部分墓葬保存状况较差。墓葬可分为单人葬墓、双人合葬墓、三人合葬墓、四人合葬墓，出土随葬品全部为小件器物，如银簪、银耳环、铜簪、铜钱等。这批墓葬时代特征鲜明，具有典型的清代中晚期特点。从考古学研究角度来看，这批墓葬的发掘为进一步研究北京地区清代墓葬的形制、丧葬习俗和当时的社会生活状况提供了新的资料。

一、窑址形制

　　本次发掘清理窑址1座，为半倒焰式窑，操作间近椭圆形，呈东南高西北低缓坡状，窑室平面近长方形，窑室西北部设4个长方形烟道，上部排烟口呈圆形，形制与昌平朱辛庄清代窑址CZY1[①]、密云水洼屯村清代窑址Y6[②]相似，窑址内未出土器物，根据开口层位、窑址形制、窑址残存素面青砖等因素初步判断，窑址时代为清代。

二、墓葬年代

　　本次发掘清代墓葬63座，从随葬器物，特别是铜钱推断，大体分为三个阶段。

[①] 北京市文物研究所：《北京市昌平区朱辛庄与朝阳区豆各庄窑址发掘简报》，《北京文博文丛》2016年4期。

[②] 郭京宁：《密云区水洼屯清代窑址发掘报告》，《北京考古（第3辑）》，北京燕山出版社，2023年。

乾（隆）嘉（庆）道（光）时期，为M3、M17、M21、M22、M26、M29～M33、M37、M38、M40、M42、M44、M45、M55、M60、M62等。

咸（丰）同（治）光（绪）宣（统）时期，为M2、M5、M10～M16、M18、M20、M23、M27、M28、M34～M36、M39、M41、M43、M46～M48、M50～M53、M56、M61、M63等。

民国初年，为M4、M8、M9。M4出土铜钱较为丰富，有宽永通宝、康熙通宝、乾隆通宝、嘉庆通宝、道光通宝、咸丰通宝、光绪通宝、光绪重宝、宣统通宝、光绪元宝、大清铜币，同时又出土中华铜币。M9出土大清铜币，另有民国时期湖南省造双旗嘉禾铜币，表明其年代较晚，时间下限已至民国初年。

从北京地区以往的考古发掘情况来看，清代平民墓葬的出土器物主要为陶罐、釉陶器、瓷器、银簪、银耳环、铜簪等常见器物，铜钱也占有很大比重。整体来看，这批墓葬出土器物相对简单，种类较为单一，并无其他地区清代平民墓葬中常见的陶罐、釉陶器、瓷器等，因此在年代上以清代晚期为主，清代中期次之，少数墓葬年代下限已至民国初年。这种局面的出现，主要原因是"清代中后期，中央政府的统治末梢逐渐式微。体现在人口管理方面，是对居民居住空间的限制逐渐松弛，内外城人口流动频繁。且由于两年战乱及自然灾害导致流民增加，大量外省人口涌入，人口数量开始明显增加"[①]。清代中晚期北京各郊区人口密度的大幅度增加，导致这一时期平民墓葬数量急剧增长。

三、墓葬形制、葬俗与随葬器物

（一）墓葬形制及葬俗

本次共发掘墓葬63座，均为竖穴土圹墓，葬具为木棺，墓葬依形制和所葬人数可分为四型。

A型　单人葬墓。

共19座，为M1、M5、M12、M14、M19、M21、M22、M36、M37、M40、M47、M49、M53～M59。

其中M12、M14、M59为迁葬墓。

B型　双人合葬墓。

---

① 北京市文物研究所：《小营与西红门——北京大兴考古发掘报告》，上海古籍出版社，2018年。

共39座，为M2～M4、M6～M11、M13、M15～M18、M20、M23～M33、M35、M39、M41、M43、M44～M46、M48、M52、M60～M63。

其中M24、M25、M29、M39、M52为迁葬墓。

C型 三人合葬墓。

共3座，为M34、M38、M42。

D型 四人合葬墓。

共2座，为M50、M51。

墓葬均遭到不同程度的破坏，部分盗扰严重。墓葬集中分布在发掘区域东北部，呈箭头状分布，葬具均为木棺，夫妻双人合葬墓居多，占61.9%；其次是单人葬墓，占30.1%；三人合葬墓和四人合葬墓数量较少，占4.8%和3.2%（图一三一）。墓向大部分在130°左右，呈东西向，人骨多头向东，葬式为仰身直肢葬，整体分布较规律。墓葬形制与丽泽金融商务区[①]、六间房墓葬区[②]、五棵松篮球馆工程墓葬[③]、国家体育馆工程墓葬[④]、奥运村工程墓葬[⑤]等清代竖穴土圹墓相似。

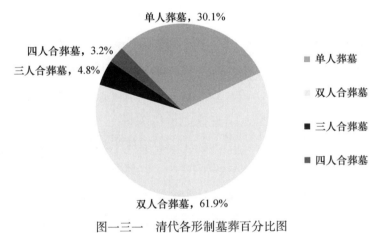

图一三一 清代各形制墓葬百分比图

顺义临河墓地布局规整，排列有序，极少有叠压打破关系，为家族墓地。从布局结构和随葬器物推断，大体可分为两组，可能属于一小一大两组家族。第一组有西部的M1～M8，共8座。第二组有东部的M9～M53、M60～M63，共49座。这两组家族墓有以下特点：

第一，两组家族墓地布局相同，大体埋葬时间由早到晚，东南—西北向呈箭头形规划。

---

① 北京市文物研究所：《丽泽墓地——丽泽金融商务区园区规划绿地工程发掘报告》，科学出版社，2016年。

② 北京市文物研究所：《六间房墓葬区发掘报告》，《北京段考古发掘报告集》，科学出版社，2008年。

③ 北京市文物研究所：《五棵松篮球馆工程考古发掘报告》，《北京奥运场馆考古发掘报告》，科学出版社，2007年。

④ 北京市文物研究所：《国家体育馆工程考古发掘报告》，《北京奥运场馆考古发掘报告》，科学出版社，2007年。

⑤ 北京市文物研究所：《奥运村工程考古发掘报告》，《北京奥运场馆考古发掘报告》，科学出版社，2007年。

　　第二，从出土铜钱判断，第一组M3出土乾隆通宝、道光通宝。第二组中M31出土铜钱较多且丰富，有清代铜钱顺治通宝、康熙通宝、雍正通宝、乾隆通宝、嘉庆通宝等196枚，几乎涵盖整个清早期和中期，其中乾隆与嘉庆时期铜钱占比达到98%，表明墓主人主要生活在乾隆与嘉庆二朝，同时嘉庆通宝数量占比又是乾隆通宝的二倍。这表明第一组整体年代略晚于第二组，结合其他出土器物，第二组中M31可能是最早的墓葬。

　　第三，两组墓地从时间上看，第一组虽略晚于第二组，但是相差年代较小，大体上都同属嘉庆、道光两朝。两组墓地年代最晚的墓都位于西北头，且同时进入民国初年。这表明两组墓地虽然数量相差很大，但是整体的埋葬时间基本相同，都开始于嘉道时期，结束于民国初年。

　　第四，第二组墓地中有四组打破关系，M13打破M14、M20打破M21、M36打破M37、M40打破M41，还有部分迁葬墓，另有少数晚期墓葬埋于早期墓葬之间的现象，表明第二组家族墓地有可能是具有一定血缘关系的几个不同家庭的墓地。

　　"这种排列上有严格的顺序、分布上符合昭穆制度的清代家族墓地，也见于大兴小营与西红门、榆垡、东庄营村，朝阳黑庄户北京鲜活农产品流通中心，海淀中坞，昌平张营，房山岩上、六间房、独义村，丰台丽泽，奥运场馆，通州郑庄、苏宁电器物流中心、潞城后屯等地，这是北京清代考古中较为常见的现象。"①这种家族墓地的一般规律是先通过堪舆风水选定吉地，然后划定墓葬方位和布局，在最前方有一座祖墓，后代墓葬依"Λ"形或呈箭头状向后排列。昭穆制度表现在墓地中，则是一支的祖先居于祖位，即墓地的中心，长子居左，为一昭；长孙居右，为一穆；次之为二昭、二穆位，依次类推②。昭穆制度是中国古代宗法制度的一部分，早在西周时期就已经形成，是指宗庙或宗庙中神主的排列次序，其主要应用于宗庙祭祀之中。现存明清两代的太庙、天坛供奉各帝神主，也都是按照左昭右穆的顺序安放。然而，昭穆制度在墓葬排列中的影响力却大大减弱，无论是历朝的皇帝陵寝，还是诸王陵墓，抑或是各阶层家族墓地，大部分并未严格按照昭穆次序进行安排，如西汉和清代各陵。"这是因为在葬地的安排上，由于风水观念及地势的不同，加之皇帝个人的喜好及其他种种原因，在陵址的选择上，很难做到严格依照昭穆的次序安排。"③同理，在品官和平民家族墓地中也存在这种现象，尤其是平民家族墓地，囿于经济水平、社会风俗、地理环境、家庭个体特殊性等因素，昭穆制度在执行过程中受到各方面严重制约，往往没有按照其要求排列。顺义临河墓地存在这种现象，从总体布局上看，大体是由东南向西北呈箭头状分布，然而第二组墓地中有四组打破关系，还有部分迁葬墓，晚期墓葬排列顺序较为混乱，另有少数晚期墓葬埋于早期墓葬之间

①　北京市文物研究所：《通州田家府村——通州文化旅游区A8、E1、E6地块考古发掘报告》，上海古籍出版社，2020年。

②　张中华：《北京考古史·清代卷下》，上海古籍出版社，2012年。

③　宋大川、夏连保：《清代园寝制度研究》，文物出版社，2007年。

的现象，说明无论是一个还是几个有一定血缘关系的家族墓地，都打破了昭穆制度规定的排列次序。

这批墓葬形制较为简单，出土器物并无金器、玉器、青花瓷罐等高级别器物，也没有出土表明墓主人身份地位的墓志或铭文墓砖，初步判断均为清代平民墓葬。"普通墓葬指清代低级官吏、乡绅和平民墓葬。对此类墓葬的发掘始于20世纪60年代，进入21世纪以来，由于基建工程的增多，又清理出千余座。其中以竖穴土坑墓占绝大多数，砖室墓极少；土葬墓所占比例较大，火葬墓较少。单人墓葬数量少于双人合葬或多人合葬，葬式一般仰身直肢。葬具除少数火葬者用瓷棺外，多使用木棺。随葬品数量多寡不均，质量也有很大区别。富贵者多随葬金器、银器、铜器、瓷器、玉器及宝石类等，贫者可能只有一个五谷罐或是几枚铜钱。墓地的布局一般比较严格，墓葬之间排列也多有规律。"①

（二）随葬器物

本次共出土器物151件（套）（不含铜钱），品种较为单一，按质地分仅有银器和铜器，银器和铜器均为发簪、耳环、戒指、镯等北京地区墓葬出土常见首饰。

1. 银器

银扁方　12件。依首、体形制分为三型。

A型　7件。首为扁平圆帽形；体呈扁条形，簪首部扁平弯曲，末端呈圆弧状（M3∶2、M15∶2、M40∶3、M46∶3、M50∶5、M51∶4、M63∶5）。

B型　4件。体扁条形，末端呈圆弧状。依纹饰分为二亚型。

Ba型　2件。首部卷曲，首部錾刻蝙蝠纹；方体上端錾刻团寿纹，下端刻缠枝花草纹（M38∶4、M51∶9）。

Bb型　2件。首残，体表饰缠枝花卉纹（M43∶5、M45∶4）。

C型　1件。首呈梅花棱状，体长条形，上宽下窄，簪体扁平（M41∶2）。

银押发　2件。体呈弓形，两端较宽呈柳叶状，中部收束（M6∶5、M8∶5）。

银簪　94件。依首、体形制分为十四型。

A型　18件。首镂铸呈几何形，绞丝环成数个圆形面，内铸花瓣和小圆珠；体呈细长圆锥形。依簪首形制分为二亚型。

Aa型　16件。首镂铸呈圆球状（M3∶3、M4∶1、M13∶2、M27∶1、M36∶2、

---

① 张中华：《北京考古史·清代卷下》，上海古籍出版社，2012年。

M42：3、M43：4、M45：2、M47：2、M50：3、M51：3、M51：6、M58：2、M61：3、M62：1、M63：1）。

Ab型　2件。首镂铸呈近六边形（M32：1、M34：4）。

B型　40件。簪首为扁平花瓣状，中部凸起呈圆环形，环内铸"福""寿""宁"字纹；体呈细长圆锥形。依簪首形制分为二亚型。

Ba型　38件。首为圆形花瓣（M3：4、M3：5、M4：2、M4：4、M10：1、M10：2、M11：2、M11：3、M27：2、M27：3、M34：5、M34：6、M35：1、M36：1、M36：3、M38：2、M38：3、M40：1、M40：4、M42：1、M42：2、M43：1、M43：2、M44：1、M44：2、M45：3、M47：1、M47：3、M50：1、M50：2、M51：1、M51：2、M51：7、M51：8、M61：1、M61：2、M63：2、M63：4）。

Bb型　2件。首为尖圆形花瓣（M6：3、M13：3）。

C型　2件。首为十二瓣立体花瓣状，中部凸起呈圆环形，环内铸"金""玉"字纹，簪首背镂刻六瓣花瓣纹，体呈细长圆锥形（M41：1、M41：3）。

D型　7件。首为双层花卉形，四周饰草叶纹；体呈细长圆锥形（M6：1、M8：3、M8：4、M9：2、M9：3、M13：4、M23：3）。

E型　6件。首为银丝缠绕而成的六面形禅杖，顶呈葫芦形；体呈细长圆锥形（M10：3、M22：1、M31：1、M43：3、M50：4、M63：3）。

F型　3件。首为柳叶形，两端尖，略弯曲，中部为四瓣花形或葵花纹，体呈细长圆锥形（M11：1、M23：1、M54：3）。

G型　2件。首为仰莲形，中间镶嵌物残缺，底部铸花萼；下端有一凸颈，体呈细长圆锥形（M35：2、M42：5）。

H型　1件。首一部分为锡杖手，手指圆而细长，拇指与食指合拢；另一部分残，可见呈花篮状；体呈细长圆锥形（M4：3）。

I型　2件。首为耳挖形；细颈，饰两周弦纹；中部呈菱形；体呈扁平锥状（M23：5、M54：4）。

J型　2件。首为盛开的花朵状，中间铸花蕊，花蕊周围铸有花朵纹和如意云纹，外围铸草叶纹；首背为如意云纹或镂空花朵形（M38：1、M40：2）。

K型　1件。首呈三层五瓣梅花纹；体呈细长圆锥形（M58：1）。

L型　7件。首残缺，体呈细长圆锥形（M6：4、M9：1、M9：5、M34：9、M40：8、M54：5、M62：2）。

M型　1件。簪首为扁平圆帽形；体为扁平锥形（M4：5）。

N形　2件。首为四层六瓣花朵形，体呈细长圆锥形（M54：1、M54：2）。

银耳环　17件（套）。依形制可分为三型。

A型　11件（套）。环体近似钩形，尾部尖。依环面形制分为二亚型。

Aa型　9件（套）。环面呈圆饼状（M4：6、M13：5、M27：5、M32：3、M40：5、M43：6、M44：4、M50：6、M63：6）。

Ab型　2件。环面呈半球状（M33：2、M36：4）。

B型　4件（套）。环面为扁平图案，环体近似钩形，尾部尖。依环面纹饰分为三亚型。

Ba型　2件（套）。环面呈蝙蝠形（M17：2、M62：3）。

Bb型　1件（套）。环面呈莲花状（M10：4）。

Bc型　1件。环面为累丝花卉状（M50：8）。

C型　2件（套）。体呈圆环形，一端为圆锥状，一端为扁平状。依形制分为二亚型。

Ca型　1件（套）。中部铸蝙蝠纹（M26：2）。

Cb型　1件（套）。中部铸花卉图案（M47：4）。

银戒指　3件。圆环形，环体扁平。依形制可分为三型。

A型　1件。中部宽，为方形，铸"吉祥"字样（M6：6）。

B型　1件。中部近方形，刻莲花图案（M23：6）。

C型　1件。素面（M40：7）。

银镯　2件（套）。切面为椭圆形，素面。依照形制可分为二型。

A型　1件。体呈"C"形（M4：7）。

B型　1件（套）。体呈圆环形（M38：5）。

鎏金银饰件　1件。残存部分呈树杈状，上部及边缘铸银丝，体扁平（M34：10）。

2. 铜器

铜扁方　3件。依首、体形制分为二型。

A型　2件。体扁条形，依首形制分为二亚型。

Aa型　1件。首卷曲（M2：1）。

Ab型　1件。首卷曲，两侧镶嵌梅花（M21：2）。

B型　1件。首呈扁平圆帽状，体呈扁条形（M34：7）。

铜押发　1件。体呈弓形，两端较宽呈柳叶状，中部收束（M61：4）。

铜簪　13件。依首、体形制分为七型。

A型　6件。首为扁平花瓣状，中部凸起呈圆环形，环内铸"福""寿""宁"字纹；体呈细长圆锥形（M16：1-1、M16：1-2、M30：2、M30：3、M34：1、M42：6）。

B型　1件。簪为镂空圆球形，绞丝环成数个花瓣，内铸小圆珠；底托为叶状；体呈细长圆锥形（M8：1）。

C型　1件。首呈四瓣花形，体呈细长圆锥形（M32：2）。

D型　1件。体为扁平锥状，上端有圆孔，圆孔下端有银丝缠绕（M34：11）。

E型　1件。簪首以玉料雕刻为双层花瓣，体呈细长圆锥形（M44：3）。

F型　2件。残，仅存细长圆锥状簪体（M6：2、M23：2）。

G型　1件。残，仅存部分簪首，难以判断形制（M8：2）。

铜耳环　2件（套）。依首、体形制分为二型。

A型　1件。半圆环形，两端皆残，一端为细长圆锥体，一端为扁条形（M15：3）。

B型　1件（套）。环体近似钩形，环面呈扁平细长形，尾部尖（M23：4）。

铜戒指　1件。圆环形，环体扁平；中部为圆形，两端尖（M11：4）。

3. 初步分析

福寿簪，以葵圆形首簪中花瓣为弧形者居多，北京地区历年出土较多，簪首中常有福、寿、金、玉、满、堂、宁等字或字形纹饰，意寓多福长寿，金玉满堂。金字簪M41：1与轨道交通大兴线枣园路站M3：2[①]等相近；福字簪M3：4、M3：5、M4：2、M6：3、M10：1、M11：2、M16：1、M27：3、M34：5、M34：6、M35：1、M36：1、M36：3、M38：2、M42：2、M43：1、M43：2、M44：1、M45：3、M47：1、M50：2、M51：2、M51：8、M61：2、M63：2与轨道交通大兴线枣园路站M33：2-1[②]、丽泽金融商务区园区规划绿地工程M9：3[③]、奥运一期工程M17：1[④]等相近；寿字簪M10：2、M27：2、M34：1、M38：3、M42：1、M44：2、M51：7、M63：4与康庄安置房墓葬M2：3[⑤]、丽泽金融商务区园区规划绿地工程[⑥]等相近。

禅杖首簪M10：3、M22：1、M31：1、M43：3、M50：4、M63：3与轨道交通大兴线枣

---

① 北京市文物研究所：《轨道交通大兴线枣园路站考古发掘报告》，《小营与西红门——北京大兴考古发掘报告》，上海古籍出版社，2018年。

② 北京市文物研究所：《轨道交通大兴线枣园路站考古发掘报告》，《小营与西红门——北京大兴考古发掘报告》，上海古籍出版社，2018年。

③ 北京市文物研究所：《丽泽墓地——丽泽金融商务区园区规划绿地工程发掘报告》，科学出版社，2016年。

④ 北京市文物研究所：《奥运一期工程考古发掘报告》，《北京奥运场馆考古发掘报告》，科学出版社，2007年。

⑤ 北京市文物研究所：《康庄安置房墓葬》，《大兴古墓葬考古发掘报告集》，科学出版社，2020年。

⑥ 北京市文物研究所：《丽泽墓地——丽泽金融商务园区规划绿地工程发掘报告》，科学出版社，2016年。

园路站M33∶2-4[①]、奥林匹克会议中心工程M29∶1[②]、五棵松棒球场工程M27∶2[③]、郑常庄燃气热电工程M9∶1[④]等相近。

镂空球形首簪M3∶3、M4∶1、M8∶1、M13∶2、M27∶1、M36∶2、M42∶3、M43∶4、M45∶2、M47∶2、M50∶3、M51∶3、M51∶6、M58∶2、M61∶3、M62∶1、M63∶1，簪首皆为银丝缠绕成球形，与轨道交通大兴线枣园路站M33∶2-3[⑤]及西红门商业综合区一、二、三号地块M57∶3[⑥]等相近。

首呈花瓣状簪M35∶2、M42∶5与奥林匹克会议中心工程M15∶2[⑦]、奥运一期工程M224∶2[⑧]、五棵松棒球场工程M3∶4[⑨]等相近。

佛手首簪M4∶3与丽泽金融商务区园区规划绿地工程M156∶2[⑩]、国家体育馆工程M8∶1[⑪]、奥运一期工程M203∶4[⑫]等相近。

① 北京市文物研究所：《轨道交通大兴线枣园路站考古发掘报告》，《小营与西红门——北京大兴考古发掘报告》，上海古籍出版社，2018年。

② 北京市文物研究所：《奥林匹克会议中心工程考古发掘报告》，《北京奥运场馆考古发掘报告》，科学出版社，2007年。

③ 北京市文物研究所：《五棵松棒球场工程考古发掘报告》，《北京奥运场馆考古发掘报告》，科学出版社，2007年。

④ 北京市文物研究所、丰台区文物保管所：《郑常庄燃气热电工程考古发掘报告》，《北京奥运场馆考古发掘报告》，科学出版社，2007年。

⑤ 北京市文物研究所：《轨道交通大兴线枣园路站考古发掘报告》，《小营与西红门——北京大兴考古发掘报告》，上海古籍出版社，2018年。

⑥ 北京市文物研究所：《西红门商业综合区一、二、三号地块考古发掘报告》，《小营与西红门——北京大兴考古发掘报告》，上海古籍出版社，2018年。

⑦ 北京市文物研究所：《奥林匹克会议中心工程考古发掘报告》，《北京奥运场馆考古发掘报告》，科学出版社，2007年。

⑧ 北京市文物研究所：《奥运一期工程考古发掘报告》，《北京奥运场馆考古发掘报告》，科学出版社，2007年。

⑨ 北京市文物研究所：《五棵松棒球场工程考古发掘报告》，《北京奥运场馆考古发掘报告》，科学出版社，2007年。

⑩ 北京市文物研究所：《丽泽墓地——丽泽金融商务区园区规划绿地工程发掘报告》，科学出版社，2016年。

⑪ 北京市文物研究所：《国家体育馆工程考古发掘报告》，《北京奥运场馆考古发掘报告》，科学出版社，2007年。

⑫ 北京市文物研究所：《奥运一期工程考古发掘报告》，《北京奥运场馆考古发掘报告》，科学出版社，2007年。

耳挖首簪M23：5、M54：4与五棵松棒球场工程M6：2[①]、中国科技新馆工程M8：1[②]等相近。

首呈如意云纹花朵状簪M6：1、M8：3、M8：4、M9：2、M9：3、M13：4、M23：3、M54：1、M54：2与西红门商业综合区一、二、三号地块M55：1[③]等相近。

首呈多层花瓣镶嵌料珠状簪M38：1、M40：2与奥运一期工程M17：3[④]等相近。

各类簪首背面戳印的"庆顺""同聚""顺兴"等印记为银楼字号。这些首饰反映了老字号独具匠心的技艺和服务，凝聚着工匠们的智慧和心血，展现了浓郁的地方特色和商业传承。

圆帽首扁方M3：2、M15：2、M34：7、M40：3、M46：3、M50：5、M51：4与丽泽金融商务区园区规划绿地工程M97：3[⑤]、国家体育馆工程M8：3[⑥]、奥运一期工程M211：2[⑦]、五棵松棒球场工程M3：7[⑧]等相近。

卷首扁方M2：1、M21：2、M38：4、M51：9与轨道交通大兴线枣园路站M33：1[⑨]、丽泽金融商务区园区规划绿地工程M60：1[⑩]、奥运一期工程M8：2[⑪]、中国科技新馆工程M3：19[⑫]等相近。

---

① 北京市文物研究所：《五棵松棒球场工程考古发掘报告》，《北京奥运场馆考古发掘报告》，科学出版社，2007年。

② 北京市文物研究所、朝阳区文物管理所：《中国科技馆新馆工程考古发掘报告》，《北京奥运场馆考古发掘报告》，科学出版社，2007年。

③ 北京市文物研究所：《西红门商业综合区一、二、三号地块考古发掘报告》，《小营与西红门——北京大兴考古发掘报告》，上海古籍出版社，2018年。

④ 北京市文物研究所：《奥运一期工程考古发掘报告》，《北京奥运场馆考古发掘报告》，科学出版社，2007年。

⑤ 北京市文物研究所：《丽泽墓地——丽泽金融商务区园区规划绿地工程发掘报告》，科学出版社，2016年。

⑥ 北京市文物研究所：《国家体育馆工程考古发掘报告》，《北京奥运场馆考古发掘报告》，科学出版社，2007年。

⑦ 北京市文物研究所：《奥运一期工程考古发掘报告》，《北京奥运场馆考古发掘报告》，科学出版社，2007年。

⑧ 北京市文物研究所：《五棵松棒球场工程考古发掘报告》，《北京奥运场馆考古发掘报告》，科学出版社，2007年。

⑨ 北京市文物研究所：《轨道交通大兴线枣园路站考古发掘报告》，《小营与西红门——北京大兴考古发掘报告》，上海古籍出版社，2018年。

⑩ 北京市文物研究所：《丽泽墓地——丽泽金融商务区园区规划绿地工程发掘报告》，科学出版社，2016年。

⑪ 北京市文物研究所：《奥运一期工程考古发掘报告》，《北京奥运场馆考古发掘报告》，科学出版社，2007年。

⑫ 北京市文物研究所、朝阳区文物管理所：《中国科技馆新馆工程考古发掘报告》，《北京奥运场馆考古发掘报告》，科学出版社，2007年。

梅花棱首扁方M41：2与丽泽金融商务区园区规划绿地工程M49：2[①]、国家体育馆工程M4：1[②]、奥运一期工程M85：1[③]、五棵松棒球场工程M3：8[④]、中国科技新馆工程M1：2[⑤]等相近。

押发M6：5、M8：5、M61：4，体呈弓形，两端较宽呈柳叶状，中部收束；与丽泽金融商务区园区规划绿地工程M77：1[⑥]、奥运一期工程M11：1[⑦]等相近。

耳环以圆饼状环面居多，如M4：6、M13：5、M27：5、M32：3、M40：5、M43：6、M44：4、M50：6、M63：6，与轨道交通大兴线枣园路站三期M33：3[⑧]、丽泽金融商务区园区规划绿地工程M139：6[⑨]、奥运一期工程M145：6[⑩]、郑常庄燃气热电工程M9：2[⑪]、黄村双高花园墓葬M1：4[⑫]、康庄安置房墓葬M3：5[⑬]等相近。

蝙蝠纹环面耳环M15：3、M17：2、M62：3与丽泽金融商务区园区规划绿地工程M193：2[⑭]、奥运一期工程M15：3[⑮]等相近。

---

①　北京市文物研究所：《丽泽墓地——丽泽金融商务区园区规划绿地工程发掘报告》，科学出版社，2016年。

②　北京市文物研究所：《国家体育馆工程考古发掘报告》，《北京奥运场馆考古发掘报告》，科学出版社，2007年。

③　北京市文物研究所：《奥运一期工程考古发掘报告》，《北京奥运场馆考古发掘报告》，科学出版社，2007年。

④　北京市文物研究所：《五棵松棒球场工程考古发掘报告》，《北京奥运场馆考古发掘报告》，科学出版社，2007年。

⑤　北京市文物研究所、朝阳区文物管理所：《中国科技馆新馆工程考古发掘报告》，《北京奥运场馆考古发掘报告》，科学出版社，2007年。

⑥　北京市文物研究所：《丽泽墓地——丽泽金融商务区园区规划绿地工程发掘报告》，科学出版社，2016年。

⑦　北京市文物研究所：《奥运一期工程考古发掘报告》，《北京奥运场馆考古发掘报告》，科学出版社，2007年。

⑧　北京市文物研究所：《轨道交通大兴线枣园路站考古发掘报告》，《小营与西红门——北京大兴考古发掘报告》，上海古籍出版社，2018年。

⑨　北京市文物研究所：《丽泽墓地——丽泽金融商务区园区规划绿地工程发掘报告》，科学出版社，2016年。

⑩　北京市文物研究所：《奥运一期工程考古发掘报告》，《北京奥运场馆考古发掘报告》，科学出版社，2007年。

⑪　北京市文物研究所、丰台区文物保管所：《郑常庄燃气热电工程考古发掘报告》，《北京奥运场馆考古发掘报告》，科学出版社，2007年。

⑫　北京市文物研究所：《黄村双高花园墓葬》，《大兴古墓葬考古发掘报告集》，科学出版社，2020年。

⑬　北京市文物研究所：《康庄安置房墓葬》，《大兴古墓葬考古发掘报告集》，科学出版社，2020年。

⑭　北京市文物研究所：《丽泽墓地——丽泽金融商务区园区规划绿地工程发掘报告》，科学出版社，2016年。

⑮　北京市文物研究所：《奥运一期工程考古发掘报告》，《北京奥运场馆考古发掘报告》，科学出版社，2007年。

首、体皆锤揲花纹耳环M26：2、M47：4与丽泽金融商务区园区规划绿地工程M223：10[1]、奥运一期工程M138：1[2]、五棵松棒球场工程M17：3[3]、郑常庄燃气热电工程M1：1[4]等相近。

片状花纹环面耳环M10：4、M50：8与丽泽金融商务区园区规划绿地工程的M207：3[5]、奥运一期工程M171：1[6]等相近。

素面戒指M40：7与奥运场馆五棵松篮球馆工程M29：6[7]、奥运一期工程M53：8[8]、五棵松棒球场工程M21：7[9]、郑常庄燃气热电工程M2：1[10]等相近。

素面银镯M4：7与丽泽金融商务区园区规划绿地工程M88：2[11]、奥运一期工程M37：10[12]等相近。

铜钱多数为模制，圆形、方穿，也有模制铜币。出土铜钱中，清代铜钱最多，还有一定的北宋、民国时期的铜钱。

宋代铜钱最早为北宋哲宗元祐通宝，其次为宋徽宗大观通宝，背为光背。从以往发掘资料看，北京地区明墓中出土宋代铜钱的现象较为常见，而清墓中出土宋代铜钱的占比不是很

---

① 北京市文物研究所：《丽泽墓地——丽泽金融商务区园区规划绿地工程发掘报告》，科学出版社，2016年。

② 北京市文物研究所：《奥运一期工程考古发掘报告》，《北京奥运场馆考古发掘报告》，科学出版社，2007年。

③ 北京市文物研究所：《五棵松棒球场工程考古发掘报告》，《北京奥运场馆考古发掘报告》，科学出版社，2007年。

④ 北京市文物研究所、丰台区文物保管所：《郑常庄燃气热电工程考古发掘报告》，《北京奥运场馆考古发掘报告》，科学出版社，2007年。

⑤ 北京市文物研究所：《丽泽墓地——丽泽金融商务区园区规划绿地工程发掘报告》，科学出版社，2016年。

⑥ 北京市文物研究所：《奥运一期工程考古发掘报告》，《北京奥运场馆考古发掘报告》，科学出版社，2007年。

⑦ 北京市文物研究所：《五棵松篮球馆工程考古发掘报告》，《北京奥运场馆考古发掘报告》，科学出版社，2007年。

⑧ 北京市文物研究所：《奥运一期工程考古发掘报告》，《北京奥运场馆考古发掘报告》，科学出版社，2007年。

⑨ 北京市文物研究所：《五棵松棒球场工程考古发掘报告》，《北京奥运场馆考古发掘报告》，科学出版社，2007年。

⑩ 北京市文物研究所、丰台区文物保管所：《郑常庄燃气热电工程考古发掘报告》，《北京奥运场馆考古发掘报告》，科学出版社，2007年。

⑪ 北京市文物研究所：《丽泽墓地——丽泽金融商务区园区规划绿地工程发掘报告》，科学出版社，2016年。

⑫ 北京市文物研究所：《奥运一期工程考古发掘报告》，《北京奥运场馆考古发掘报告》，科学出版社，2007年。

高，各区均有发现但是总量不大，如元祐通宝在密云大唐庄①、海淀中坞②、通州东石村与北
小营村③等地均有发现，大观通宝在密云大唐庄④、丰台丽泽⑤等地也有发现。清墓中出土宋代
的铜钱，还有北宋太宗时期的太平通宝⑥、至道元宝⑦，真宗时期的咸平元宝⑧、景德元宝⑨、
祥符通宝⑩、天禧通宝⑪，仁宗时期的天圣元宝⑫、皇宋通宝⑬、嘉祐通宝⑭，英宗时期的治平通
宝⑮，神宗时期的熙宁元宝⑯、元丰通宝⑰，徽宗时期的圣宋通宝⑱等，另有朝阳奥运场馆⑲、大
兴北程庄⑳、丰台王佐㉑等遗址有少量发现，几乎包含了整个北宋时期。此外，在密云大唐庄还
发现南宋高宗时期的绍兴通宝㉒。这种现象的出现主要原因首先是两宋时期经济繁荣，尤其是
北宋铸钱量极大；其次是有明一代，由于宋钱质量上乘，铁画银钩，在北方地区一直处于流通
状态，这种现象一直延续到清代中期；最后是明清两朝北方地区有随葬前朝旧钱的社会风俗，

① 北京市文物研究所：《密云大唐庄——白河流域古代墓葬发掘报告》，上海古籍出版社，2010年。

② 北京市文物研究所：《海淀中坞——北京市南水北调配套工程团城湖调节池工程考古发掘报告》，科学出版社，2017年。

③ 北京市考古研究院：《通州东石村与北小营村——北京轻轨L2线通州段次渠站等土地开发项目考古发掘报告》，上海古籍出版社，2022年。

④ 北京市文物研究所：《密云大唐庄——白河流域古代墓葬发掘报告》，上海古籍出版社，2010年。

⑤ 北京市文物研究所：《丽泽墓地——丽泽金融商务区园区规划绿地工程发掘报告》，科学出版社，2016年。

⑥ 北京市文物研究所：《小营与西红门——北京大兴考古发掘报告》，上海古籍出版社，2018年。

⑦ 北京市文物研究所：《密云大唐庄——白河流域古代墓葬发掘报告》，上海古籍出版社，2010年。

⑧ 北京市文物研究所：《昌平沙河——汉、西晋、唐、元、明、清代墓葬发掘报告》，科学出版社，2012年。

⑨ 北京市文物研究所：《密云大唐庄——白河流域古代墓葬发掘报告》，上海古籍出版社，2010年。

⑩ 北京市文物研究所：《小营与西红门——北京大兴考古发掘报告》，上海古籍出版社，2018年。

⑪ 北京市文物研究所：《密云大唐庄——白河流域古代墓葬发掘报告》，上海古籍出版社，2010年。

⑫ 北京市文物研究所：《昌平沙河——汉、西晋、唐、元明、清墓葬发掘报告》，科学出版社，2012年。

⑬ 北京市文物研究所：《小营与西红门——北京大兴考古发掘报告》，上海古籍出版社，2018年。

⑭ 北京市文物研究所：《大兴古墓葬考古发掘报告集》，科学出版社，2020年。

⑮ 北京市文物研究所：《京沪高铁北京段与北京新少年宫考古发掘报告集》，上海古籍出版社，2014年。

⑯ 北京市考古研究院：《通州东石村与北小营村——北京轻轨L2线通州段次渠站等土地开发项目考古发掘报告》，上海古籍出版社，2022年。

⑰ 北京市文物研究所：《通州田家府村——通州文化旅游区A8、E1、E6地块考古发掘报告》，上海古籍出版社，2020年。

⑱ 北京市文物研究所：《密云大唐庄——白河流域古代墓葬发掘报告》，上海古籍出版社，2010年。

⑲ 北京市文物研究所：《奥运一期工程考古发掘报告》，《北京奥运场馆考古发掘报告》，科学出版社，2007年。

⑳ 北京市文物研究所：《大兴北程庄墓地——北魏，唐、辽、金、清代墓葬发掘报告》，科学出版社，2010年。

㉑ 北京市文物研究所：《丰台王佐遗址》，科学出版社，2010年。

㉒ 北京市文物研究所：《密云大唐庄——白河流域古代墓葬发掘报告》，上海古籍出版社，2010年。

常见的有唐代开元通宝、北宋各朝铜钱、金代大定通宝、明代中后期各朝铜钱等。

宽永通宝是"后水尾天皇宽永二年（1625年，明天启五年）乙丑，永户田町富商佐藤新助请铸宽永新钱，遂于水户铸宽永通宝钱。其后累朝鼓铸，是流传到中国数量最多的日本古钱"①。宽永通宝主要流行于明朝末年至清朝早中期。它的出现不仅改变了中国向日本输入铜钱的现状，还在双方贸易及交往中流入中国，其数量之多竟超过了某些明代钱②。近几年，宽永通宝在顺义其他地区如天竺村③、赵全营镇兆丰产业基地④等地有零星发现，在通州田家府村⑤、东石村与北小营村⑥等地也有考古发现。"通州的大运河是南上北下的交通要络，也是对外联络的重要路线，通州张家湾至今仍有当年琉球国使者、学生的墓园。宽永通宝在通州一地发现尤多，想必与大运河作为联结南北方地区的交通要道有关。这表明，北京特别是南部地区是该货币的重要流入市场之一。"⑦顺义临河墓地发现的宽永通宝，应与通州大运河有直接关系。顺义地理位置紧邻通州，两区之间的社会生产与经济活动联系密切，这批宽永通宝的流入途径应是由日本到中国南部，再由大运河北上到通州，又由通州到顺义，再由顺义向西部和北部流通。

清代铜钱最早为清世祖顺治通宝，最晚为宣统帝宣统通宝。其他还有康熙通宝、雍正通宝、乾隆通宝、嘉庆通宝、道光通宝、咸丰通宝、同治通宝、道光通宝、光绪通宝。出土的清代铜钱背穿左右大多为满文"宝泉"或"宝源"，背穿左右为"宝泉"者，为北京户部宝泉局所铸；背穿左右为满文"宝源"者，为北京工部宝源局所铸；其余还有各省局名，如直隶"宝直"局、山西"宝晋"局、江苏"宝苏"局、浙江"宝浙"局、湖北"宝武"局、云南"宝云"局、湖南"宝南"局、陕西"宝陕"局、河南"宝河"局、天津"宝津"局。出土时代最晚的钱币为中华民国时期的中华铜币。

①　朱活：《古钱小辞典》，文物出版社，1995年。

②　孙仲汇：《古钱》，上海古籍出版社，1990年。

③　孙峥、曾祥江：《顺义区天竺清代墓葬发掘报告》，《北京考古（第3辑）》，北京燕山出版社，2023年。

④　北京市考古研究院2020年发掘资料。

⑤　北京市文物研究所：《通州田家府村——通州文化旅游区A8、E1、E6地块考古发掘报告》，上海古籍出版社，2020年。

⑥　北京市考古研究院：《通州东石村与北小营村——北京轻轨L2线通州段次渠站等土地开发项目考古发掘报告》，上海古籍出版社，2022年。

⑦　北京市文物研究所：《通州田家府村——通州文化旅游区A8、E1、E6地块考古发掘报告》，上海古籍出版社，2020年。

四、周边地区考古发现及认识

根据已发表的考古资料来看，顺义地区历年来考古发现颇为丰富，如1975年临河村发现东汉墓1座[①]，1981年大营村发现西晋墓8座[②]、平各庄临河村西晋墓1座[③]，1989年安辛庄村发现辽代砖室墓1座[④]，2005年首都机场扩建工程发现清代砖室墓1座[⑤]，2006年裕民大街38号院发现清墓28座[⑥]，2009年忻州营发现辽金时期的井1座[⑦]，2014年于庄村发现明清墓26座[⑧]，2015年顺义新城第五街区发现元墓1座[⑨]，2016年安乐村发现汉墓5座、唐墓2座[⑩]，2018年平各庄村发现唐墓1座、清墓2座[⑪]，2021年后沙峪村发现辽金墓7座、清墓1座[⑫]，2021年天竺村发现清墓13座[⑬]。另据《顺义县志》记载的重要墓葬还有1971年在李桥镇英各庄村西发现战国墓，出土青铜器、陶器、铁器等大量战国时期物品；1974年在顺义镇临河村发掘一座大型汉代砖室墓；1975年在北小营镇东府村发现东汉砖室墓，墓室分前、中、后三室及左、右耳室、两侧廊，出土铁器、陶器等；1982年在牛栏山镇北发现西周墓，出土一批青铜器；1982年在龙湾屯镇大北坞村发现战国墓，出土青铜器；1995年在顺义镇临河村发现一处大型汉墓群，从70多座汉墓中发掘出大量随葬物品，其中一批是与农业有关的陶仓、陶臼等器物；后沙峪镇燕王庄村燕王

---

① 北京市文物管理处：《北京顺义临河村东汉墓发掘简报》，《考古》1977年6期。

② 北京市文物工作队：《北京市顺义县大营村西晋墓葬发掘简报》，《文物》1983年10期。

③ 北京市文物工作队：《北京顺义平各庄临河村西晋墓》，未刊稿。

④ 北京市文物研究所、顺义县文物管理所：《北京顺义安辛庄辽墓发掘简报》，《文物》1992年6期。

⑤ 刘风亮：《首都机场扩建工程考古发掘报告》，《北京考古工作报告·平谷、通州、顺义卷》，上海古籍出版社，2011年。

⑥ 刘风亮：《顺义区裕民大街38号院考古发掘报告》，《北京考古工作报告·平谷、通州、顺义卷》，上海古籍出版社，2011年。

⑦ 刘风亮：《顺义区赵全营镇忻州营小中河交界考古发掘报告》，《北京考古工作报告·平谷、通州、顺义卷》，上海古籍出版社，2011年。

⑧ 北京市文物研究所：《北京顺义区高丽营镇于庄明清墓葬发掘简报》，《北京文博文丛》2015年1期。

⑨ 北京市文物研究所：《北京顺义新城第五街区元墓发掘简报》，《北京文博文丛》2017年2期。

⑩ 北京市考古研究院：《北京顺义牛栏山安乐村汉唐墓葬发掘简报》，《北京文物与考古（第10辑）》，北京出版社，2022年。

⑪ 北京市文化遗产研究院：《北京顺义区平各庄村唐墓发掘简报》，《北方文物》2022年2期。

⑫ 北京市考古研究院：《北京顺义后沙峪镇后沙峪村辽金、清代墓葬发掘简报》，《北京文物与考古（第10辑）》，北京出版社，2022年。

⑬ 孙峥、曾祥江：《顺义区天竺清代墓葬发掘报告》，《北京考古（第3辑）》，北京燕山出版社，2023年。

墓；北小营镇西府村明常德公主及薛驸马墓；后沙峪镇古城村明太子少保李庆墓；李桥镇临清村明太子太保李宾墓；杨镇东门外明太监侯宠墓；李桥镇王家坟村清和勤亲王墓；后沙峪村清一等诚勇公班第墓；后沙峪村清太子太保裕谦墓；后沙峪镇马头庄村清寿庄固伦公主墓；李桥镇庄子营村清太子太保高其倬墓；顺义镇河南村清太子太保和瑛墓[①]。除上述记载之外，《北京文物地图集》中还记录有1975年在木林镇发现一座竖穴土坑战国墓，出土陶鼎、罐、豆各1件；1999年在大孙各庄镇田各庄村发现41座小型单室券顶砖墓，出土陶罐、盆、仓、灶、猪及小型明器，其中1件陶朱雀灯，为北京地区仅见；后沙峪镇吉祥庄村清马负书墓；仁和镇临河村清范建忠墓；南法信村清杨廷璋墓[②]（表一）。

表一 顺义地区历年考古发现统计表

序号	时间	地点	备注
1	1971年	英各庄村	战国墓
2	1974年	临河村	汉代砖室墓1座
3	1975年	东府村	东汉砖室墓1座
4	1975年	临河村	东汉墓1座
5	1975年	木林镇	战国墓1座
6	1981年	大营村	西晋墓8座
7	1981年	临河村	西晋墓1座
8	1982年	牛栏山镇北	西周墓
9	1982年	大北坞村	战国墓
10	1982年	大营村	北朝墓葬
11	1989年	安辛庄村	辽代砖室墓1座
12	1995年	临河村	汉墓70余座
13	1999年	田各庄村	（汉代）小型单室券顶砖墓41座
14	2005年	首都机场	清代砖室墓1座
15	2006年	裕民大街38号院	清墓28座
16	2009年	忻州营	辽金时期井1座
17	2014年	于庄村	明清墓26座
18	2014年	临河村	清墓63座、窑址1座
19	2015年	顺义新城第五街区	元墓1座
20	2016年	安乐村	汉墓5座、唐墓2座
21	2018年	平各庄村	唐墓1座、清墓2座
22	2021年	后沙峪村	辽金墓7座、清墓1座
23	2021年	天竺村	清墓13座

① 顺义县地方志编纂委员会：《顺义县志》，北京出版社，2009年。
② 北京市文物局：《北京文物地图集》（上下册），科学出版社，2009年。

　　顺义区现有地下文物埋藏区8处，分别为顺义区临河村地下文物埋藏区、顺义区田各庄地下文物埋藏区、城关地下文物埋藏区、牛栏山地下文物埋藏区（牛栏山镇）、荆卷地下文物埋藏区（马坡镇、牛栏山镇）、北府地下文物埋藏区（北小营镇）、后沙峪地下文物埋藏区（后沙峪镇）、天竺镇地下文物埋藏区（表二）①。这八处地下文物埋藏区从范围上看，除了田各庄位于顺义区西部的大孙各庄镇之外，其他由北至南主要集中在牛栏山—天竺一线的东部地区，时间跨度从西周、汉晋、辽金元到明清各个历史时期，尤其以西周、战国、汉代、西晋时期的墓葬发现较多为其重要特征之一，其中临河村和田各庄地下文物埋藏区为北京地区汉代墓葬群重要发现区域。

表二　顺义区地下文物埋藏区

序号	名称	位置	占地面积	四至	文化内涵	备注
1	临河村地下文物埋藏区	仁和镇临河村	96万平方米	东界：村西观状路及水渠 南界：村西南水渠 西界：军营东墙南北延长线 北界：开发区路	1975年发掘一座大型汉代砖室墓，出土陶楼等精美器物130余件，1995年发掘汉墓、辽金墓、明清墓数十座，出土大批随葬品	第三批地下文物埋藏区
2	田各庄地下文物埋藏区	大孙各庄镇田各庄村	49万平方米	东界：村东南现状路 南界：65.5米高小山北缘的东西向切线 西界：村南现状路 北界：村东南现状路	村南的两座山包之间的台地上。在南北约200米、东西约250米的范围内，裸露汉墓40余座。墓葬间距之密、数量之多，在北京地区也属少见	第三批地下文物埋藏区
3	城关地下文物埋藏区	仁和镇		东至潮白河，西至沙井、石门一线，南至陶家坟、平各庄一线，北至北兴猪厂一线	据县志记载，顺义城建于唐代，旧城中曾有唐、辽、金、元历代古建筑，城内及附近村庄多次出土各时期历史文物	
4	牛栏山地下文物埋藏区	牛栏山及其北部地区	919公顷	东界：怀河西河堤 南界：昌金路 西界：京沈路 北界：北孙各庄村集中建设区南现状路	牛栏山地区历史悠久，辽史中记载有牛栏军寨，自中华人民共和国成立以来曾经出土西周铜器窖藏，也曾经出土汉、唐、辽、金、元、明、清各时期的墓葬	第五批地下文物埋藏区
5	荆卷地下文物埋藏区	马坡镇、牛栏山镇			此地区古代墓葬数量丰富，且出土物多与马坡大营1982年北朝墓葬为同一时期	
6	北府地下文物埋藏区	北小营镇北府村		东至顺木路，西至北马路，南至顺木路，北至北府村北	北府村前有汉代狐奴县遗址，出土汉代古钱币、陶器。另有明代墓葬，出土金银器	

---

① 顺义区档案馆、顺义区文物管理所：《顺义文物古迹概览》，北京燕山出版社，2002年。

序号	名称	位置	占地面积	四至	文化内涵	备注
7	后沙峪地下文物埋藏区	后沙峪镇古城村、后沙峪村、马头庄村		东至京密路线，西至温榆河，南至吉祥庄一线，北至马头庄以北500米一线	古城村北有汉代古城遗址，另有大量清朝皇族及大臣墓地	
8	天竺镇地下文物埋藏区	天竺镇天竺村、楼台村、薛大人庄		东至楼台村东南北一线，西至薛大人庄南北一线，南至温榆河，北至薛大人庄	据北京地方志资料，辽代于当地曾建有皇家行宫，有华林天柱二殿。该地区还有北齐长城。出土战国铜器、宋代瓷器及明代铜器	

　　近十年以来，为了配合顺义区各种基建工程项目，北京市考古研究院开展的考古发掘项目有40余项，主要分布在顺义新城[①]、高丽营镇于庄[②]、赵全营镇兆丰产业基地[③]、天竺镇天竺村[④]、仁和镇平各庄村[⑤]、后沙峪镇马头庄村[⑥]、南法信刘家河村[⑦]、国际鲜花港[⑧]、仁和镇临河村[⑨]、大孙各庄镇[⑩]、杨镇东庄户[⑪]等地，发掘面积1万余平方米，发现各历史时期墓葬千余座（表三）。这些发掘项目中，明清墓葬的数量占九成以上，其中清代墓葬又占有重要比例。不仅在顺义区，就整个北京的考古工作而言，明清墓葬也占大头，这也是北京考古工作的特色之一。"自2000年以来，随着基建考古工作的全面开展，清代墓葬更是被不断发现。除大兴外，北京十五个区都有发现。迄今较为重要的发现有平谷、顺义、通州、房山、门头沟、昌平、延庆、怀柔、密云、东城、西城、朝阳、丰台、石景山、海淀。由于资料众多且较分散，其确切数量已不可考，仅能罗列以上较集中者。但毫无疑问，清代墓葬的发现数量是北京考古资料中最多的。它们构成了北京考古资料金字塔形的最底端层级，对反映清代普通居民的生活状况有着不可替代的重要意义。"[⑫]

---

① 北京市考古研究院2014～2017年、2019年发掘资料。

② 北京市考古研究院2014年发掘资料。

③ 北京市考古研究院2014年、2020年发掘资料。

④ 北京市考古研究院2014年、2016年、2019年发掘资料。

⑤ 北京市考古研究院2014年、2018年发掘资料。

⑥ 北京市考古研究院2015年发掘资料。

⑦ 北京市考古研究院2016年发掘资料。

⑧ 北京市考古研究院2016年发掘资料。

⑨ 北京市考古研究院2014年、2018年发掘资料。

⑩ 北京市考古研究院2019年发掘资料。

⑪ 北京市考古研究院2022年发掘资料。

⑫ 北京市文物研究所：《小营与西红门——北京大兴考古发掘报告》，上海古籍出版社，2018年。

表三 近十年北京市考古研究院配合顺义区基建工程考古发掘项目地理位置统计表

序号	时间	地理位置	备注
1	2014年	顺义新城	2014年发掘资料
2	2014年	高丽营镇于庄	2014年发掘资料
3	2014年	赵全营镇兆丰产业基地	2014年发掘资料
4	2014年	天竺镇天竺村	2014年发掘资料
5	2014年	仁和镇平各庄村	2014年发掘资料
6	2014年	仁和镇临河村	2014年发掘资料
7	2015年	后沙峪镇马头庄村	2015年发掘资料
8	2015年	顺义新城	2015年发掘资料
9	2016年	南法信刘家河村	2016年发掘资料
10	2016年	顺义新城	2016年发掘资料
11	2016年	国际鲜花港	2016年发掘资料
12	2016年	天竺镇天竺村	2016年发掘资料
13	2017年	顺义新城	2017年发掘资料
14	2018年	仁和镇临河村	2018年发掘资料
15	2018年	仁和镇平各庄村	2018年发掘资料
16	2019年	天竺镇天竺村	2019年发掘资料
17	2019年	大孙各庄镇	2019年发掘资料
18	2019年	顺义新城	2019年发掘资料
19	2020年	赵全营镇兆丰产业基地	2020年发掘资料
20	2022年	杨镇东庄户	2022年发掘资料

总体来说，目前发现的大量清代墓葬与相关研究偏少形成鲜明对比。清代考古的重视度普遍不够，原因是多方面造成的，一是因为清代是中国最后一个封建王朝，各种文献资料最为丰富；二是受考古学研究年代下限为元明时期的影响，清代考古在很长一段时间内一直未能引起考古学界的重视；三是考古学研究往往是"重前轻后"，明代考古在全国各种重大考古类评选中都寥寥无几，清代考古更是少之又少。就北京清代考古而言，"与大量发掘形成鲜明对比的是系统的发掘报告寥寥。这客观上造成北京清代考古总体上面临着基础研究不足、与狭义历史学交流不足、方法应用不足、理论探索不足等问题。如果说，大量清代考古资料扩充了考古学研究年代下限的话，那么对于清代考古理论与方法的进一步认知、建设与完善，则是接下来面临的问题。重视和加强清代及明代考古，是考古学学科建设及考古学研究的内在要求，也是进一步提升北京考古发展水平的需要。"[1]

---

① 北京市文物研究所：《小营与西红门——北京大兴考古发掘报告》，上海古籍出版社，2018年。

　　我们应该认识到，进一步加强北京地区清代考古的系统性研究已经到了刻不容缓的地步，尤其是大量清代平民墓葬的发掘，是研究清代考古的最有利条件。北京十六个区都发现了大量的清代墓葬，各区之间都存在一定的同类性和差异性，区域内清代墓葬资料的整体梳理是研究的基础工作，由村到区，由区而市进行归纳与总结，从而形成对北京地区清代考古研究的新认识。推而广之，随着北京地区清代考古研究的进一步深入与完善，对整个京津冀地区清代考古的发展也大有裨益。

　　顺义区近十年发现的千余座清代墓葬中，平民墓葬数量最多，就如"史前时期发现大量陶片"一样宝贵，如果能够整体系统研究，对了解和研究顺义地区以及其他各区平民的埋葬制度、社会风俗及社会发展状况等都具有重要价值和借鉴意义。本书作为顺义区第一部正式考古发掘报告，仅为抛砖引玉之作，随着越来越多的发掘资料公布，顺义区各历史时期考古研究，特别是清代考古研究工作必将迈上新的台阶。

附　表

附表一　顺义临河清代墓地墓葬登记表

（单位：米）

墓号	方向/（°）	形制	墓圹			棺长×宽×高	葬具	头向及面向	葬式	墓主性别	随葬品	备注
			长	宽	墓底距墓口深							
M1	135	梯形竖穴土圹墓	2.54	0.86~1	0.72	1.8×（0.55~0.81）×0.32	单木棺	头向东，面向东	仰身直肢葬	女		
M2	125	梯形竖穴土圹墓	2.9	1.64~1.85	0.86~0.96	北：1.9×（0.5~0.66）×0.3 南：2×（0.51~0.71）×0.28	双木棺	北：头向东，面向北 南：头向东，面向下	仰身直肢葬	北：女 南：男	铜扁方1、铜钱19	
M3	144	梯形竖穴土圹墓	2.64	2.28~2.44	1.14~1.2	东：1.9×（0.48~0.66）×0.24 西：1.92×（0.4~0.6）×0.3	双木棺	东：头向南，面向上 西：头向南，面向东	仰身直肢葬	东：女 西：男	银扁方1、银簪3、铜钱4	
M4	131	不规则形竖穴土圹墓	2.56~2.8	1.9	0.96	北：1.77×（0.5~0.7）×0.4 南：1.97×（0.5~0.52）×0.4	双木棺	北：头向东，面向下 南：头向东，面向北	仰身直肢葬	北：女 南：男	银簪5、银耳环1、银镯1、铜钱20、铜币4	
M5	133	长方形竖穴土圹墓	2.9	1.6	0.7	1.9×（0.56~0.68）×0.2	单木棺	不详	不详	不详	铜币4	

续表

· 178 ·　顺义临河清代墓地考古发掘报告

墓号	方向/(°)	形制	墓圹 长	墓圹 宽	墓底距墓口深	棺长×宽×高	葬具	头向及面向	葬式	墓主性别	随葬品	备注
M6	125	长方形竖穴土圹墓	2.5	1.8	0.8~0.9	北：1.88×（0.5~0.62）×0.3 南：1.82×（0.48~0.64）×0.28	双木棺	北：头向东，面向东 南：头向东，面向北	仰身直肢葬	北：女 南：男	银簪3、铜簪1、银押发1、银戒指1	
M7	126	梯形竖穴土圹墓	2.6	1.56~2.16	0.7	北：1.65×（0.44~0.6）×0.32 南：1.88×（0.58~0.78）×0.32	双木棺	北：头向东，面向不详 南：头向东，面向上	仰身直肢葬	北：女 南：男		
M8	170	长方形竖穴土圹墓	2.7	1.68~1.72	1	东：1.8×（0.5~0.68）×0.3 西：1.92×（0.5~0.68）×0.3	双木棺	东：头向南，面向东 西：头向南，面向不详	仰身直肢葬	东：女 西：男	鎏金铜簪2、银簪2、银押发1、铜币1	
M9	125	不规则形竖穴土圹墓	2.44~2.5	1.52~1.7	0.6~0.8	北：1.86×（0.6~0.65）×0.2 南：2.16×（0.58~0.8）×（0.3~0.46）	双木棺	均头向东，面向下	仰身直肢葬	北：女 南：男	银簪4、铜币10	
M10	175	梯形竖穴土圹墓	2.8	1.6~1.94	0.9	东：1.76×（0.54~0.7）×0.3 西：2.08×（0.5~0.68）×0.3	双木棺	东：头向南，面向北 西：头向南，面向东	仰身直肢葬	东：女 西：男	银簪3、银耳环2、铜钱65	
M11	150	长方形竖穴土圹墓	2.54	1.4	0.8	东：1.77×（0.4~0.65）×0.3 西：1.52×（0.36~0.4）×0.3	双木棺	东：头向南，面向北 西：头向南，面向上	仰身直肢葬	东：女 西：男	鎏金银簪3、铜戒指1、铜钱3	西棺为二次葬
M12	172	梯形竖穴土圹墓	2.6	1.2~1.48	0.8	不详	不详	不详	不详	不详	铜钱6	迁葬墓

续表

墓号	方向/(°)	墓圹				棺长×宽×高	葬具	头向及面向	葬式	墓主性别	随葬品	备注
		形制	长	宽	墓底距墓口深							
M13	175	长方形竖穴土圹墓	2.8	1.94~1.96	0.7	东: 1.6×(0.44~0.54)×0.3 西: 2.26×(0.46~0.6)×0.3	双木棺	东: 头向南，面向上 西: 头向南，面向东	仰身直肢葬	东: 女 西: 男	银簪3、银耳环2、铜钱31	
M14	115	长方形竖穴土圹墓	2.4	1.2	0.9	不详	不详	不详	不详	不详	铜钱3	迁葬墓
M15	133	梯形竖穴土圹墓	2.6~2.8	1.9	0.94	北: 1.96×(0.46~0.65)×0.32 南: 1.88×(0.5~0.67)×0.32	双木棺	北: 头向东，面向南 南: 头向东，面向北	仰身直肢葬	北: 女 南: 男	银扁方1、铜耳环1、铜钱14	
M16	133	不规则形竖穴土圹墓	1.98~2.36	1.56	0.7~0.78	北: 1.42×(0.5~0.53)×0.3 南: 1.18×(0.46~0.48)×0.3	双木棺	北: 头向东，面向西 南: 头向东，面向北	北: 仰身直肢葬 南: 不详	北: 女 南: 男	铜簪2、铜钱14	南棺为二次葬
M17	120	长方形竖穴土圹墓	2.6	2.05~2.1	1	北: 1.76×(0.47~0.65)×0.3 南: 1.76×(0.47~0.6)×0.3	双木棺	北: 头向下，面向东 南: 头向东，面向北	仰身直肢葬	北: 女 南: 男	银耳环1、铜钱5	
M18	135	梯形竖穴土圹墓	3	2.4~2.7	1.14	北: 1.82×(0.44~0.54)×0.3 南: 2.24×(0.56~0.7)×0.3	双木棺	均头向东，面向上	仰身直肢葬	北: 女 南: 男	铜钱16	
M19	135	梯形竖穴土圹墓	2.8	1.3~1.4	1.04	1.94×(0.5~0.66)×0.28	单木棺	头向东，面向下	仰身直肢葬	男		

续表

墓号	方向/(°)	形制	墓圹			棺长×宽×高	葬具	头向及面向	葬式	墓主性别	随葬品	备注
			长	宽	墓底距墓口深							
M20	130	长方形竖穴土圹墓	2.5	2	0.66~0.7	北：1.6×（0.58~0.62）×0.3 南：1.7×（0.5~0.56）×0.3	双木棺	北：头向东，面向北 南：头向东，面向不详	仰身直肢葬	北：女 南：男	铜钱4	
M21	110	长方形竖穴土圹墓	2.5	0.9	0.9	1.76×（0.4~0.56）×0.3	单木棺	头向东，面向上	仰身直肢葬	女	鎏金铜扁方1、铜钱1	
M22	130	长方形竖穴土圹墓	2.7	1.12~1.2	1.1	1.88×（0.48~0.7）×0.4	单木棺	头向东，面向上	仰身直肢葬	女	鎏金银簪1、铜钱34	
M23	133	梯形竖穴土圹墓	2.7	1.7~1.8	0.5~0.64	北：1.82×（0.42~0.7）×0.3 南：1.76×（0.52~0.64）×0.44	双木棺	北：头向东，面向北 南：头向东，面向不详	仰身直肢葬	北：女 南：男	银簪2、铜簪1、铜耳环2、鎏金银戒指1、铜钱2	
M24	110	梯形竖穴土圹墓	2.6	1.8~2	0.6	不详	不详	不详	不详	不详		迁葬墓
M25	110	不规则形竖穴土圹墓	2.6~2.66	1.14~2.16	0.84~0.86	不详	不详	不详	不详	不详		迁葬墓
M26	130	不规则形竖穴土圹墓	2.6	1.7~2	0.88~1	北：1.95×（0.46~0.7）×0.4 南：1.9×（0.5~0.65）×0.3	双木棺	北：头向东，面向不详 南：头向东，面向上	仰身直肢葬	北：女 南：男	银耳环2、铜钱23	
M27	132	不规则形竖穴土圹墓	2.6~2.94	1.92~2.1	0.64~0.84	北：2×（0.56~0.74）×0.2 南：2.06×（0.42~0.76）×0.4	双木棺	均头向东，面向下	仰身直肢葬	北：女 南：男	银簪3、银耳环2、铜钱2	

续表

墓号	方向/(°)	形制	墓圹 长	墓圹 宽	墓底距墓口深	棺长×宽×高	葬具	头向及面向	葬式	墓主性别	随葬品	备注
M28	130	不规则形竖穴土圹墓	2.7	2.22~2.28	0.96	北：1.86×（0.5~0.74）×0.26 南：1.86×（0.52~0.7）×0.26	双木棺	不详	不详	不详	铜钱47	
M29	120	长方形竖穴土圹墓	2.76	2.1	1.3	北：2.04×（0.4~0.7）×0.4 南：2.24×（0.56~0.75）×0.4	双木棺	不详	不详	不详	铜钱63	迁葬墓
M30	130	长方形竖穴土圹墓	2.9	2.1	1.38	北：1.78×（0.4~0.6）×0.22 南：1.8×（0.4~0.6）×0.22	双木棺	北：头向东，面向上 南：头向东，面向南	仰身直肢葬	北：女 南：男	铜簪2、铜钱85	
M31	122	不规则形竖穴土圹墓	2.8~3.14	2.02~2.48	1.5	北：1.92×（0.42~0.58）×0.2 南：1.98×（0.54~0.64）×0.2	双木棺	均头向东，面向上	仰身直肢葬	北：女 南：男	鎏金银簪1、铜钱196	
M32	120	不规则形竖穴土圹墓	2.78~2.98	2~2.24	1.64	北：1.88×（0.6~0.74）×0.2 南：1.74×（0.48~0.66）×0.2	双木棺	北：头向东，面向上 南：头向东，面向南	仰身直肢葬	北：女 南：男	鎏金银簪1、鎏金铜簪1、鎏金银耳环2、铜钱40	
M33	120	梯形竖穴土圹墓	2.76	1.92~2.04	0.98~1.16	北：2.03×（0.68~0.74）×0.2 南：2.02×（0.45~0.7）×0.38	双木棺	北：不详 南：头向东，面向下	北：不详 南：仰身直肢葬	北：女 南：男	银耳环1、铜钱35	北棺为二次葬
M34	115	不规则形竖穴土圹墓	2.68~2.88	2.36~2.6	1.34~1.5	北：1.82×（0.52~0.64）×0.23 中：1.84×（0.46~0.76）×0.4 南：1.84×（0.5~0.64）×0.4	三木棺	北、中：头向东，面向南 南：头向东，面向上	仰身直肢葬	北、南：女 中：男	鎏金银簪3、鎏金铜簪1、鎏金银饰件1、银簪1、铜簪1、铜扁方1、铜钱94	

续表

墓号	方向/(°)	形制	墓圹 长	墓圹 宽	墓底距墓口深	棺长×宽×高	葬具	头向及面向	葬式	墓主性别	随葬品	备注
M35	130	梯形竖穴土圹墓	3.1	2.2~2.3	1.32	北:1.75×(0.48~0.6)×0.22 南:1.74×(0.46~0.67)×0.22	双木棺	北:头向东,面向上 南:头向东,面向北	仰身直肢葬	北:女 南:男	鎏金银簪2、铜钱84	
M36	141	长方形竖穴土圹墓	2.8	1.12	0.64	1.8×(0.48~0.64)×0.14	单木棺	头向南,面向上	仰身直肢葬	女	鎏金银簪3、银耳环1、铜钱7	
M37	130	长方形竖穴土圹墓	2.1	0.78~0.8	0.76	1.2×(0.4~0.5)×0.28	单木棺	头向东,面向上	不详	男	铜钱3	二次葬
M38	120	不规则形竖穴土圹墓	2.64~3	2.42~2.54	0.66~1.5	北:1.86×(0.54~0.64)×0.3 中:1.74×(0.4~0.6)×0.3 南:1.8×(0.5~0.7)×0.16	三木棺	北:头向东,面向西 中:头向东,面向上 南:头向东,面向南	仰身直肢葬	北:女 中:女 南:男	鎏金银簪3、银扁方1、银镯2、铜钱34	
M39	137	梯形竖穴土圹墓	2.8	1.64~2.16	0.94~1.08	东:1.96×(0.58~0.76)×0.24 西:1.94×(0.44~0.6)×0.38	双木棺	不详	不详	不详	铜钱9	迁葬墓
M40	125	长方形竖穴土圹墓	3.4	2	1.06	2.04×(0.6~0.78)×0.3	单木棺	头向东,面向南	仰身直肢葬	女	鎏金银簪3、银扁方1、鎏金银耳环1、银戒指1、银簪1、铜钱135	

续表

墓号	方向/(°)	形制	墓圹 长	墓圹 宽	墓底距墓口深	棺长×宽×高	葬具	头向及面向	葬式	墓主性别	随葬品	备注
M41	125	长方形竖穴土圹墓	2.5	1.54~1.7	0.78~0.86	北：1.74×（0.48~0.6）×0.24 南：1.74×（0.42~0.62）×0.34	双木棺	北：头向东，面向不详 南：头向东，面向南	北：不详 南：仰身直肢葬	北：不详 南：女	鎏金银簪2、银扁方1、铜钱29	
M42	125	不规则形竖穴土圹墓	2.75~3	2~2.94	0.9~1	北：1.66×（0.45~0.6）×0.3 中：1.68×（0.5~0.6）×0.2 南：1.74×（0.5~0.6）×0.2	三木棺	北：头向东，面向下 中、南：头向东，面向南	仰身直肢葬	北：女 中：女 南：男	银簪2、铜簪1、鎏金银簪2、铜钱41	
M43	125	不规则形竖穴土圹墓	2.9~3.2	1.3~2.05	0.7~1	北：1.76×（0.36~0.66）×0.18 南：1.76×（0.46~0.66）×0.4	双木棺	北：头向东，面向不详 南：头向东，面向北	仰身直肢葬	北：女 南：男	鎏金银簪4、银耳环2、铜钱52	
M44	120	长方形竖穴土圹墓	2.5~2.6	1.78~1.84	0.9	北：1.7×（0.5~0.62）×0.2 南：1.66×（0.4~0.56）×0.2	双木棺	北：头向东，面向西 南：头向东，面向上	仰身直肢葬	北：女 南：男	鎏金银簪2、铜簪1、银耳环2、铜钱11	
M45	134	不规则形竖穴土圹墓	2.2~2.6	0.84~1.5	1.08	北：1.84×（0.36~0.7）×0.36 南：1.64×（0.46~0.52）×0.36	双木棺	北：头向东，面向南 南：头向东，面向上	北：仰身直肢葬 南：不详	北：男 南：女	鎏金银簪2、银扁方1、铜钱8	南棺为二次葬
M46	130	长方形竖穴土圹墓	2.76	2.14~2.18	0.56~0.66	北：2.2×（0.5~0.8）×0.26 南：2×（0.5~0.8）×0.36	双木棺	不详	不详	不详	银扁方1、铜钱21	
M47	128	梯形竖穴土圹墓	2.6	0.84~0.94	0.36	1.86×（0.5~0.62）×0.24	单木棺	头向东，面向不详	仰身直肢葬	女	银簪3、银耳环2、铜钱15	

续表

墓号	方向/(°)	形制	墓圹 长	墓圹 宽	墓底距墓口深	棺长×宽×高	葬具	头向及面向	葬式	墓主性别	随葬品	备注
M48	130	不规则形竖穴土圹墓	2.58~2.75	1.76~2.48	0.8	北:1.76×(0.5~0.8)×0.3 南:1.94×(0.44~0.7)×0.3	双木棺	北:不详 南:头向东,面向不详	仰身直肢葬	北:女 南:男	铜钱5	
M49	125	梯形竖穴土圹墓	2.6	0.8~1.05	0.4	1.84×(0.44~0.7)×0.3	单木棺	头向东,面向南	仰身直肢葬	女		
M50	135	不规则形竖穴土圹墓	2.62~2.64	3.72~4.1	0.8~0.9	北一:1.8×(0.6~0.8)×0.4 北二:1.76×(0.46~0.6)×0.4 南二:1.86×(0.5~0.68)×0.3 南一:1.74×(0.5~0.8)×0.3	四木棺	北一、南一、南二棺:头向东,面向不详 北二棺:头向北,面向北	仰身直肢葬	北一棺、北二棺:女 南一棺:男 南二棺:不详	鎏金银簪3件、银簪1件、鎏金银扁方1件、银耳环2、鎏金银耳环1、铜钱90	
M51	120	不规则形竖穴土圹墓	2.7~2.94	3.8~3.9	0.66	北一:1.91×(0.52~0.8)×0.2 北二:1.83×(0.6~0.72)×0.2 南二:1.82×(0.5~0.68)×0.2 南一:1.84×(0.58~0.76)×0.2	四木棺	北一棺、南二棺:头向东,面向上 北二棺:头向下 南一棺:不详	北一棺、北二棺、南一棺:仰身直肢葬 南二棺:不详	北一棺、北二棺:女 南一棺、南二棺:不详	银簪6、银扁方2、铜钱13	
M52	130	不规则形竖穴土圹墓	2.6~2.8	1.02~2.12	0.72	不详	不详	不详	不详	不详	铜钱35	迁葬墓
M53	135	梯形竖穴土圹墓	2.46	0.98~1.1	0.78	2.18×(0.47~0.64)×0.53	单木棺	头向东,面向不详	不详	不详	铜钱24	
M54	155	长方形竖穴土圹墓	2.7	1	0.4	1.68×(0.44~0.55)×0.2	单木棺	头向东,面向上	仰身直肢葬	女	银簪5	

续表

墓号	方向/(°)	形制	墓扩 长	墓扩 宽	墓底距墓口深	棺长×宽×高	葬具	头向及面向	葬式	墓主性别	随葬品	备注
M55	130	长方形竖穴土扩墓	2.5	1.4	0.6	1.72×(0.45~0.6)×0.3	单木棺	头向南，面向不详	仰身直肢葬	男	铜钱2	
M56	130	长方形竖穴土扩墓	2.1	1.04~1.12	0.44	1.44×(0.34~0.5)×0.22	单木棺	头向东，面向上	仰身直肢葬	女	铜钱1	
M57	145	长方形竖穴土扩墓	2.42	0.9	0.3	1.8×(0.42~0.55)×0.2	单木棺	头向南，面向不详	仰身直肢葬	男		
M58	140	长方形竖穴土扩墓	2.6	1~1.14	0.86	1.86×(0.45~0.6)×0.26	单木棺	头向南，面向北	仰身直肢葬	女	银簪2	
M59	178	长方形竖穴土扩墓	2.4	0.8~0.84	0.4	不详	不详	不详	不详	不详		迁葬墓
M60	130	长方形竖穴土扩墓	3	2~2.15	1	北：1.88×(0.5~0.73)×0.4 南：1.91×(0.6~0.8)×0.4	双木棺	均头向东，面向不详	仰身直肢葬	北：女 南：男	铜钱19	
M61	115	不规则形竖穴土扩葬墓	2.5~3	2~2.26	0.68~0.74	北：2.04×(0.6~0.85)×(0.32~0.4) 南：1.76×(0.4~0.6)×0.44	双木棺	北：头向东，面向不详 南：头向东，面向北	仰身直肢葬	北：男 南：女	银簪3、铜押发1、铜钱34	
M62	134	不规则形竖穴土扩葬墓	2.7~3	4	0.66	北：1.92×(0.48~0.67)×0.3 南：1.8×(0.56~0.66)×0.3	双木棺	北：不详 南：头向东，面向上	北：不详 南：仰身直肢葬	北：女 南：男	银簪2、银耳环2、铜钱12	
M63	140	梯形竖穴土扩墓	2.4	1.8~2.05	0.5	东：1.7×(0.5~0.73)×0.4 西：1.74×(0.5~0.65)×0.4	双木棺	东：头向南，面向不详 西：头向南，面向上	仰身直肢葬	东：女 西：男	银簪4、银扁方1、银耳环1、铜钱61	

附表二 顺义临河清代墓地出土铜钱、铜币统计表

标本号	分号	种类	钱径/厘米	穿径/厘米	郭宽/厘米	郭厚/厘米	重量/克	备注
M2：2	1	乾隆通宝	2.20	0.65	0.28	0.15	3.28	背穿左右为满文"宝源"
	2	乾隆通宝	2.46	0.60	0.39	0.12	3.06	背穿左右为满文"宝武"
	3	嘉庆通宝	2.43	0.55	0.32	0.14	3.82	背穿左右为满文"宝源"
	4	道光通宝	2.40	0.60	0.28	0.16	4.00	背穿左右为满文"宝泉"
	5	咸丰通宝	2.36	0.60	0.29	0.14	3.11	背穿左右为满文"宝源"
	6	光绪通宝	2.30	0.55	0.42	0.16	4.00	背穿左右为满文"宝泉"
M3：1	1	乾隆通宝	2.60	0.59	0.39	0.13	2.77	背穿左右为满文"宝云"
M3：6	1	乾隆通宝	2.51	0.65	0.37	0.12	3.27	背穿左右为满文"宝泉"
M4：8	1	宽永通宝	2.48	0.59	0.26	0.11	2.78	
	2	乾隆通宝	2.43	0.55	0.33	0.14	3.84	背穿左右为满文"宝泉"
	3	嘉庆通宝	2.54	0.55	0.28	0.11	3.52	背穿左右为满文"宝泉"
	4	光绪通宝	2.04	0.56	0.24	0.13	2.31	背穿左右为满文"宝泉" 上楷书"字"字
	5	宣统通宝	1.90	0.44	0.23	0.12	1.92	背穿左右为满文"宝泉"
M4：9	1	大清铜币	3.34			0.15	10.34	背面中央为蟠龙纹,其余部分锈蚀不清无法辨识
M4：10	1	康熙通宝	2.50	0.61	0.28	0.11	2.94	背穿左右为满文"宝泉"
	2	乾隆通宝	2.47	0.55	0.33	0.14	3.80	背穿左右为满文"宝泉"
	3	光绪重宝	2.10	0.66	0.20	0.11	2.28	背穿左右为满文"宝泉"、上下楷书"当拾"
	4	中华铜币	3.22			0.18	9.41	背面正中楷书"雙枚",左右分立嘉禾,其余部分 锈蚀不清
M5：1	1	大清铜币	3.34			0.16	10.38	背面中央为蟠龙纹,其余部分锈蚀不清无法辨认
M9：4	1	铜币	3.20			0.15	9.27	背面中间可见一束稻穗,边缘锈蚀不清
	2	大清铜币	3.33			0.16	10.15	背面镌大清龙纹,上缘镌"宣统年造",下缘锈蚀 不清
M10：5	1	乾隆通宝	2.19	0.64	0.29	0.17	3.91	背穿左右为满文"宝泉"
	2	道光通宝	2.23	0.56	0.27	0.15	3.49	背穿左右为满文"宝泉"
	3	咸丰通宝	2.12	0.62	0.23	0.19	3.55	背穿左右为满文"宝泉"
	4	光绪通宝	2.09	0.55	0.25	0.19	3.55	背穿左右为满文"宝津"
	5	宣统通宝	1.90	0.41	0.24	0.13	2.00	背穿左右为满文"宝泉"
M10：6	1	康熙通宝	2.45	0.59	0.36	0.09	2.70	背穿左右为满文"宝泉"
	2	乾隆通宝	2.47	0.60	0.36	0.16	3.76	背穿左右为满文"宝苏"
M11：5	1	宽永通宝	2.26	0.68	0.20	0.10	2.09	
	2	光绪通宝	2.12	0.58	0.30	0.10	1.79	背穿左右为满文"宝津"

标本号	分号	种类	钱径/厘米	穿径/厘米	郭宽/厘米	郭厚/厘米	重量/克	备注
M12：1	1	乾隆通宝	2.44	0.60	0.33	0.11	3.47	背穿左右为满文"宝浙"
	2	光绪通宝	2.28	0.53	0.36	0.15	3.68	背穿左右为满文"宝泉"
M13：1	1	嘉庆通宝	2.30	0.61	0.33	0.15	4.07	背穿左右为满文"宝泉"
	2	咸丰通宝	2.05	0.62	0.21	0.15	2.93	背穿左右为满文"宝泉"
	3	光绪通宝	2.23	0.60	0.34	0.16	3.33	背穿左右为满文"宝泉"
	4	光绪通宝	2.10	0.58	0.28	0.09	1.40	背穿左右为满文"宝泉"，上楷书"日"字
M13：6	1	乾隆通宝	2.53	0.58	0.28	0.14	4.12	背穿左右为满文"宝昌"
	2	宣统通宝	1.92	0.41	0.25	0.11	1.91	背穿左右为满文"宝泉"
M14：1	1	光绪通宝	2.11	0.54	0.22	0.11	1.89	背穿左右为满文"宝津"
M15：1	1	光绪通宝	2.19	0.59	0.26	0.14	3.31	背穿左右为满文"宝源"
M15：4	1	嘉庆通宝	2.30	0.60	0.30	0.16	3.62	背穿左右为满文"宝源"
	2	咸丰通宝	2.50	0.60	0.35	0.15	4.00	背穿左右为满文"宝云"
	3	光绪通宝	2.23	0.60	0.37	0.14	2.56	背穿左右为满文"宝泉"
M16：2	1	嘉庆通宝	2.49	0.55	0.29	0.14	3.79	背穿左右为满文"宝浙"
	2	光绪通宝	2.26	0.54	0.35	0.14	3.40	背穿左右为满文"宝泉"
	3	光绪通宝	2.19	0.55	0.31	0.12	2.54	背穿左右为满文"宝津"
M17：1	1	大观通宝	2.47	0.59	0.20	0.14	2.44	
	2	康熙通宝	2.57	0.59	0.40	0.09	2.10	背穿左为满文"临"，右为楷书"臨"
M17：3		道光通宝	2.25	0.60	0.32	0.18	3.37	背穿左右为满文"宝泉"
M18：1	1	嘉庆通宝	2.43	0.54	0.33	0.13	3.86	背穿左右为满文"宝泉"
M20：2	1	光绪通宝	2.05	0.55	0.30	0.08	1.33	背穿左右为满文"宝源"
M21：1		道光通宝	2.50	0.55	0.36	0.17	4.70	背穿左右为满文"宝泉"
M22：2	1	乾隆通宝	2.35	0.60	0.37	0.13	3.75	背穿左右为满文"宝泉"
	2	道光通宝	2.52	0.70	0.38	0.14	3.86	背穿左右为满文"宝泉"
	3	道光通宝	2.19	0.66	0.26	0.20	4.32	背穿左右为满文"宝泉"
	4	道光通宝	2.24	0.60	0.30	0.17	4.09	背穿左右为满文"宝源"
M23：7	1	乾隆通宝	2.49	0.57	0.35	0.13	4.00	背穿左右为满文"宝昌"
M26：1	1	乾隆通宝	2.43	0.63	0.33	0.15	4.13	背穿左右为满文"宝苏"
	2	嘉庆通宝	2.50	0.55	0.35	0.11	3.16	背穿左右为满文"宝云"
	3	道光通宝	2.49	0.60	0.43	0.15	4.49	背穿左右为满文"宝泉"
M26：3	1	乾隆通宝	2.49	0.59	0.34	0.13	3.37	背穿左右为满文"宝泉"
	2	道光通宝	2.30	0.59	0.29	0.19	4.16	背穿左右为满文"宝源"
M27：4	1	同治重宝	2.68	0.64	0.50	0.14	5.09	背穿左右为满文"宝泉"，上下楷书"当十"

续表

标本号	分号	种类	钱径/厘米	穿径/厘米	郭宽/厘米	郭厚/厘米	重量/克	备注
M28：1	1	乾隆通宝	2.49	0.61	0.36	0.12	3.68	背穿左右为满文"宝源"
	2	乾隆通宝	2.17	0.61	0.27	0.17	3.67	背穿左右为满文"宝直"
	3	嘉庆通宝	2.48	0.58	0.36	0.16	4.55	背穿左右为满文"宝泉"
	4	道光通宝	2.39	0.62	0.32	0.15	3.74	背穿左右为满文"宝源"
M28：2	1	康熙通宝	2.64	0.59	0.33	0.10	2.85	背穿左右为满文"宝泉"
	2	乾隆通宝	2.58	0.63	0.36	0.13	3.32	背穿左右为满文"宝浙"
	3	嘉庆通宝	2.58	0.61	0.34	0.14	4.09	背穿左右为满文"宝泉"
	4	光绪通宝	2.24	0.60	0.30	0.15	3.74	背穿左右为满文"宝源"
M29：1	1	嘉庆通宝	2.48	0.55	0.24	0.17	4.37	背穿左右为满文"宝泉"
	2	道光通宝	2.56	0.62	0.35	0.15	3.70	背穿左右为满文"宝泉"
	3	道光通宝	2.25	0.65	0.33	0.19	4.00	背穿左右为满文"宝泉"
M29：2	1	乾隆通宝	2.44	0.57	0.32	0.14	4.28	背穿左右为满文"宝泉"
	2	嘉庆通宝	2.35	0.58	0.26	0.15	3.82	背穿左右为满文"宝源"
	3	道光通宝	2.28	0.59	0.30	0.16	4.28	背穿左右为满文"宝源"
M30：1	1	顺治通宝	2.63	0.59	0.33	0.11	3.77	背穿左为满文"陕"，右楷书"陕"
	2	顺治通宝	2.77	0.61	0.34	0.12	3.75	背穿左为满文"宁"，右楷书"寜"
	3	顺治通宝	2.76	0.54	0.43	0.13	4.75	背穿左为满文"东"，右楷书"東"
	4	顺治通宝	2.77	0.65	0.31	0.12	4.30	背穿左右为满文"宝泉"
	5	康熙通宝	2.72	0.58	0.32	0.09	3.23	背穿左为满文"江"，右楷书"江"
	6	康熙通宝	2.83	0.62	0.32	0.12	4.00	背穿左右为满文"宝泉"
	7	康熙通宝	2.72	0.60	0.28	0.13	4.00	背穿左为满文"浙"，右楷书"浙"
	8	康熙通宝	2.73	0.54	0.36	0.12	4.23	背穿左为满文"临"，右楷书"臨"
	9	乾隆通宝	2.65	0.58	0.38	0.12	3.83	背穿左右为满文"宝云"
	10	乾隆通宝	2.72	0.62	0.36	0.18	5.33	背穿左右为满文"宝泉"
	11	嘉庆通宝	2.48	0.63	0.33	0.14	3.84	背穿左右为满文"宝泉"
	12	嘉庆通宝	2.57	0.65	0.29	0.13	3.96	背穿左右为满文"宝源"
	13	道光通宝	2.25	0.6	0.23	0.10	4.69	背穿左右为满文"宝源"
M30：4	1	嘉庆通宝	2.32	0.64	0.28	0.15	3.59	背穿左右为满文"宝泉"
	2	道光通宝	2.34	0.60	0.28	0.18	4.34	背穿左右为满文"宝源"

标本号	分号	种类	钱径/厘米	穿径/厘米	郭宽/厘米	郭厚/厘米	重量/克	备注
M31：2	1	元祐通宝	2.45	0.72	0.20	0.12	2.82	
	2	乾隆通宝	2.19	0.62	0.28	0.18	3.92	背穿左右为满文"宝直"
	3	乾隆通宝	2.54	0.60	0.36	0.14	4.00	背穿左右为满文"宝源"
	4	乾隆通宝	2.41	0.61	0.38	0.13	3.46	背穿左右为满文"宝泉"
	5	嘉庆通宝	2.54	0.69	0.36	0.12	3.72	背穿左右为满文"宝源"
	6	嘉庆通宝	2.40	0.63	0.34	0.12	4.07	背穿左右为满文"宝泉"
	7	嘉庆通宝	2.37	0.61	0.32	0.15	3.95	背穿左右为满文"宝直"
M31：3	1	顺治通宝	2.74	0.61	0.31	0.13	4.39	背穿左右为满文"宝泉"
	2	康熙通宝	2.65	0.62	0.36	0.14	4.65	背穿左右为满文"宝泉"
	3	乾隆通宝	2.45	0.63	0.38	0.15	3.96	背穿左右为满文"宝南"
	4	嘉庆通宝	2.40	0.62	0.32	0.13	3.18	背穿左右为满文"宝源"
M32：4	1	嘉庆通宝	2.29	0.59	0.30	0.15	3.33	背穿左右为满文"宝泉"
	2	嘉庆通宝	2.38	0.65	0.28	0.16	4.36	背穿左右为满文"宝源"
M32：5	1	乾隆通宝	2.42	0.62	0.33	0.13	4.00	背穿左右为满文"宝泉"
	2	乾隆通宝	2.30	0.60	0.34	0.18	4.65	背穿左右为满文"宝源"
M33：1	1	乾隆通宝	2.44	0.68	0.33	0.16	4.27	背穿左右为满文"宝苏"
	2	嘉庆通宝	2.31	0.62	0.27	0.16	4.47	背穿左右为满文"宝源"
	3	嘉庆通宝	2.44	0.64	0.31	0.16	4.10	背穿左右为满文"宝泉"
M33：3	1	嘉庆通宝	2.46	0.64	0.31	0.16	4.20	背穿左右为满文"宝泉"
M34：2	1	雍正通宝	2.78	0.67	0.40	0.11	3.57	背穿左右为满文"宝泉"
	2	乾隆通宝	2.51	0.66	0.34	0.14	3.90	背穿左右为满文"宝源"
	3	嘉庆通宝	2.59	0.66	0.32	0.17	3.57	背穿左右为满文"宝泉"
	4	嘉庆通宝	2.38	0.65	0.28	0.14	3.57	背穿左右为满文"宝源"
	5	道光通宝	2.46	0.60	0.31	0.13	3.37	背穿左右为满文"宝源"
	6	道光通宝	2.52	0.64	0.37	0.16	4.38	背穿左右为满文"宝泉"
M34：3	1	乾隆通宝	2.37	0.60	0.38	0.16	3.64	背穿左右为满文"宝源"
	2	乾隆通宝	2.62	0.62	0.34	0.16	3.69	背穿左右为满文"宝晋"
	3	嘉庆通宝	2.63	0.62	0.35	0.14	4.00	背穿左右为满文"宝源"
M34：8	1	乾隆通宝	2.30	0.54	0.32	0.18	3.98	背穿左右为满文"宝泉"

标本号	分号	种类	钱径/厘米	穿径/厘米	郭宽/厘米	郭厚/厘米	重量/克	备注
M35∶3	1	康熙通宝	2.74	0.62	0.37	0.14	4.00	背穿左为满文"东"，右楷书"東"字
	2	乾隆通宝	2.53	0.62	0.42	0.14	4.24	背穿左右为满文"宝泉"
	3	乾隆通宝	2.31	0.57	0.32	0.17	4.09	背穿左右为满文"宝泉"
	4	乾隆通宝	2.30	0.60	0.32	0.16	4.24	背穿左右为满文"宝源"
	5	嘉庆通宝	2.37	0.65	0.29	0.13	3.43	背穿左右为满文"宝源"
	6	嘉庆通宝	2.29	0.60	0.29	0.14	3.40	背穿左右为满文"宝泉"
	7	道光通宝	2.20	0.67	0.32	0.16	4.24	背穿左右为满文"宝泉"
M35∶4	1	道光通宝	2.20	0.61	0.27	0.16	3.19	背穿左右为满文"宝源"
	2	光绪通宝	1.96	0.49	0.30	0.12	1.85	背穿左右为满文"宝泉"
	3	宣统通宝	1.97	0.45	0.25	0.12	2.10	背穿左右为满文"宝泉"
M36∶5	1	乾隆通宝	2.44	0.55	0.40	0.13	3.89	背穿左右为满文"宝泉"
	2	道光通宝	2.29	0.66	0.31	0.17	3.88	背穿左右为满文"宝源"
	3	咸丰通宝	2.23	0.60	0.25	0.17	4.39	背穿左右为满文"宝泉"
M37∶1	1	嘉庆通宝	2.31	0.61	0.30	0.12	3.83	背穿左右为满文"宝源"
	2	嘉庆通宝	2.27	0.69	0.34	0.17	4.60	背穿左右为满文"宝泉"
M38∶6	1	康熙通宝	2.61	0.60	0.37	0.10	3.20	背穿左为满文"河"，右楷书"河"字
	2	乾隆通宝	2.50	0.58	0.38	0.14	4.29	背穿左右为满文"宝源"
	3	嘉庆通宝	2.62	0.59	0.31	0.14	4.22	背穿左右为满文"宝源"
M38∶7	1	顺治通宝	2.55	0.67	0.32	0.14	4.09	背穿右楷书"同"
	2	乾隆通宝	2.34	0.66	0.32	0.15	4.13	背穿左右为满文"宝源"
	3	嘉庆通宝	2.53	0.64	0.33	0.17	5.08	背穿左右为满文"宝泉"
	4	嘉庆通宝	2.48	0.64	0.33	0.13	4.00	背穿左右为满文"宝源"
M39∶1	1	嘉庆通宝	2.27	0.62	0.28	0.14	3.38	背穿左右为满文"宝直"
	2	嘉庆通宝	2.44	0.62	0.30	0.14	4.12	背穿左右为满文"宝泉"
	3	道光通宝	2.51	0.66	0.31	0.16	4.86	背穿左右为满文"宝泉"
	4	咸丰通宝	2.29	0.60	0.23	0.15	3.58	背穿左右为满文"宝泉"
	5	光绪通宝	2.47	0.54	0.42	0.15	4.36	背穿左右为满文"宝泉"
M40∶6	1	顺治通宝	2.72	0.65	0.40	0.12	4.13	背穿左为满文"宣，"右楷书"宣"字
	2	顺治通宝	2.70	0.60	0.33	0.11	3.29	背穿左为满文"临"，右楷书"臨"字
	3	康熙通宝	2.70	0.65	0.44	0.11	4.21	背穿左右为满文"宝源"
	4	乾隆通宝	2.71	0.58	0.43	0.13	4.35	背穿左右为满文"宝泉"
	5	乾隆通宝	2.11	0.59	0.23	0.17	3.66	背穿左右为满文"宝泉"
	6	嘉庆通宝	2.31	0.64	0.27	0.14	3.56	背穿左右为满文"宝源"
M41∶4	1	乾隆通宝	2.35	0.60	0.32	0.16	3.89	背穿左右为满文"宝泉"

标本号	分号	种类	钱径/厘米	穿径/厘米	郭宽/厘米	郭厚/厘米	重量/克	备注
M41：5	1	雍正通宝	2.62	0.65	0.43	0.13	4.47	背穿左右为满文"宝源"
	2	乾隆通宝	2.44	0.56	0.32	0.16	3.53	背穿左右为满文"宝晋"
	3	乾隆通宝	2.33	0.61	0.34	0.17	4.37	背穿左右为满文"宝源"
	4	乾隆通宝	2.25	0.62	0.29	0.20	4.56	背穿左右为满文"宝直"
	5	宣统通宝	1.90	0.43	0.21	0.11	1.65	背穿左右为满文"宝泉"
M42：4	1	道光通宝	2.20	0.68	0.28	0.16	2.78	背穿左右为满文"宝源"
M42：7	1	乾隆通宝	2.52	0.58	0.37	0.14	4.06	背穿左右为满文"宝源"
	2	乾隆通宝	2.42	0.63	0.35	0.14	3.86	背穿左右为满文"宝泉"
	3	嘉庆通宝	2.54	0.56	0.29	0.14	4.30	背穿左右为满文"宝泉"
	4	嘉庆通宝	2.40	0.62	0.29	0.15	3.87	背穿左右为满文"宝源"
M43：7	1	嘉庆通宝	2.44	0.67	0.30	0.14	3.77	背穿左右为满文"宝源"
	2	道光通宝	2.46	0.65	0.29	0.16	3.56	背穿左右为满文"宝源"
	3	道光通宝	2.41	0.64	0.29	0.16	4.05	背穿左右为满文"宝泉"
M43：8	1	乾隆通宝	2.28	0.59	0.28	0.16	3.85	背穿左右为满文"宝泉"
	2	乾隆通宝	2.40	0.60	0.33	0.11	3.15	背穿左右为满文"宝浙"
	3	嘉庆通宝	2.54	0.65	0.30	0.14	4.42	背穿左右为满文"宝泉"
	4	嘉庆通宝	2.45	0.64	0.31	0.17	4.15	背穿左右为满文"宝源"
	5	咸丰通宝	2.17	0.61	0.28	0.16	3.00	背穿左右为满文"宝泉"
M44：5	1	嘉庆通宝	2.24	0.66	0.25	0.15	3.60	背穿左右为满文"宝源"
	2	道光通宝	2.24	0.61	0.28	0.14	2.89	背穿左右为满文"宝泉"
	3	道光通宝	2.30	0.60	0.29	0.16	3.51	背穿左右为满文"宝源"
M44：6	1	道光通宝	2.32	0.62	0.30	0.15	3.75	背穿左右为满文"宝泉"
M45：1	1	乾隆通宝	2.45	0.58	0.42	0.13	3.55	背穿左右为满文"宝泉"
	2	乾隆通宝	2.75	0.64	0.47	0.16	5.29	背穿左右为满文"宝泉"
	3	乾隆通宝	2.58	0.56	0.36	0.14	4.37	背穿左右为满文"宝云"
	4	道光通宝	2.53	0.63	0.31	0.16	4.21	背穿左右为满文"宝泉"
M46：1	1	乾隆通宝	2.50	0.61	0.39	0.12	3.13	背穿左右为满文"宝源"
	2	嘉庆通宝	2.52	0.64	0.29	0.13	3.64	背穿左右为满文"宝源"
M46：2	1	道光通宝	2.35	0.61	0.32	0.15	3.44	背穿左右为满文"宝泉"
	2	光绪通宝	2.29	0.58	0.36	0.13	3.00	背穿左右为满文"宝泉"
	3	光绪通宝	2.23	0.60	0.35	0.16	3.32	背穿左右为满文"宝泉"
M47：5	1	乾隆通宝	2.38	0.61	0.34	0.15	4.27	背穿左右为满文"宝源"
	2	道光通宝	2.22	0.60	0.32	0.16	3.66	背穿左右为满文"宝泉"
	3	光绪通宝	2.27	0.60	0.35	0.15	3.00	背穿左右为满文"宝泉"
	4	光绪通宝	2.17	0.53	0.30	0.13	1.95	背穿左右为满文"宝津"

标本号	分号	种类	钱径/厘米	穿径/厘米	郭宽/厘米	郭厚/厘米	重量/克	备注
M48:1	1	道光通宝	2.20	0.62	0.30	0.17	3.75	背穿左右为满文"宝源"
	2	光绪通宝	2.24	0.64	0.31	0.10	2.04	背穿上下楷书"当拾",左右为满文"宝泉"
	3	光绪通宝	2.04	0.54	0.20	0.11	1.48	背穿左右为满文"宝津"
M50:7	1	宽永通宝	1.99	0.67	0.19	0.09	1.30	
	2	乾隆通宝	2.09	0.65	0.22	0.12	2.34	背穿左右为满文"宝源"
	3	嘉庆通宝	2.49	0.62	0.28	0.13	3.70	背穿左右为满文"宝泉"
	4	道光通宝	2.28	0.63	0.36	0.16	3.59	背穿左右为满文"宝源"
	5	咸丰通宝	2.25	0.63	0.20	0.13	2.69	背穿左右为满文"宝陕"
	6	同治重宝	2.19	0.74	0.22	0.12	1.78	背穿左右为满文"宝泉",上下楷书"当十"
	7	光绪通宝	1.99	0.61	0.28	0.15	2.26	背穿左右为满文"宝泉",上楷书"列"
	8	光绪通宝	2.05	0.57	0.23	0.08	1.29	背穿左右为满文"宝津"
	9	光绪通宝	2.18	0.61	0.28	0.12	2.91	背穿左右为满文"宝源"
	10	宣统通宝	1.90	0.41	0.25	0.11	2.08	背穿左右为满文"宝泉"
M50:9	1	乾隆通宝	2.45	0.60	0.35	0.14	3.89	背穿左右为满文"宝源"
M50:10	1	乾隆通宝	2.39	0.61	0.32	0.13	3.79	背穿左右为满文"宝源"
	2	嘉庆通宝	2.44	0.63	0.31	0.15	4.06	背穿左右为满文"宝源"
	3	道光通宝	2.32	0.66	0.31	0.13	3.52	背穿左右为满文"宝泉"
	4	道光通宝	2.30	0.67	0.32	0.17	3.68	背穿左右为满文"宝源"
	5	咸丰通宝	2.30	0.62	0.24	0.18	4.31	背穿左右为满文"宝泉"
	6	光绪通宝	2.20	0.59	0.24	0.12	2.43	背穿左右为满文"宝源"
M50:11	1	光绪通宝	2.16	0.55	0.29	0.14	2.60	背穿左右为满文"宝津"
	2	光绪通宝	2.20	0.58	0.33	0.16	2.94	背穿左右为满文"宝泉"
M51:5	1	宽永通宝	2.33	0.64	0.26	0.12	2.38	
M51:10	1	咸丰通宝	2.40	0.62	0.30	0.15	3.59	背穿左右为满文"宝泉"
M52:1	1	康熙通宝	2.46	0.61	0.32	0.08	2.06	背穿左右为满文"宝泉"
	2	乾隆通宝	2.33	0.61	0.31	0.17	4.04	背穿左右为满文"宝源"
	3	嘉庆通宝	2.54	0.64	0.37	0.12	3.84	背穿左右为满文"宝泉"
	4	道光通宝	2.29	0.70	0.26	0.16	3.74	背穿左右为满文"宝源"
	5	咸丰通宝	2.07	0.66	0.23	0.11	1.83	背穿左右为满文"宝苏"
	6	同治通宝	2.14	0.63	0.26	0.16	3.14	背穿左右为满文"宝苏"
	7	光绪通宝	2.27	0.60	0.28	0.15	3.00	背穿左右为满文"宝泉"

标本号	分号	种类	钱径/厘米	穿径/厘米	郭宽/厘米	郭厚/厘米	重量/克	备注
M53：1	1	乾隆通宝	2.43	0.60	0.34	0.11	3.27	背穿左右为满文"宝泉"
	2	嘉庆通宝	2.40	0.59	0.34	0.15	3.75	背穿左右为满文"宝泉"
	3	道光通宝	2.22	0.67	0.34	0.15	2.94	背穿左右为满文"宝源"
	4	咸丰通宝	2.20	0.68	0.22	0.17	3.23	背穿左右为满文"宝泉"
	5	光绪通宝	2.42	0.55	0.38	0.15	3.71	背穿左右为满文"宝泉"
M55：1	1	道光通宝	2.21	0.64	0.35	0.18	3.81	背穿左右为满文"宝源"
M56：1	1	咸丰通宝	2.11	0.65	0.21	0.18	3.49	背穿左右为满文"宝泉"
M60：1	1	乾隆通宝	2.15	0.57	0.28	0.15	3.56	背穿左右为满文"宝泉"
	2	乾隆通宝	2.34	0.61	0.35	0.15	3.64	背穿左右为满文"宝源"
	3	乾隆通宝	2.43	0.59	0.37	0.15	3.30	背穿左右为满文"宝晋"
	4	乾隆通宝	2.50	0.60	0.40	0.13	2.77	背穿左右为满文"宝苏"
M60：2	1	乾隆通宝	2.33	0.60	0.34	0.17	4.10	背穿左右为满文"宝源"
M61：5	1	道光通宝	2.45	0.62	0.26	0.13	3.83	背穿左右为满文"宝泉"
M61：6	1	乾隆通宝	2.33	0.60	0.32	0.13	3.24	背穿左右为满文"宝源"
	2	乾隆通宝	2.29	0.58	0.34	0.14	3.32	背穿左右为满文"宝泉"
	3	嘉庆通宝	2.45	0.55	0.32	0.15	4.01	背穿左右为满文"宝泉"
M62：4	1	乾隆通宝	2.49	0.62	0.35	0.14	4.13	背穿左右为满文"宝泉"
	2	乾隆通宝	2.34	0.62	0.37	0.14	4.00	背穿左右为满文"宝源"
	3	嘉庆通宝	2.47	0.61	0.28	0.13	3.75	背穿左右为满文"宝泉"
	4	道光通宝	2.38	0.60	0.31	0.15	3.75	背穿左右为满文"宝源"
	5	道光通宝	2.31	0.67	0.30	0.17	3.40	背穿左右为满文"宝泉"
M63：7	1	康熙通宝	2.34	0.60	0.41	0.10	2.57	背穿左右为满文"宝泉"
	2	乾隆通宝	2.38	0.58	0.34	0.13	3.39	背穿左右为满文"宝源"
	3	嘉庆通宝	2.30	0.68	0.30	0.17	4.10	背穿左右为满文"宝源"
	4	嘉庆通宝	2.49	0.65	0.30	0.16	4.48	背穿左右为满文"宝泉"
	5	道光通宝	2.29	0.60	0.29	0.15	3.51	背穿左右为满文"宝源"
	6	道光通宝	2.33	0.67	0.30	0.16	4.00	背穿左右为满文"宝泉"
	7	咸丰通宝	2.15	0.65	0.23	0.16	3.18	背穿左右为满文"宝浙"
M63：8	1	嘉庆通宝	2.38	0.68	0.33	0.16	4.07	背穿左右为满文"宝泉"
	2	光绪通宝	2.07	0.55	0.22	0.12	1.80	背穿左右为满文"宝津"
	3	光绪通宝	2.22	0.55	0.34	0.16	3.31	背穿左右为满文"宝源"
	4	光绪通宝	2.20	0.55	0.30	0.15	3.50	背穿左右为满文"宝泉"

后　记

　　2014年7～8月，正值北京一年中最热的时候，我和技工师傅们开始在顺义临河工地进行考古发掘工作。现在回想起那段峥嵘岁月，最让人难忘的并不是酷热的天气、"吃人"的蚊虫、工地的大黄狗、晒伤的脖子和围着探方吃饭的师傅们，而是北京夏天的雨。田野考古工作最怕下大雨，当时接连下了几场大雨，看着整个工地都泡在水里，是最让我焦虑的事情。当时的发掘工作忙碌而单一，一方一人一铲，清理、绘图、拍照，日出而作日落而息，一干就是一个多月。在这个小天地，身虽疲而心愈笃，室虽陋而志愈坚，我一时间颇有"帝力何哉"的感慨。现场发掘结束之后，由于我工作岗位的变动，后来又承担院里北京城市副中心考古工作站建设、通州路县故城遗址保护规划及考古遗址公园规划等其他重要工作，分身乏术，故资料整理和报告的编写工作时断时续，难以系统梳理，出版工作拖延至今。

　　顺义临河遗址在发掘、资料整理和报告编写过程中，得到了北京市考古研究院领导及同事们的大力支持，是北京市考古研究院集体劳动的成果。首先要感谢北京市考古研究院郭京宁院长、魏永鑫副院长、张中华副院长的关心和支持；其次要感谢明清考古研究部孙勐研究馆员在报告编写过程中给予的指导，感谢综合业务部曾祥江老师、卜彦博老师在资料整理的协调工作中付出的诸多辛苦；再次要感谢文献资料研究部郭豹研究馆员、李伟敏研究馆员、盛会莲研究馆员和周春雷老师在报告整理过程中对我的帮助；最后要感谢科学出版社王光明先生为报告的编辑与出版工作付出的辛勤劳动。

　　在本报告即将付梓之际，谨向所有支持、帮助我的各位领导、老师、同人及为这本报告付出劳动的同志，致以最诚挚的感谢！

　　本报告由申红宝执笔。

申红宝

2023年7月

1. 发掘前地貌状况

2. 发掘现场

发掘前地貌状况和发掘现场

1. Y1

2. Y1局部

Y1

1. M16

2. M17

M16、M17

1. M18

2. M19

M18、M19

1. M20

2. M21

M20、M21

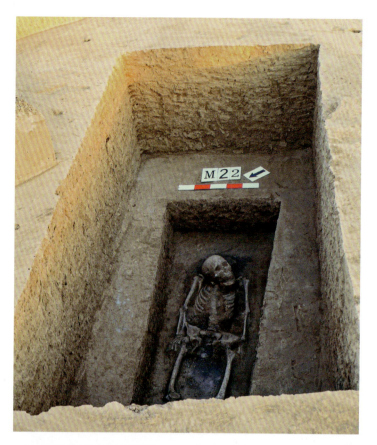

1. M22

2. M23

M22、M23

1. M29

2. M30（北棺头骨有扰动）

M29、M30

1. M31

2. M32

M31、M32

1. M33

2. M34

M33、M34

1. M35

2. M36

M35、M36

1. M37

2. M38

M37、M38

1. M39

2. M40

M39、M40

1. M41

2. M42

M41、M42

1. M43

2. M44

M43、M44

1. M45

2. M46

M45、M46

1. M47

2. M48

M47、M48

1. M49

2. M50

M49、M50

1. M51

2. M52

M51、M52

1. M53

2. M54

M53、M54

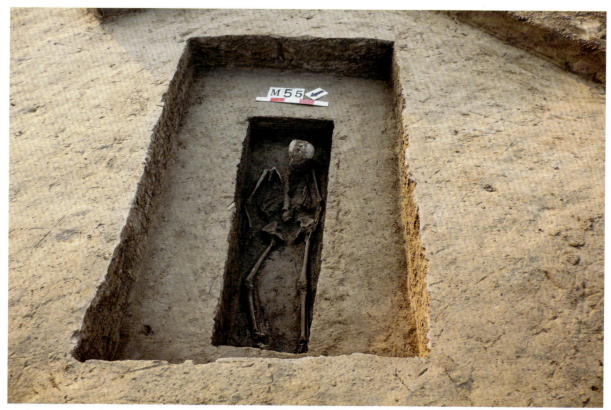

1. M55

2. M56

M55、M56

1. M57

2. M58

M57、M58

1. M60

2. M61

M60、M61

1. M62

2. M63

M62、M63

1. 铜扁方（M2：1）

2. 银扁方（M3：2）

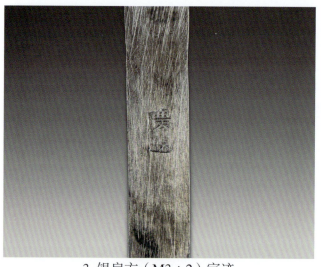

3. 银扁方（M3：2）字迹

4. 银簪（M3：3）

5. 银簪（M3：4）

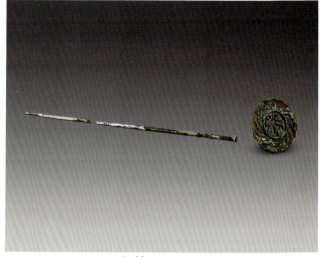

6. 银簪（M3：5）

M2、M3出土器物

1. M4：1

2. M4：2

3. M4：2字迹

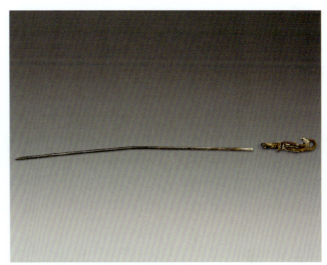

4. M4：3

5. M4：3簪首

M4出土银簪

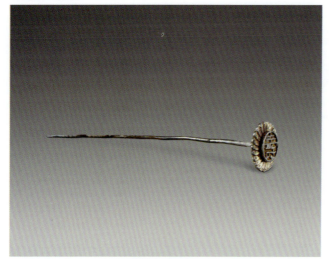

1.簪（M4：4）

2.簪（M4：4）字迹

3.簪（M4：5）

4.簪（M4：5）字迹

5.耳环（M4：6）

M4出土银器

1. 银镯（M4：7）

2. 银镯（M4：7）字迹

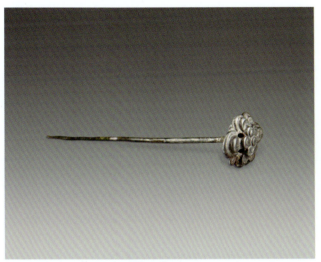

3. 银簪（M6：1）

4. 银簪（M6：1）字迹

5. 铜簪（M6：2）

6. 银簪（M6：3）

M4、M6出土器物

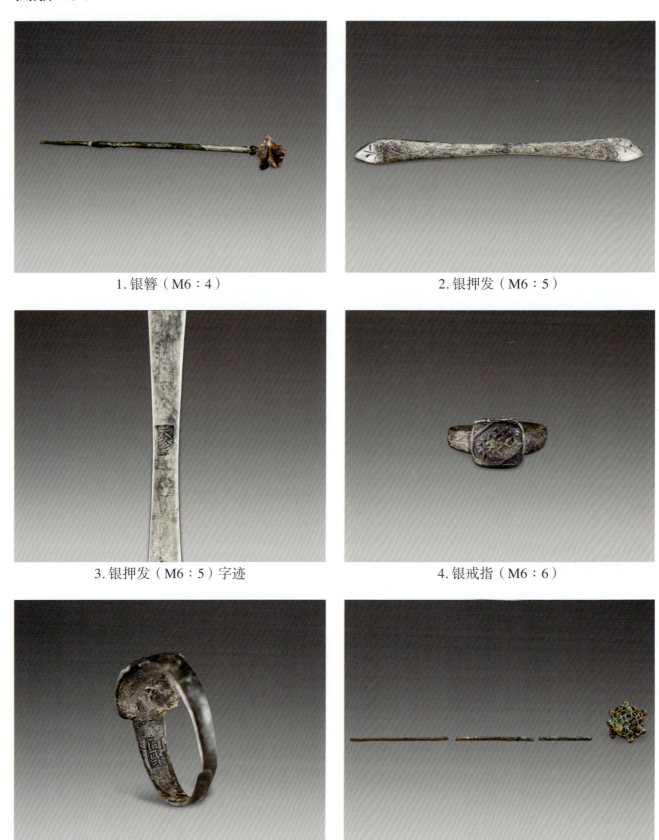

1.银簪（M6∶4）

2.银押发（M6∶5）

3.银押发（M6∶5）字迹

4.银戒指（M6∶6）

5.银戒指（M6∶6）字迹

6.鎏金铜簪（M8∶1）

M6、M8出土器物

1. 鎏金铜簪（M8：2）

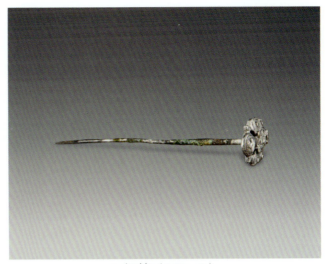

2. 银簪（M8：3）

3. 银簪（M8：3）字迹

4. 银簪（M8：4）

5. 银簪（M8：4）字迹

M8出土器物

1.押发（M8：5）

2.押发（M8：5）字迹

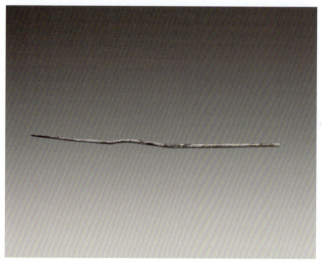

3.簪（M9：1）

4.簪（M9：2）

5.簪（M9：2）字迹

M8、M9出土银器

1. M9：3

2. M9：3字迹

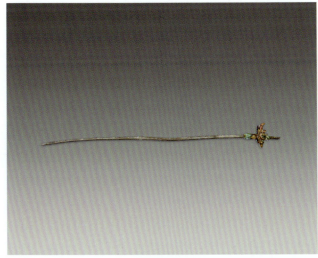

3. M9：5

4. M10：1

5. M10：1字迹

M9、M10出土银簪

1. 簪（M10：2）

2. 簪（M10：2）字迹

3. 簪（M10：3）

4. 耳环（M10：4）

5. 鎏金银簪（M11：1）

6. 鎏金银簪（M11：2）

M10、M11出土银器

1.鎏金银簪（M11：3）

2.铜戒指（M11：4）

3.银簪（M13：2）

4.银簪（M13：3）

5.银簪（M13：3）字迹

M11、M13出土器物

1. 鎏金银簪（M34：5）

2. 鎏金银簪（M34：5）字迹

3. 鎏金银簪（M34：6）

4. 鎏金银簪（M34：6）字迹

5. 铜扁方（M34：7）

6. 银簪（M34：9）

M34出土器物

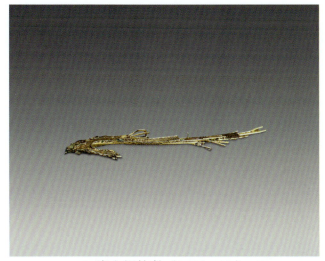

1. 鎏金银饰件（M34：10）

2. 铜簪（M34：11）

3. 鎏金银簪（M35：1）

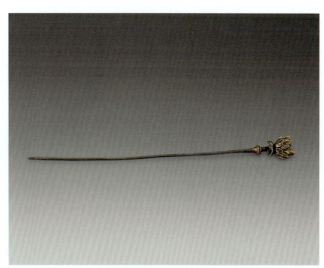

4. 鎏金银簪（M35：2）

5. 鎏金银簪（M36：1）

6. 鎏金银簪（M36：1）字迹

M34～M36出土器物

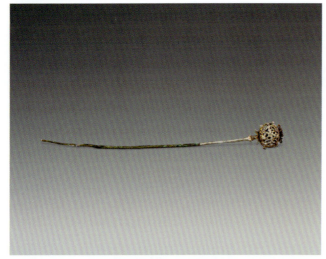

1. 鎏金银簪（M36：2）

2. 鎏金银簪（M36：3）

3. 鎏金银簪（M36：3）字迹

4. 耳环（M36：4）

5. 鎏金银簪（M38：1）

M36、M38出土银器

1. 鎏金银簪（M38：2）

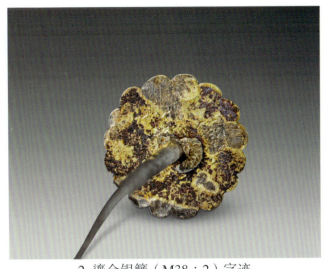

2. 鎏金银簪（M38：2）字迹

3. 鎏金银簪（M38：3）

4. 扁方（M38：4）

5. 扁方（M38：4）字迹

6. 镯（M38：5）

M38出土银器

1. 鎏金银簪（M41：1）

2. 扁方（M41：2）

3. 扁方（M41：2）字迹

4. 鎏金银簪（M41：3）

5. 簪（M42：1）

6. 簪（M42：1）字迹

M41、M42出土银器

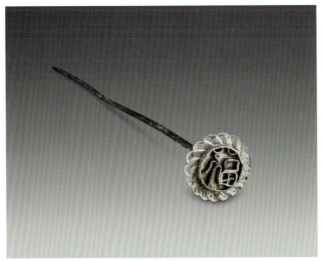

1. 银簪（M42：2）

2. 银簪（M42：2）字迹

3. 鎏金银簪（M42：3）

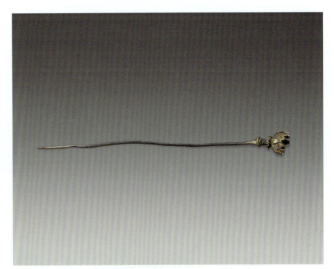

4. 鎏金银簪（M42：5）

5. 铜簪（M42：6）

M42出土器物

1. M43：1

2. M43：1字迹

3. M43：2

4. M43：2字迹

5. M43：3

M43出土鎏金银簪

1. 鎏金银簪（M43：4）

2. 扁方（M43：5）

3. 扁方（M43：5）字迹

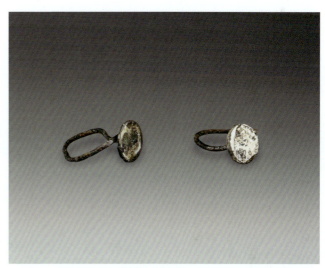

4. 耳环（M43：6）

5. 鎏金银簪（M44：1）

6. 鎏金银簪（M44：1）字迹

M43、M44出土银器

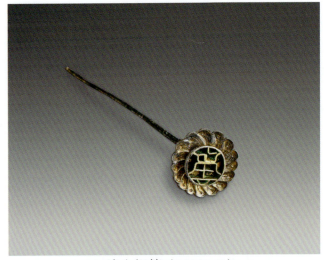

1. 鎏金银簪（M44：2）

2. 鎏金银簪（M44：2）字迹

3. 铜簪（M44：3）

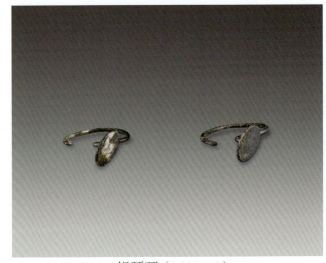

4. 银耳环（M44：4）

5. 鎏金银簪（M45：2）

M44、M45出土器物

1. 鎏金银簪（M45：3）

2. 鎏金银簪（M45：3）字迹

3. 扁方（M45：4）

4. 扁方（M46：3）

5. 扁方（M46：3）字迹

M45、M46出土银器

1. M47：1

2. M47：1字迹

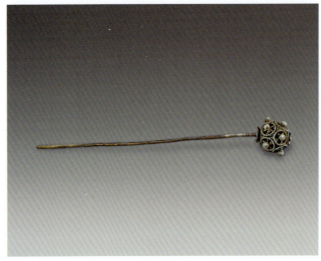

3. M47：2

4. M47：3

5. M47：3字迹

M47出土银簪

1.耳环（M47∶4）

2.鎏金银簪（M50∶1）

3.鎏金银簪（M50∶1）字迹

4.鎏金银簪（M50∶2）

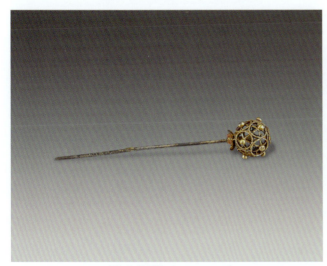

5.鎏金银簪（M50∶3）

6.簪（M50∶4）

M47、M50出土银器

1. 鎏金银扁方（M50：5）

2. 鎏金银扁方（M50：5）字迹

3. 耳环（M50：6）

4. 鎏金银耳环（M50：8）

M50出土银器

1. M51：1

2. M51：1字迹

3. M51：2

4. M51：2字迹

5. M51：3

M51出土银簪

1.扁方（M51：4）

2.扁方（M51：4）字迹

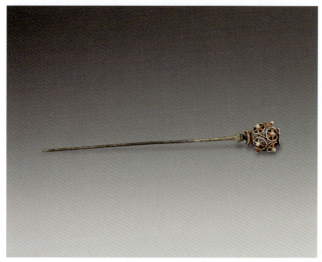

3.簪（M51：6）

4.簪（M51：7）

5.簪（M51：7）字迹

M51出土银器

1. 簪（M51：8）

2. 簪（M51：8）字迹

3. 扁方（M51：9）

4. 扁方（M51：9）字迹

5. 簪（M54：1）

6. 簪（M54：1）字迹

M51、M54出土银器

1. M4

2. M9

M4、M9出土铜币

1. M30

2. M31

3. M34

4. M35

M30、M31、M34、M35出土铜钱

1. M38

2. M40

3. M50

4. M63

M38、M40、M50、M63出土铜钱